「豊臣政権の貴公子」宇喜多秀家

大西泰正

角川新書

はじめに

日本の歴史上、これほど数奇な運命をたどった一族は二つとあるまい。備前《びぜん》岡山（岡山市）の大名宇喜多秀家《うきたひでいえ》（一五七二～一六五五）とその子孫のことである。関ヶ原《せきがはら》合戦に敗れた秀家は、絶海の孤島、八丈島《はちじょうじま》（東京都八丈町）に流された。徳川家康《とくがわいえやす》（一五四二～一六一六）に刃向った秀家の大罪は、子々孫々に及び、およそ五十年を流罪人として生きた秀家以下、徳川幕藩体制の崩壊に至るまで、彼ら一族は八丈島を天然の牢獄《ろうごく》としてその生涯を送らざるを得なかった。秀家と生き別れた正室樹正院《じゅしょういん》（豪《ごう》・南御方《みなみのおかた》・備前様。一五七四～一六三四）の実家、加賀《かが》藩前田《まえだ》家が、終始一貫してこの一族に経済的支援を続けたことも特筆すべき異様さを放っている。近世の人々や筆者が「宇喜多一類《いちるい》」と呼ぶ彼らの存在は、日本史上、比べるべき類例をもたない。

宇喜多一類は、極端にいえば、生まれながらの罪人として生涯を送ることを宿命づけられた人々であった。そうした彼らの心のよりどころとなり、彼らをわずかに慰《なぐさ》めたのは、豊臣《とよとみ》政権の「大老《たいろう》」（いわゆる五大老。本書では「大老」と表記）として国政を担った従三位《じゅさんみ》権中納《ごんちゅうな》言《ごん》秀家という誇るべき祖先の存在ではなかったか（以下、大西二〇一八b）。関ヶ原での敗北から五十五年後の冬、齢《よわい》八十四の天寿をまっとうした秀家は、そのまま神に祀《まつ》られた。「八丈志」は「休福《きゅうふく》の宮」、「浮田中納言秀家記」は「休福明神」とこれを呼ぶ。「休福」とは、頭をまるめた秀家の法名である。

秀家は「休福」と号する以前、同音の「休復《きゅうふく》」、さらにさかのぼれば「成元」（読み方は不明）を名乗っていた。いずれも没落後の改名だが、「休」んで「復」する、「元」に「成」と解釈すれば、秀家が大名復帰を目指していたとの仮定も成り立とう。事実、ある旧臣には他日の復権を語り、別の旧臣は秀家のために八丈島からの帰還運動を進めていた。

結果的に大名復帰はかなわなかったが、東照大権現《とうしょうだいごんげん》に刃向ったという秀家の大罪は、明治新政府の成立によってその意味を失った。宇喜多一類は、明治二年（一八六九）二月九日をもって赦免された（「公文録《こうぶんろく》」）。

ただし、新政府の指令は、宇喜多一類ではなく、彼らとの通信を絶やさなかった加賀藩前田家に下った。最後の加賀藩主前田慶寧《よしやす》（一八三〇～七四）は、「旧来由緒《きゅうらいゆいしょ》」を理由に、彼らの引き取りを新政府から命じられた。八丈島にこの赦免、すなわち出島の沙汰《さた》が伝わったのは四月下旬のことである（「八丈実記」）。そこで宇喜多一類のうち、当主宇喜多孫九郎《まごくろう》以下七十五名が翌年の秋、八丈島を離れた。「八丈島流人宇喜多一類之者」が東京に到着したのは、明治三年の八月のことである（「公文録」）。

前田家はすぐさま彼らを加賀藩の本拠北陸（「北地本県」）へ送ろうとしたが、孫九郎らはそれを拒否する（「公文録」）。そのため旧加賀藩下屋敷、板橋《いたばし》の平尾《ひらお》邸跡地（東京都板橋区）の開拓に従事して、前田家の扶助に頼りながら生計を立てることになった。

だが、およそ二百六十年にわたる歳月のなかで、宇喜多一類にとっての八丈島は、流刑地から、かけがえのない故郷に移り変わっていた。赦免の沙汰が下った時、宇喜多一類には、歓喜よりもむしろ、恐れにも似た動揺が走ったであろう。出島するかいなか、ずいぶん思い悩んだにちがいない。八丈島に残った人々もいた。流罪人とはいえ、彼らには住居や田畑があった。前田家の扶助があるにせよ、気候風土の異なる地に移り住む決断は、よほどの覚悟を要したと考えていい。

一年を通じて常春といわれる八丈島に育った彼らにすれば、東京の気候でさえ寒冷であった。かろうじて北陸への移送は免れたが、翌年八月には出島した七十五人の約三分の一にあたる二十八名が、当主孫九郎の慰留を斥《しりぞ》けて八丈島への帰還を願い出た。とくに老人や女性には、気候の相違、水あたりがこたえたらしい。開拓の進捗《しんちょく》も思わしくなかった。

まったくの皮肉である。赦免のうえ八丈島を離れた宇喜多一類は、秀家の念願をわずかながらもかなえたといっていい。しかし、東京での生活は、八丈島よりもむしろ過酷であった。

ここでも、当主孫九郎らにわずかな慰藉《いしゃ》を与えたのは、偉大な祖先秀家であったのかもしれない。東京へ移った年の暮れ、孫九郎は藩庁の役人を通じて、八丈島において産土神《うぶすながみ》として祀ってきた「中納言殿御遺骨《ちゅうなごんどのごいこつ》」＝秀家の遺骨を引き取るべく請願を行った。この願いは後日、板橋の浄土宗東光寺《とうこうじ》（東京都板橋区）に現存する、秀家の供養塔に結実したようである。宇喜多一類の精神的主柱として、秀家はなお、彼らの心のなかに生き続けていた（「明治四年雑録」）。

筆者はここ数年来、宇喜多一類の足跡を追ってきた。宇喜多氏、とりわけ秀家の研究から進んで、関ヶ原敗戦を経た没落後の宇喜多氏とその周辺、すなわち宇喜多一類の総体的把握に研究の照準をあわせ、史料の収集そして分析に励んだ。

従来まともに研究されたことがなかったからである。いぶかしげな伝承ばかりが横行している。詳しくは第四章で述べるが、「加賀藩前田家が二年に一度、宇喜多一類に白米や金品を送って援助した。彼らはそのおかげで露命をつなぐことができた」というのは、不正確だが、まだ事実の片鱗《へんりん》があるからいい。「前田家が秀家を十万石の大名として取り立てようとしたが、秀家は断った」という挿話にいたっては、完全な物語である。

彼らの消息がなぜ、当時の信頼できる史料をもとに語られてこなかったのか。研究者の怠慢ではないか。宇喜多一類にまつわる同時代史料は、筆者の集めた限りでも三百件を超えた。しかも翻刻《ほんこく》・活字化されたものはその半数程度に過ぎない。

膨大《ぼうだい》な加賀藩関係史料をひもとくと、宇喜多氏関連の新出《しんしゅつ》史料が次々にみつかった。秀家とともに八丈島に渡った嫡男孫九郎が、そのあと精神に異常をきたした、という衝撃的な内容を語った古文書《こもんじょ》も、従来知られていなかった史料の一つである。加賀藩から八丈島への物資援助も、具体的にいつ何を送ったのかを明らかにできた。これまで一切語られたことがなかった音信や物資援助の回数も、筆者は現時点で七十八回という具体的情報をつかんでいる。これらは第四章で整理するが、興味をもたれた読者は拙著『論集　加賀藩前田家と八丈島宇喜多一類』（大西二〇一八b）を参照されたい。

ともあれ、具体的な研究がこれまで一切存在しなかったのである。没落以前の宇喜多氏自体にしても、筆者の疑問に応《こた》えてく

図1　宇喜多秀家木像
八丈島宗福寺旧蔵。慶応3年（1867）、木像の内部から秀家の詠草等が発見され、以後、秀家像との認識が定着。元禄11年（1698）に八丈島に流された仏師民部の作と伝わる。岡山市北区・光珍寺所蔵

れるような論著はなかった。であれば、自ら書くしかない、というのが、筆者が研究の世界に足を踏み入れた、そもそもの理由である。

明治維新にいたる宇喜多一類、彼らの始祖秀家の実像を、最新の研究をもとに、以下具体的に明らかにする。

凡例

・先行研究は、（著者・編者の名字＋刊行年）で示した。
・一部の地名・城郭名等には所在地（現行の市町村名）を注記したが、京都市・大阪市および岡山県内に限り、府県名を省略した。
・典拠史料は、基本的に原文のまま引用したが、適宜読点等を補ったほか、読み下せるよう一部にフリガナを付すなど整理を加えている。
・典拠史料を注記する場合、以下のように略記した。

『萩藩閥閲録』→「閥」　『萩藩閥閲録遺漏』→「閥遺」
『黒田家文書』→「黒」　『毛利家文書』→「毛」
『吉川家文書』→「吉」　『小早川家文書』→「小」
『浅野家文書』→「浅」　『島津家文書』→「島」

『言経卿記』→「言経」
『多聞院日記』→「多聞」
『義演准后日記』→「義演」
『寛永諸家系図伝』→「寛永伝」
松田毅一監訳『十六・七世紀イエズス会日本報告集』→「イエズス会」
「大阪城天守閣所蔵文書」→「大」
「西笑和尚文案」→「西笑」
「戸川家譜」→「戸川」
「黄薇古簡集」→「黄」
『兼見卿記』→「兼見」
『北野社家日記』→「北野」
『お湯殿の上の日記』→「湯」
『信長公記』→「信長」
「鍋島家文書」→「鍋」
「旧記雑録後編」→「旧記」
「浦上宇喜多両家記」→「両家記」
「慶長年中卜斎記」→「卜」

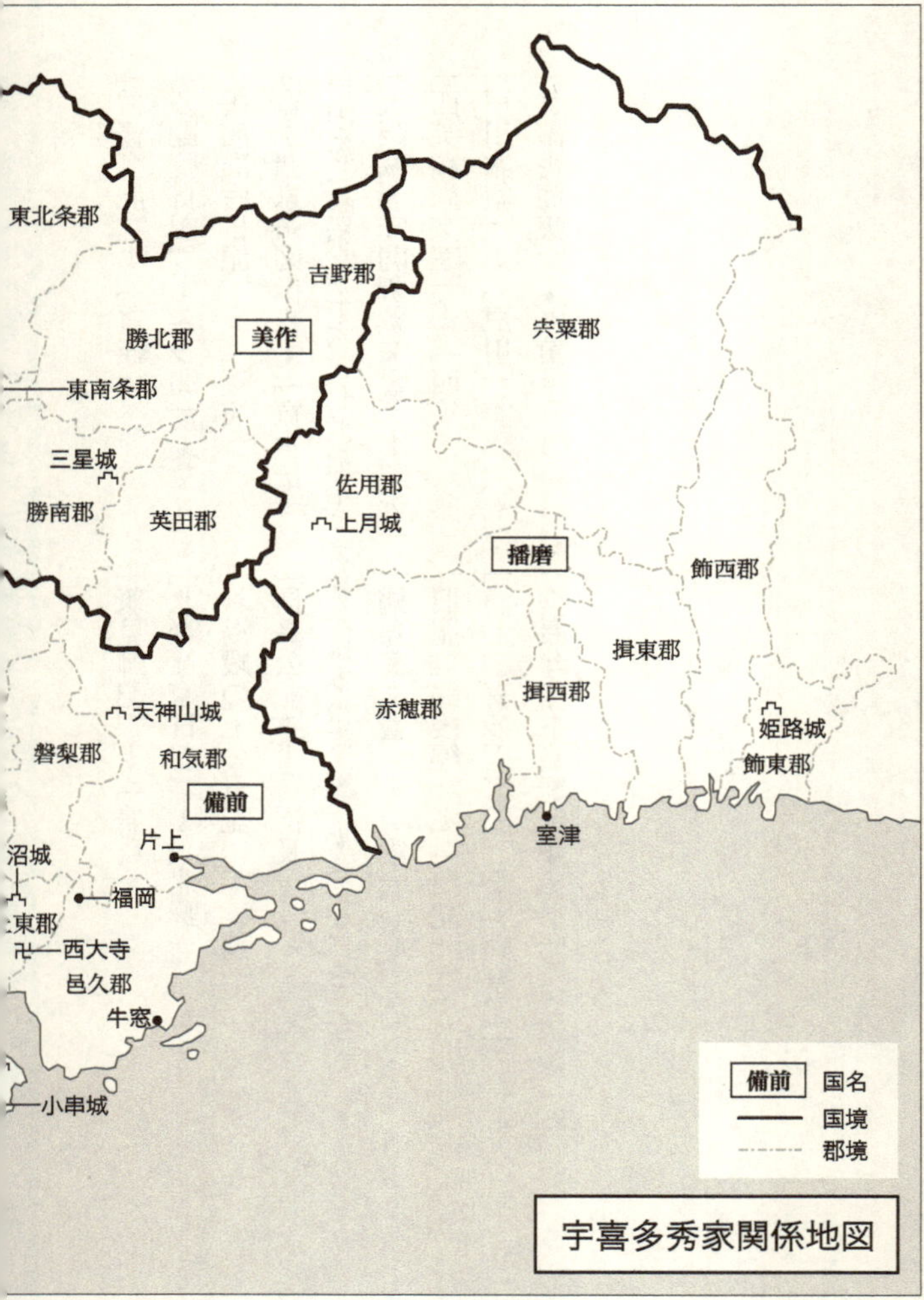
東北条郡
吉野郡
宍粟郡
勝北郡
美作
東南条郡
三星城
佐用郡
勝南郡
英田郡
上月城
播磨
飾西郡
揖東郡
揖西郡
赤穂郡
天神山城
姫路城
磐梨郡
和気郡
飾東郡
備前
片上
室津
沼城
福岡
東郡
西大寺
邑久郡
牛窓
小串城
備前 国名
国境
郡境
宇喜多秀家関係地図

西西条郡
美作
西北条郡
真島郡
大庭郡
篠向城
東南条郡
岩屋城
高田城
阿賀郡
久米北条郡
哲多郡
四畝城
久米南条郡
上房郡
津高郡
虎倉城
松山城
赤坂郡
川上郡
忍山城
金川城
備前
賀陽郡
金山寺
備中
高松城
富山城
上道郡
下道郡
吉備津神社
岡山城
後月郡
幸山城
御野郡
小田郡
都宇郡
窪屋郡
八浜
浅口郡
常山城
児島郡

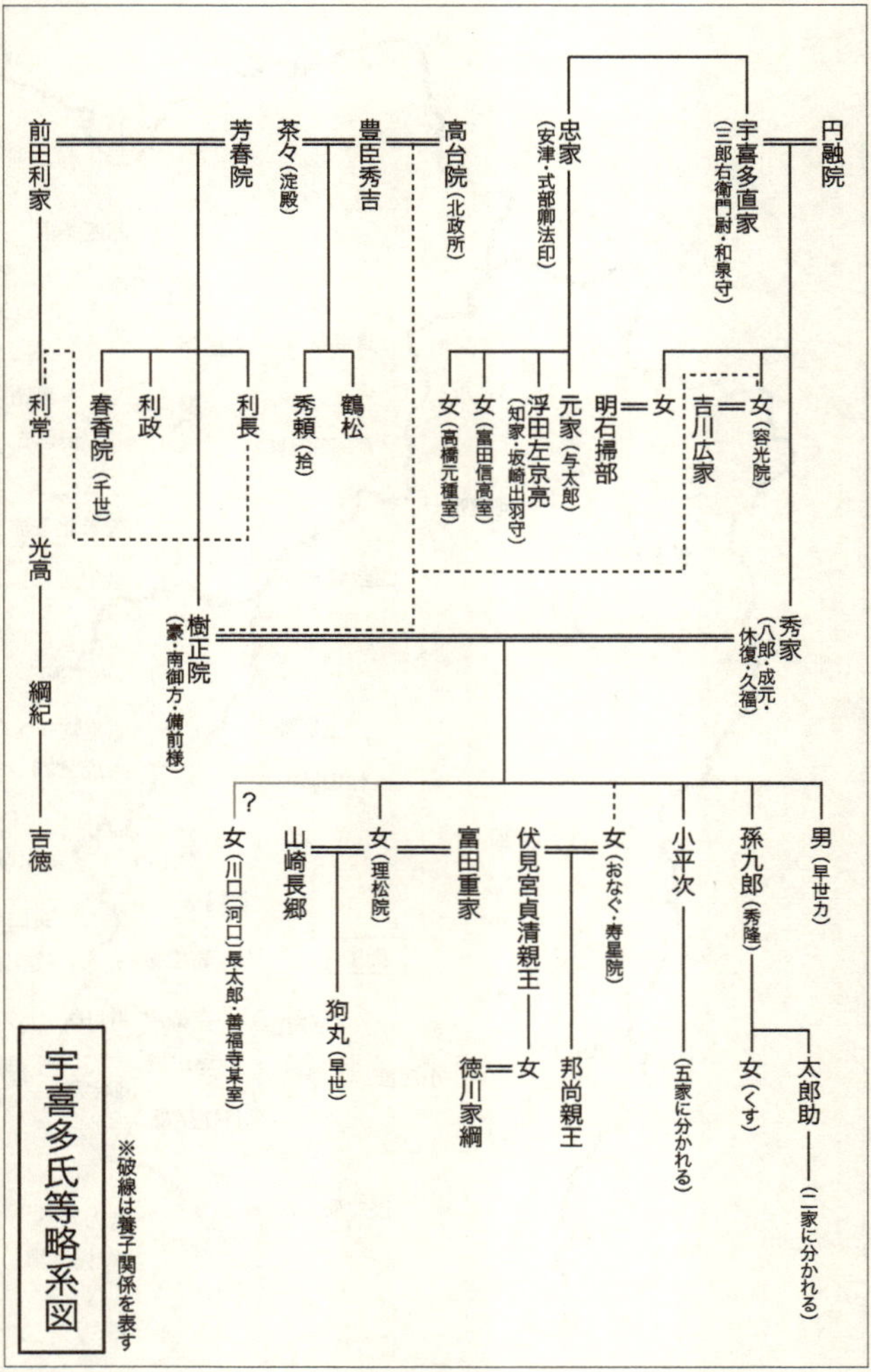

円融院
宇喜多直家（三郎右衛門尉・和泉守）
忠家（安津・式部卿法印）
高台院（北政所）
豊臣秀吉
茶々（淀殿）
芳春院
前田利家
女（容光院）
吉川広家
女
明石掃部
元家（与太郎）
浮田左京亮（知家・坂崎出羽守）
女（富田信高室）
女（高橋元種室）
鶴松
秀頼（拾）
利長
利政
春香院（千世）
利常
光高
綱紀
吉徳
秀家（八郎・成元・休復・久福）
樹正院（豪・南御方・備前様）
男（早世カ）
孫九郎（秀隆）
太郎助
（二家に分かれる）
女（くす）
小平次
（五家に分かれる）
女（おなぐ・寿星院）
伏見宮貞清親王
邦尚親王
女
徳川家綱
富田重家
女（理松院）
山崎長郷
狗丸（早世）
?
女（川口（河口）長太郎・善福寺某室）
宇喜多氏等略系図
※破線は養子関係を表す

目次

第一章　戦国乱世の終焉

一、大名権力宇喜多氏の誕生

宇喜多直家の台頭

大名宇喜多《うきた》氏の歴史はきわめて浅い。秀家《ひでいえ》の父直家《なおいえ》（?〜一五八二?）は、その素性《すじよう》すら定かではない。十六世紀のはじめに、備前《びぜん》東南部の地侍《じざむらい》でありながら、京都にも聞こえた名将宇喜多能家《よしいえ》（生没年未詳）がいて、その孫が直家という伝承が一般的に信じられている。ただし、能家・直家の血縁関係を立証する確実な史料はない（大西二〇一六a）。

直家は幼少にして父を失い、各地を流浪したという（「武家事紀」等）。その直家が、いかにして複数か国の領国を形成したのか。直家の一生は、伝承によれば五十三年に過ぎない（「両家記」等）。後世の人々は、一代にして備前・美作《みまさか》を押さえた直家を、たとえば「表裏《ひようり》第一ノ邪将《じゃしょう》」（「陰徳記」）と、権謀術策《けんぼうじゅつさく》の権化《ごんげ》のごとく観察して、その飛躍を説明した。策略の限りを尽くさなければ、直家のような事業は到底成し遂げられない、という理解であろう。

それが事実かどうかはわからない。また、ここで実態解明に取り組むとすれば、叙述が秀家に及ぶ以前に、規定の紙数が尽きるであろうし、筆者にその充分な用意もない。

そこで本書は、秀家が生まれる少し以前、直家がすでに数千の軍勢を進退するほどに立身し、備前・美作地域において武威をふるいはじめた時期から稿を起こしたい。直家の前半生は、改めて他日を期することにしよう。

永禄《えいろく》十一年（一五六八）、織田信長《おだのぶなが》（一五三四～八二）が足利義昭《あしかがよしあき》（一五三七～九七）を奉じて上洛《じょうらく》を果たす。日本近世の端緒は通例、この出来事や、五年後の室町幕府の倒壊に見出《みいだ》される場合が多い（藤井二〇一四等）。時代は群雄割拠の戦国動乱から、中央政権による全国統合へと向かってゆく。

信長の軍勢が播磨《はりま》に進出したのは永禄十二年のこと。備前・美作に地盤を築きつつあった直家も、東の信長、西の毛利《もうり》氏といった大勢力の角逐《かくちく》に、否応《いやおう》なく巻き込まれてゆく。とはいえ、対外関係の構築は、織田・毛利関連の史料に、直家の存在が刻み込まれる画期になった。あやふやな伝承ではなく、確かな史料のうちに直家の動きを捉《とら》える段階にようやく到達した。

永禄十一年七月、金川《かながわ》城(岡山市北区)を拠点に西備前を扼《やく》してきた松田《まつだ》氏を、天神山《てんじんやま》城(和気町)の浦上宗景《うらがみむねかげ》と、その従属下にあった直家が攻め滅ぼした。備前・美作地域において、宗景・直家と張り合いうる勢力はこれですべて消滅した。宗景が与次郎《よじろう》から遠江守《とおとうみのかみ》へ、直家が三郎《さぶろう》右《え》衛門尉《もんのじょう》から和泉守《いずみのかみ》にそれぞれの呼称を改め、さらに直家が、新たな形の花押《かおう》を使いはじめたのも、そうした台頭の自覚に基づくものであろう(横山二〇〇三・森二〇〇六)。全国的にみても、宗景や直家にとっても永禄十一年は一つの画期であった。

絶え間ない抗争

永禄十二年(一五六九)八月頃、信長の軍勢が但馬《たじま》・播磨両国に進出する。「雲伯因《うんぱくいん》三ケ国合力《ごうりょく》」「備作両国御合力」のため、すなわち協調関係にあった毛利方勢力の支援が目的であった(「益田家文書」。森二〇〇六・森脇二〇一六c・姫路市二〇一八)。信長に抗《あらが》った標的の一人に浦上宗景がいる。

直家はこのとき毛利方に投じて、宗景に対抗したらしい。八月十九日、信長の検使《けんし》(事実関係を確認、見届けるための使者)として播磨庄山《しょうやま》(兵庫県姫路《ひめじ》市)にいた法華宗の僧侶朝山《そうりょあさやま》日乗《にちじょう》(?～一五七七)の観測によれば、織田軍はいずれ、龍野《たつの》(兵庫県たつの市)の赤松政秀《あかまつまさひで》らを糾合《きゅうごう》して備前三石《みついし》(備前市)に進み、直家、そして備中松山《びっちゅうまつやま》城(高梁市)の三村元親《みむらもとちか》と協力して、「天神山根切《ねぎり》」を行うという（「益田家文書」）。「根切」とは根絶・根絶やしを意味する。

直家は信長に接近した。信長に近い泉州堺《せんしゅうさかい》（大阪府堺市）の豪商今井宗久《いまいそうきゅう》を通じて、木下《きのした》秀吉《ひでよし》（のちの羽柴《はしば》＝豊臣《とよとみ》秀吉。一五三七～九八）に「殿様への御奏者《ごそうしゃ》」（信長への取次）を頼んでいる（「今井宗久書札留」）。秀吉にこの依頼を伝えた宗久の書簡が九月三日付だから、八月頃には直家は明確に、信長への服属を決断していた。朝山日乗の予測通りに織田軍が動けば、遠からず宗景は滅び、直家は一国規模の大名権力として自立を遂げていたであろう。

だが、宗景との抗争は早々に終結した。播磨における織田軍の行動が順調に進まなかったうえ、宗景が信長に接近し（「今井宗久書札留」）、かえって直家が孤立する事態に陥ったらしい。宗景らと結んで毛利方と争っていた九州豊後《ぶんご》の大名大友宗麟《おおともそうりん》の有力家臣吉弘鑑弘《よしひろあきひろ》の書状には、十月二十四日に宗景の使者が語った内容が「宇喜田和泉守改先非《せんぴをあらため》、懇望《こんもう》依不浅《あさからざるによつて》、令赦免《しやめんせしめ》」云々《うんぬん》と書き留められている（「無尽集」）。直家が降参して宗景がこれを許す、という恰好《かっこう》で、両者の講和が成ったらしい。

宗景の討滅はかくて失敗した。だが、直家が自らの勢力を、宗景に匹敵するそれとして織田・毛利両氏などに印象づけた、という点では一定の成果があった。信長が「浦上遠江守与《と》宇喜多」（「吉」）、毛利輝元《てるもと》（一五五三～一六二五）や小早川隆景《こばやかわたかかげ》（一五三三～九七）が「浦上・宇喜多」（「閥」）等と、これ以降、両者は併記されるようになってゆく。翌永禄十三年（元亀《げんき》元年）三月十六日には、京都の信長のもとに「備州宇喜多」が参向している（「言継卿記」）。直家自身の上洛か否かは不明だが、久保健一郎氏が「独自の外交権」と評価したように（久保二〇〇〇）、宗景とは別箇《べっこ》に、直家が独自の勢力として信長への服属を許されていた、とみてよかろう。

以後しばらく宗景・直家は共同戦線を張った。永禄十三年には毛利方との協調が破れ、八月、「備前衆」が備中「石川領」（幸山《こうざん》城主石川《いしかわ》氏の領分）に進攻した（「小」附録浦家文書）。毛利方も翌年正月、「備後《びんご》衆」や庄元資《しょうもとすけ》（備中松山城主三村元親の兄）が、備前児島《こじま》郡の鼻高（倉敷市）や、備中幸山城（総社市）近辺に軍勢を展開させる（「閥」）。宗景・直家も五月には「阿讃《あさん》衆」（篠原長房《しのはらながふさ》の率いた阿波《あわ》・讃岐《さぬき》両国の兵）と呼応して、備前児島郡のうち高畠《たかばたけ》氏の領分（「高畠郡」）を奪い、小早川隆景をして、備前・備中国境に近い今保《いまぼう》・妹尾《せのお》（岡山市北区・南区）が「一大事」、この辺りの毛利勢が「弱々しき覚悟」と嘆かしめている（「小」）。さらに九月四日、毛利方に囲まれた備中佐井田《さいだ》城（真庭市）を、宗景・直家らが救援し、毛利勢を蹴散らした（「備前河口文書」「備前難波文書」他）。

毛利方との抗争は際限なく続くであろう。備前・美作以西の山陰《さんいん》・山陽《さんよう》道を押さえる毛利氏は元亀二年（一五七一）六月に元就《もとなり》を喪《うしな》ったとはいえ、当主輝元（元就の孫）を吉川元《きっかわもと》春《はる》・小早川隆景（いずれも元就の子。輝元の叔父）が支えて戦意は旺盛《おうせい》である。宗景・直家がいかに巧妙に局地戦を戦い抜いたとしても、疲弊せざるをえない。

そこで積極的に運動したのが直家であった（森二〇〇六）。将軍足利義昭による毛利・浦上・宇喜多三者の講和交渉（「浦上已下《いか》三和之儀」）は、元亀三年閏《うるう》正月には動きはじめ（「柳沢文書」）、四月には信長が吉川元春に対して和睦《わぼく》を求めたが、なかなか実現しなかった（「吉」）。直家はともかく、宗景は信用ならない、というのが毛利方の言い分であったらしい。毛利方の思いは、「宇喜多事者《は》、連々此方江《れんれんこのほうへ》入魂《じっこんち》馳走《そうそうろう》候」、あるいは「宗景事者《は》、数度逆意《ぎゃくい》候」との毛利輝元の書状（五月八日付）からよく読み取れる（「閥」）。宗景にも講和の意志があったか疑わしい。この間の三月には、毛利方に与《くみ》する後藤勝基《ごとうかつもと》を、美作三星城《みつぼしじょう》（美作市）に攻撃している（「山田家古文書」）。

直家はそこで足利義昭に働きかけた。講和を求める義昭の御内書（六月二十八日付）に「近日宇喜多かたより申子細《もうすしさい》候間」との文言が確認できる（「柳沢文書」）。結果、九月二十八日に至って講和が成立し（「乃美文書」）、しばらく続いた小競り合いも十二月には終息した（「反町文書」）。

約一年をかけた毛利・浦上・宇喜多三氏の講和交渉の最中《さなか》に、直家の後継ぎが生まれた。本書の主人公秀家である。母の名はわからない（以下、森二〇〇七～二〇〇八）。少なくとも通俗的な「おふく」（お福）という呼び方は事実誤認である。

「おふく」説の根拠は、文禄《ぶんろく》二年（一五九三）に、朝鮮出兵のため渡海していた秀家の動静を伝えた豊臣秀吉の書状（五月二十七日付。「葉上文書」）が、「ふく」という、おそらく女性に宛てられていたことにある。だが、森俊弘氏が指摘するように、敬称や脇付《わきづけ》（宛先のあとに「まいる」「申給へ」などと付して敬意を表す）のない事実から、「ふく」は秀家の実母ではなく、その侍女《じじょ》か、秀家の乳母などを想定するべきであろう。あるいは秀家正室の侍女かもしれない。北政所《きたのまんどころ》（秀吉の正室。高台院《こうだいいん》。？～一六二四）など自らの妻妾《さいしょう》に宛てた書状でも、秀吉は当時の通例に従って、表向きは侍女を宛先にして、言伝《ことづて》を頼む、という形式を往々踏んでいる。いかに親しくとも、有力大名（本書では豊臣政権において一国以上の領知を許された大名をさしあたりかく呼称する）の実母や正室などを、敬称も脇付もなく「ふく」などと呼び捨てにする可能性は限りなく低い。そのため本書では、円融院《えんゆういん》という法名を彼女の呼称とする。

生年は天文《てんぶん》十八年（一五四九）だから、通説に従えば直家より二十歳の年少である（「兼見」）。出自については、美作東部の領主三浦《みうら》氏（「虎倉聞書」）説が著名だが、森俊弘氏が推す鷹取《たかとり》氏説（「吉備温故秘録」）もあって、これにも確定的な結論はえられていない。

円融院は再婚であった。最初の夫三浦貞勝は、美作高田城（真庭市）の城主であった。桃寿丸《とうじゅまる》という息子も授かっている。だが、永禄七年（一五六四）十二月、毛利方の備中松山城主三村家親《いえちか》（元親の父）の政治的・軍事的圧迫によって貞勝が切腹すると、親類の江川小四郎《えがわこしろう》に連れられて備中に逃れて隠れたという（「虎倉聞書」）。その後どのような経緯があったか、円融院は直家の妻に収まった。彼女を絶世の美女という伝承があるが、おそらくは虚構である。十七世紀後半に岩国《いわくに》吉川家の家臣が著述した編纂《へんさん》史料「陰徳記」の言説である。「天下第一ノ美人」という。同じく「陰徳記」によると、彼女が宇喜多氏の人質として京都に上り、そこで秀吉によって強引に、京都聚楽第《じゅらくてい》の「西ノ台」に移されたといい、さらに（秀吉による彼女への）「御寵愛《ごちょうあい》イヤ増《まし》ニ成《なり》シカハ、彼御子《かのおこ》秀家卿《きょう》ヲモ殊ニ御憐《おあわれみ》深クシテ、三吉《みよし》秀次《ひでつぐ》公へ天下ヲ譲リ給ハント宣《のたま》ヒシ時、深ク辞シ給ナハ、宇喜田ノ秀家卿へ譲リ給ハント宣ヒケルトカヤ」云々とさえ述べる。

要するに「陰徳記」は、豊臣政権において秀家が異例の出世を遂げた背景には、その美貌《びぼう》をもって秀吉の心をつかんだ円融院の存在があったことを強調する。だが、これらは毛利方の、おそらくは嫉妬《しっと》に基づく創作であろう。この逸話が事実ならば、聚楽第が造営される天正《てんしょう》十四年（一五八六）以後の出来事であるが、後述するように、この時期にはすでに秀家は秀吉の養女樹正院《じゅしょういん》と縁組して、紀州《きしゅう》平定戦では先鋒《せんぽう》を務め、さらに従五位下《じゅごいのげ》侍従《じじゅう》に叙任《じょにん》され参内《さんだい》を果たすなど、このうえない厚遇をえている。人質を求める秀吉に従って彼女一人が上洛したと語るが、これもあとで述べるように、天正十三年前後から秀家は大坂《おおさか》・京都に活動の舞台を移しているから、「陰徳記」の筋書きはここでも無理をきたさざるをえない。秀次（秀吉の甥《おい》。一五六八～九五）が固辞すれば「天下」（おそらく関白職《かんぱくしょく》）を秀家に譲ると秀吉が述べたというくだりも、「陰徳記」独自の主張だが、さすがに誇張し過ぎで白々しい。

この逸話には、あまりにも無理が多い。「陰徳記」の周辺でもそれは理解されていたらしい。「陰徳記」の増補改訂版「陰徳太平記」ではこの逸話がきれいに削られている（森二〇〇七～二〇〇八）。美女であった可能性は否定しないが、そうであった積極的な証拠もない。

円融院は、秀家の前に娘（容光院《ようこういん》。吉川広家《ひろいえ》正室。一五七一～九一）を儲《もう》け、そして元亀三年（一五七二）に秀家を、そして秀家の姉か妹かはっきりしないが、秀家の有力家臣明石《あかし》掃部《かもん》の妻（?～一六〇一）になる娘を産んでいる。

秀家がどこで産まれたのか、これにも断案はない。『岡山県史』以下が称《とな》える通説通り、直家居城の変遷をたどると、元亀四年＝天正元年に沼城《ぬまじょう》（亀山城《かめやまじょう》。岡山市東区）から岡山城に移ったことになっているが（「備前軍記」）、あくまでも伝承である。十七世紀後半に戸川安《とがわやす》吉《よし》（秀家の有力家臣富川《とがわ》＝戸川達安《みちやす》の息子）が編纂した「戸川家譜《かふ》」や「浦上宇喜多両家記《りょうけのき》」といった比較的信頼できる史料にも、沼城は一切登場しない。

同時代史料をたどると、さきの元亀三年の毛利・浦上・宇喜多三氏の講和を伝える小早川隆景書状（十月二日付）に「岡山より去《さる》(九月)廿八日祝□(言)」とみえる（「乃美文書」）。森俊弘・畑和良両氏の指摘通り、「岡山」は直家の所在地を示すと同時に直家そのものを指すから、少なくとも元亀三年九月には、直家は岡山に本拠地を構えていたと考えていい（森二〇〇六・二〇〇九・畑二〇〇八）。

　直家がいつ岡山城に入り、同城を本拠としたのか。播磨の武将上月満秀《こうづきみつひで》の書状（八月二十三日付。「上月文書」）には、「金光要害事《かなみつようがいのこと》、毛利方被放候間《はなたれそうろうのあいだ》、宇喜多人数八千計《ばかり》ニて取詰《とりつめ》、攻候由申候《せめそうろうよしもうしそうろう》」という、浦上宗景からの報知が語られている。「金光要害」は、各種伝承がそろって金光氏の拠点と伝える岡山城を指し、それが毛利方の支援を失ったため、直家が八千程度の軍勢をもって包囲している、との内容である。永禄十年に比定されるこの書状に従えば、直家による岡山城の奪取は、少なくともこれ以降と考えなければならない。

　永禄十年八月以降、元亀三年九月以前。直家の岡山入城はこの五年間の出来事である。毛利方の勢力拡大に備えて、より西側に本拠地を構える必要性があった。そこで選ばれたのが岡山城であった（森二〇〇九）。

　秀家の生誕地は、直家の居城移転が元亀三年までに行われたとすれば、岡山城に絞り込めようが、あくまでも一つの可能性に過ぎない。とはいえ、通説から導き出した秀家の生誕地

＝沼城説よりは確実な見方であろう。

浦上宗景の滅亡

天正元年（一五七三）十二月十二日、毛利方の使僧安国寺恵瓊《しそうあんこくじえけい》が、京都からの帰途、岡山城に立ち寄り、直家と会談した（「吉」）。直家はここで来春を期して播磨「広瀬《ひろせ》」（兵庫県宍粟《しそう》市）への出兵を約束したが、その背景には浦上宗景の策動があった（森脇二〇一六c）。

以下は恵瓊の書簡が語るところに拠《よ》る。恵瓊が同道した宗景の使者は、信長から「備播作《びばんさく》之《の》朱印《しゅいん》」を発給《はっきゅう》された。朱印状の交付は、宗景が播磨・備前・美作三か国の領有権を公式に許可されたことを意味する。武井夕庵《たけいせきあん》（信長の祐筆《ゆうひつ》）は過分の礼銭を求めたというから、これは宗景からの要求であったらしい。

恵瓊は「おかしく候」と憤る。毛利輝元は大々名である。宗景や直家が分け合う備前・美作両国も、毛利方の勢力圏程度にしか考えていない。だが、信長の朱印状が発給されてしまった以上、仕方がない。毛利方としては信長との協調を維持したい。よって直接ではなく、間接的な軍事的圧力を宗景に加えようとした。それがおそらく、「広瀬」の宇野《うの》氏への攻撃であった。森脇崇文氏は、宇野氏が宗景に同調していた可能性を見据えて、この対応を「毛利氏の播磨への影響力を維持し、宗景の封じ込めを図ったもの」と評価した。

毛利方は勢力圏の維持を図った。直家はその手先に過ぎない。しかも「備播作之朱印」によって、直家は「浦上・宇喜多」と併記された独立勢力としての立場を否定された。「備播作之朱印」への対応が、宗景の封じ込めに終われば、地域支配の根拠を失った直家は、毛利方の影響下、さらに宗景の風下に立って、かつての小領主の地位に甘んじざるをえなくなる。以後のなりゆきを考える場合、そうした悲愴《ひそう》な覚悟を、直家のなかに見出すとわかりやすい。

天正二年の三月、直家は宗景と断交し、四月以降、これと戦闘状態に入る。恵瓊と約束した播磨出兵は反故《ほご》にしたらしい。美作中南部の地侍原田《はらだ》氏に差し出した起請文（天正二年三月十三日付）に、直家は「今度宗景存外之依御覚悟立別《おかくごによつてたちわかれ》申候」と書き入れた（「原田文書」）。先行研究は等しく、この断交の起因に「備播作之朱印」を挙げている（久保二〇〇〇・森二〇〇六・森脇二〇一六c）。

毛利氏は直家に味方した。同年閏十一月には、直家は宗景を籠城《ろうじよう》戦に追いつめ（「上利文書」）、毛利方も備中松山城の三村元親との戦端を開くに至った。元親は宗景と気脈を通じ、毛利方を離脱したのである。直家はまた、「久松殿《ひさまつ》」なる人物を旗頭に担ぎ出し、宗景討伐の大義名分を確保した（「沼本家文書」。森脇二〇一六c）。「久松殿」は宗景の実兄政宗《まさむね》の孫、浦上氏の嫡流にあたる人物らしい（「吉備前鑑」等）。

天正三年五月、松山城が陥落する。翌月、三村元親は自害、三村方として最後まで残った備前児島郡の常山《つねやま》城（岡山市南区・玉野市）も落とされ、三村氏は滅亡した（いわゆる「備中兵乱」）。

宗景の天神山城も同年九月初頭には陥落、同時期に宗景に呼応して三村元親同様、毛利方に敵対していた三浦貞広《さだひろ》の美作高田城も落ちた（「閥」。寺尾一九九一等）。宗景は播磨に逃れ、御着《ごちゃく》城（兵庫県姫路市）の小寺政職《こでらまさもと》を頼って信長にも通じ、挽回《ばんかい》を図るが果たせなかった（「花房文書」・「信長」等）。

かくして宗景らの反毛利勢力は一掃され、備前・美作一帯は毛利方の勢力圏に復帰し、直家はそのほとんどを領有する大名権力の地位に立ったのである。

直家の最期

直家はさらに播磨にも進出する。大坂（石山《いしやま》）本願寺《ほんがんじ》と連携する毛利氏の一翼を担って、天正四年（一五七六）六月には、播磨赤穂《あこう》郡（八幡山。兵庫県赤穂市）に兵を進めた（「釈文書」）。毛利輝元が「宇喜多手切《てぎれ》動《はたらき》」と表現したように、これは信長との断交を明確化するための軍事行動でもあった（「閥」。森脇二〇一六c）。また、有力家臣富川秀安《ひでやす》は毛利方の諸将に加わって水軍を率い、同年七月十三日、木津《きづ》川口の戦いに参戦する（毛利方が勝利し、大坂本願寺に兵粮《ひょうろう》が運び込まれる。「毛」）。

信長との全面対決は必至の状勢であった。かつて直家が信長への取次役に頼んだ羽柴秀吉が、信長から中国地方の攻略を委《ゆだ》ねられて、直家の前に立ちはだかる。

すでに直家の勢力は、毛利輝元をも不安視させるに足るところまで成長していた。宗景追放の直後、九月晦日《みそか》付で穂田元清《ほいだもときよ》（毛利元就の四男。一五五一～九七）に宛てた毛利輝元の書状には、信長と敵対した場合でも直家を先鋒に立てておけば「珍事ハあるましく候」、つまり問題はないが、「武略者」の信長が直家を味方に引き込むのは容易である、直家は「案者《あんじゃ》」＝知恵者だから、毛利方が弱腰と見て取れば、信長へ寝返るかもしれない、といった懸念が生々しく述べられている（「長府毛利文書」）。

輝元の予見通り、直家は織田方の攻勢をよく防いだが、旗色は次第に、毛利方不利に変わってゆく。天正五年十一月二十八日、播・備・作国境に近い播磨上月城《こうづき》（兵庫県佐用町）を、羽柴秀吉らが包囲した。毛利方の上月城救援のため、直家自身が出馬したところ、秀吉の攻撃に遭い、「備前堺迄《まで》三里計《ばかり》之間」まで攻め立てられ大敗する。六百十九もの首を取った秀吉は、合戦が夜分に及んだため、直家を討ち取れず無念であったとその書状にしたためた（「下郷共済文庫所蔵文書」）。さらに十二月三日には、上月城が陥落し、秀吉は捕えた女子供二百人あまりのうち、子供は串刺しに、女は「はた物」＝磔《はりつけ》にして、「備作播州三ヶ国之堺目」に晒《さら》した（同上）。

毛利方も反撃に努める。織田方は上月城に、尼子《あまご》勝久《かつひさ》・山中幸盛《やまなかゆきもり》（鹿介《しかのすけ》）主従を入れたが、天正六年四月、これを吉川元春・小早川隆景以下の大軍が取り囲み、六月下旬まで高倉《たかくら》山（兵庫県佐用町）に陣取る秀吉らと対峙《たいじ》した（『信長』）。のち信長の指示で秀吉以下が撤退すると、放棄された上月城に毛利方が殺到、七月五日、落城に至る。尼子勝久は切腹、山中幸盛は備中川辺《かわべ》川（高梁川）に渡る「阿井《あい》の渡」（高梁市）で斬殺《ざんさつ》された。

この上月城攻めに、直家は病気と称して出陣せず、代理に実弟忠家《ただいえ》（七郎兵衛《しちろうびょうえ》。一五三三～？）を派遣していた。例の「陰徳記」はこの時期から、直家は織田方になびいたと主張する。仮病を使って毛利方への消極的協力に転じたという。毛利方の武将山県長茂《やまがたながしげ》もこの時分から直家に「信長公一味之風説」が立っていたと記憶している（「山県長茂覚書」）。

図2　宇喜多直家木像
光珍寺旧蔵。昭和20年（1945）6月の岡山空襲で焼失。写真提供：光珍寺

伝承の真偽は定かでないが、信長の版図が拡がるなかで、さきに輝元が不安視したように、直家は毛利方を見限る機会をうかがっていた。果たして翌天正七年、十年前に信長への取次を頼んだ秀

吉に、直家は同じく帰順の意志を伝えたらしい。秀吉—直家間の折衝には、のち宇喜多氏に仕える花房秀成《はなぶさひでなり》や、小西行長《こにしゆきなが》があたった（「寛永伝」）。信長は九月四日にこれを知る。だが、「宇喜田御赦免」を信長は許さず、安土《あづち》城に報告に来た秀吉を追い返す。「御諚《ごじょう》」＝信長の意向を確かめることなく交渉を進めたことが、信長の不興をかったのである。以後の経緯は不明だが、秀吉が様々に陳弁した結果か、直家の降服が許された。十月晦日、秀吉の取次によって直家の名代宇喜多元家《もといえ》（与太郎《よたろう》。忠家の子）が、摂津《せっつ》昆陽野《こやの》（兵庫県伊丹市）に陣取る織田信忠《のぶただ》（信長の嫡男）を御礼言上のため訪ねている（「信長」）。

直家の離反は少なくとも十月五日には毛利方に伝わっていた。同日、小早川隆景はこれを「宇喜多逆心」と表現している（「閥」）。山陽道の戦線は、播備国境から直家勢力圏の備作地域、さらに備中へ移動した。直家は一転、毛利方との死闘に突き進み、その最期まで閑暇なく戦い続けることになる。

天正七年十二月、宇喜多方の備中四畝《よつうね》城（真庭市・高梁市）が落城（山本一九九四）。備中から美作へ抜ける交通上の要地を失ったが、宇喜多方も善戦する。

天正八年三月十三日、備前辛川《からかわ》（岡山市北区）において毛利勢を迎撃して勝利（「辛川崩れ」。「閥」）。翌閏三月には「上口」（播磨方面か）にいた宇喜多元家が備前に戻り、あわせて秀吉の軍勢が「備前表為加勢《かせいとして》」出撃するとの情報が毛利方に伝わっている（「閥」「山田家文書」）。

直家自身も各地を転戦する。同じ閏三月には、美作垪和《はが》に（『閥』）、翌四月には、直家の姉妹婿とされる備前虎倉《こぐら》城主伊賀久隆《いがひさたか》らが押さえる備前・備中国境周辺の支援のため、美作福《ふく》渡《わたり》に陣を移し（『閥』）、八月には美作西部の篠向《ささぶき》城（真庭市）近辺に軍勢を展開させた（『閥』）。

しかし天正九年に入ると、宇喜多方の劣勢が顕著になる。虎倉城主伊賀久隆が急死した。毛利輝元が「伊賀事頓死《とんし》」の実否を照会したのが四月十七日であるから、これ以前の死去である（『閥遺』）。さらに八月には、久隆の息子家久《いえひさ》が毛利方に転じ（『閥』）、家久と呼応した小早川隆景が備中に進出する。毛利方は虎倉城の南方、備前・備中国境を押さえる備中忍《しの》山《やま》城（岡山市北区）を包囲し、十月下旬にこれを攻略した（『厳島野坂文書』『閥』。山本一九九四）。

宇喜多方の劣勢は、信長の不興を招いた。八月二十九日、秀吉の幕僚蜂須賀《はちすか》正勝《まさかつ》（一五二六～八六）に宛てて、小早川・伊賀の行動を「宇喜多由《ゆ》断故《だんゆえ》」（『蜂須賀文書写』）、十一月六日には、忍山の陥落も「宇喜多依無覚悟《むかくごによって》」と信長は断じて憚《はばか》らない（同上）。とはいえ、信長は戦況の背景も押さえていた。

直家は重病であった。十一月六日付の信長黒印状には「宇喜多煩《わずらい》再発之由候、永々所労少得験気《すこしげんきをえ》、又相発《あいはっし》候旨、難本復仕《ほんぷくつかまつりがたく》候、是又無是非《これまたぜひなき》次第候」（『蜂須賀文書写』）とある。直家の死去は、「浦上宇喜多両家記」が唱え、岡山藩士土肥《とひ》経平《つねひら》（一七〇七～八二）の著作「備前軍記」が踏襲した天正九年二月十四日説が通説だが、この信長黒印状を踏まえると、十一月以降、翌年正月以前ということになろう。二月十四日死亡説は、直家が七月十日付で秀吉に書状を発し、因幡《いなば》鳥取城《とっとりじょう》（鳥取県鳥取市）攻めの陣中から秀吉がその返書を同月十四日付でしたためている事実（「閥遺」）からも否定できる。秀吉が宇喜多氏の家老をともなって安土城に赴き、直家の死去を信長に伝え、信長から「跡職《あとしき》相違なきの旨」＝秀家への家督継承の許可を得たのが天正十年正月二十一日のことである（「信長」）。

集団指導体制

天正十年（一五八二）正月、宇喜多直家の死去にともない、息子八郎《はちろう》秀家（以下、秀家に統一）が家督を相続した（「信長」）。だが、齢十一の新当主に実権はなく、政務・軍務はともに叔父忠家ら有力家臣の合議に委ねられたらしい。森俊弘氏はその根拠に、天正十年と推定される三月四日付で、軍船や軍勢の備前派遣を報《しら》せた羽柴秀吉の書状が、秀家ではなく、明石行雄《ゆきお》（飛騨守《ひだのかみ》）ら五人の有力家臣に宛てられた事実（「岡本文書」）や、武功を賞する感状《かんじょう》が、これも秀家ではなく「家老」から発給されたとする美作の地侍牧左馬助《まきさまのすけ》の覚書（「直家死去ニ付、感状ハ家老より給候事」）を紹介する（森二〇〇三）。

森氏の見立ては妥当であろう。さらに根拠を挙げて、筆者なりにこの集団指導説を補強すれば以下の通り。すなわち秀吉は以後、自らの近況を報せる場合には「八郎」秀家宛に書簡をしたためる一方、具体的な指示を与え、対応を求める場合には、忠家や明石行雄・富川秀安（平右衛門《へいえもん》）・長船貞親《おさふねさだちか》（又左衛門《またざえもん》）・岡家利《おかいえとし》（平内《へいない》）ら複数の有力家臣を対象にした（なお、このうち秀安・貞親・家利は先代直家を援《たす》けた股肱《ここう》の老臣として、後世「三人家老」〈「両家記」〉等と呼ばれている）。

秀家幼少時、つまり「八郎」宛の秀吉文書は、（天正十年）十二月十八日付（「小」）、（天正十一年）二月九日付（「長浜城歴史博物館所蔵文書」）、（同年）卯月《うづき》（四月）二十五日付（「小」）、そして（同十二年）五月十二日付（「藤田文書」）の四通が伝来する。いずれも織田信長の死後、秀吉の天下統一過程での書状である。

一通目は、柴田勝家《しばたかついえ》陣営との抗争について、秀吉が近江《おうみ》や美濃《みの》での戦況を伝えたもの。ただし、翌春「西国之表裏者」を成敗するため、「国々之儀、堅申付《かたくもうしつけ》候事」との文言がみえる。おそらく勝家に通じた毛利氏への警戒を念頭におき、宇喜多氏領国でも戦備を怠らないように、という意味合いであろう。だが、「国々之儀……」という指示はきわめて抽象的で具体性に欠ける。二通目も同じく、勝家陣営との抗争をめぐる近江や伊勢の状況を報じたもの。三通目は、賤ケ岳《しづがたけ》の合戦に勝家を破り、これを越前北庄城《えちぜんきたのしょう》（福井県福井市）に滅ぼして加賀まで進出した秀吉による勝利報告。そして四通目は、小牧《こまき》・長久手《ながくて》の合戦のため東海地方に在陣する秀吉に宛てた秀家の見舞状に対する返信である。これも包囲中の尾張竹鼻城《おわりたけはな》（岐阜県羽島市）がほどなく落ちるだろう、との近況報知に過ぎない。以上、ほとんど情報連携にとどまるといっていい。なお、二通目と四通目に、秀吉・秀家間の情報連絡役として登場する花房秀成（又七《またしち》）は、かつて小西行長とともに直家の帰順工作を担ったように、この時期までは秀吉に仕えるか、あるいは秀吉と宇喜多氏に両属していた（大西二〇一二a。その他、花房秀成の存在は〈天正十年〉五月一日付秀吉書状にも見出せる。「牛田文書」）。

かたや大名としての宇喜多氏に何らかの行動を求める場合、秀吉は秀家ではなく、その有力家臣たちを相手にする。右の軍船や軍勢の派遣のほか、小牧・長久手の開戦時には、東海地方への派兵が必要ないことを、蜂須賀正勝・黒田孝高《くろだよしたか》（官兵衛《かんびょうえ》・如水《じょすい》。一五四六～一六〇四）を介して「八郎家中之者共」に伝達させ（三月十一日付。「黒」）、天正十三年の四国平定戦に際しても、六月十六日の出陣と、秀家の補佐を、宇喜多忠家・岡家利・長船貞親・富川秀安・明石行雄の五人に命じた（六月八日付。「太陽コレクション所蔵文書」）。

天正十四年、イエズス会は宇喜多氏領国におけるキリスト教の布教と、岡山における聖堂ならびに修道院（レジデンシア）建設の許可を得た（「イエズス会」『フロイス日本史』）。ポルトガル人宣教師ルイス・フロイス（一五三二～九七）は、秀家の有力家臣二名を通じてその許可を得たが、秀家が十三～十四歳の国主であるため（実際はこの年、秀家は十五歳）、彼らが宇喜多氏領国を支配していたという。フロイスの報告書は、西暦一五八六年十月十七日、和暦では天正十四年九月五日の脱稿である。ちなみに、同じ出来事を取り上げたスペイン人宣教師ルイス・デ・グスマン（一五四四～一六〇五）によれば、布教の許可等は秀家に加えて、秀家の「母なる未亡人」（円融院）に願い出られたという（『グスマン東方伝道史』。森俊弘氏のご教示による）。

以上から、少なくとも天正十四年頃までは、大名宇喜多氏の実権が、秀家ではなく、忠家ら有力家臣、そして場合によっては、ここに秀家の実母円融院を加えた集合体にあったと筆者は考えるが、いかがだろうか。

また、こうした集団指導体制は、秀家を飛び越して秀吉が宇喜多氏の家臣団に関与する契機ともなっていた。秀家の成長にともない、領国経営の実権は徐々に秀家のもとに集約されていくのだが、秀吉は引き続き、宇喜多氏の家臣団に影響力を保持したらしい。後述するように、忠家を直臣《じきしん》に取り立て、富川達安（秀安の子）の知行宛行《あてがい》に関与したりする。ただし、秀吉の行動は、秀家の権力を制限するよりも、この若い大名を支える方向により強く作用した。おそらく秀家の背後に秀吉がいることで、宇喜多氏の家臣団統制は成り立っていた。少なくとも天下人秀吉が存在する限り、宇喜多氏の家臣は秀家に従順であらざるをえない。

叔父宇喜多忠家

秀家の後見人というべき存在の一人が、先代直家の実弟忠家である。ただし、各種史料を吟味《ぎんみ》した結果、筆者が思い至ったその人物像は、短慮の一言でおおよそ説明がつく（以下、大西二〇一〇）。

忠家の通称は七郎兵衛、出家して安津《あんじん》と号した。高名の医師曲直瀬《まなせ》玄朔《げんさく》の診療録「医学天正記」に、慶長《けいちょう》九年（一六〇四）正月三日、「久患下血今脱肛《ひさしくげけつをわずらいいまだつこう》」の「宇喜多安津、七十二歳」が登場する。この記録から逆算すると、生まれ年は天文二年（一五三三）となる。

忠家の経歴には槍働《やりばたら》きが目立つ。天正六年（一五七八）、播磨上月城を囲んだ際には、直家に代わって出陣したり（「陰徳記」）、天正十年二月には備前児島郡へ「忠家自身罷出《まかりいで》」、毛利方の穂田元清と戦っている（「閥」）。

だが、そうした活躍は「度々無理なる人斬《ひときり》」を行い、直家から任された備前富山《とみやま》城（岡山市北区）に一時立て籠《こ》もるような「短慮」な性格の裏返しでもあった。直家の近習や、その「家老分」といわれる小野田四郎右衛門《おのだしろうえもん》（四郎左衛門《しろうざえもん》とも）までが、忠家に斬り殺されたという（「戸川」「両家記」）。直家を「表裏《ひょうり》第一」の人物と警戒した忠家は、その対面にあたっては「著籠《きごみ》」（鎖帷子《くさりかたびら》）を離さなかったというが（「陰徳記」）、この逸話は直家の危うさよりも、むしろ実兄から命を狙われてもおかしくない忠家自身の過去の行いや、その猜疑心《さいぎしん》を物語ったものと考えた方がいい。

　とはいえ、忠家の存在が大名宇喜多氏の中核を成したことも事実であろう。たとえば、天正三年仲冬（十一月）、備前金山寺《きんざんじ》（岡山市北区）の復興は「就中旦那三宅朝臣《なかんずくだんなみやけのあそん》直家宇喜多和泉守、同舎弟忠家」によって成就したという（「遍照院中興縁起」）。忠家を明記したうえ、両人を並列させるこの記事から考えれば、忠家は家臣というよりも、当主の実弟として勢力をもっていた可能性が高い。

　直家が世を去ると、幼い甥の秀家を他の有力家臣とともに支えたが、忠家の場合はさらに天下人秀吉とも直接関係した。天正十四年四月六日、豊後の大名大友宗麟が大坂城（大阪市中央区）に登り、秀吉との対面を果たした席上に、秀家とともに忠家の姿があった（「大友家文書録」）。天正十三年夏、秀吉の四国平定時にはすでに出家していたらしいが（「太陽コレクション所蔵文書」）、その呼称が「安津」「式部卿法印《しきぶのきょうほういん》」に変化したのは翌年の夏から秋のことである。さらに同じ時期、秀吉の直臣（御伽衆《おとぎしゅう》か）にも取り立てられた（「言

図３　宇喜多忠家肖像
写真提供：岡山県立博物館

経」等)。家督を息子の浮田左京亮《うきたさきょうのすけ》(知家《ともいえ》。「詮家《あきいえ》」という名は後世の創作)に譲ったのもこの頃であろうか。

とはいえ、秀吉の直臣忠家は、秀家の後見役を引き続き務めたらしい。ことによると豊臣政権と宇喜多氏との関係調整を担う局面もあったかもしれない。秀吉から給わった知行は不明だが、秀家からは一万石を給されていた(「宇喜多秀家士帳」)。おそらくは隠居料であろう。大坂では大村由己《おおむらゆうこ》や楠正虎《くすのきまさとら》といった秀吉側近の教養人と親しく交わり、自らの屋敷に公家《くげ》の九条兼孝《くじょうかねたか》を招いて源氏物語の講釈をうける(天正十四年十月二十五日)など、風雅な日々を楽しむことも多かったらしい。連歌会への参加など、こうした天正十四~十九年にかかる忠家の閑日月は、公家山科言経《やましなときつね》(一五四三~一六一一)の日記に詳しい(「言経」)。千利休《せんのりきゅう》から茶杓《ちゃしゃく》(北村美術館所蔵「夕、イヘ様参」)を贈られたのもこの時期のことであろう。

意外の感がある。筆者にはやはり、武将としての活動にこそ、この人物の本領がよく現れているように思われてならない。第一次朝鮮出兵(文禄の役)に出陣した忠家は、文禄二年(一五九三)の正月、碧蹄館《へきていかん》の戦いにおいて、長引く軍議にいらだって先駆けしたり(「陰徳記」)、その翌月、幸州山城《こうしゅうさんじょう》の攻略戦では「拙者薄手《うすで》之儀も少も痛不申《いたみもうさず》」と、負傷はしたが意気軒昂であった。このとき忠家は齢六十一である(「上月文書」)。老いても忠家の人となりに変化はなかったらしい。

人生の転機

宇喜多氏は天正十年（一五八二）初頭、毛利氏の攻勢によって苦境に立たされていた。正月、備前児島郡の小串《こぐし》城（岡山市南区）主高畠氏が毛利方を離れ、宇喜多方に人質を差し出した（「黒」）。この「小串不慮」にともない、穂田元清が児島郡に進出、宇喜多方も忠家・元家親子が出陣するが、二月二十一日の合戦に敗北、元家が討ち死にした（森二〇〇三。「閥」）。いわゆる「八浜合戦《はちはまかっせん》」である。

戦線の打開が急務であった。伊賀家久の寝返りと忍山城の失陥で、すでに備前西北部にも毛利方の進出を許し、さらに児島郡での敗戦が重なった。三月四日、秀吉が出陣の意向を示し（「岡本文書」）、四月二日に姫路を発《た》ち、同月四日、岡山に到着して忠家以下の宇喜多勢と合流、その翌日には軍事行動を開始した（「閥」）。秀吉はまた同月付で、岡山城下における兵卒の喧嘩《けんか》や狼藉《ろうぜき》を禁ずる掟書《おきてがき》を発している（「諸名将古案」）。秀吉は宇喜多勢の指揮権を握るとともに、岡山城下を自らの軍政下においたのである。

羽柴＝宇喜多勢は、備前・備中国境周辺に展開し、毛利方の拠点を次々に落としていった。四月二十五日に冠山《かんむりやま》城、五月二日に宮路山《みやじやま》城と亀石《かめいし》城（以上、岡山市北区）が陥落（「亀井文書」「溝江文書」）、同月八日には高松《たかまつ》城（岡山市北区）を包囲するに至った。五月十九日、秀吉はその書状のなかで次のように述べている。「当城《(高松城)》事、平城ニ而《て》候を、数年相拵《あいこしらえ》、其上三方深田にて責口無之《せめくちこれなく》候之間、廻《まわり》ニ堤を丈夫ニつかせ、近所之川を切懸《きりかけ》、水責《みずぜめ》ニ申付《もうしつけ》候」（「溝江文書」）。平城ながら数カ年の普請によって防備を固め、さらに三方向を沼地に囲まれた高松城に対し、秀吉は（足守《あしもり》川に臨んだ南方に）堤防を築き、河水を塞《せ》き止め、城を水没させる戦法に出たのである。いわゆる高松城水攻めである。

ところが、この包囲戦は本能寺《ほんのうじ》の変によって急転する。明智《あけち》光秀《みつひで》の謀反・織田信長の横死は六月二日、その二日後には、急報をうけた秀吉が毛利方との停戦協定をまとめて軍勢を引き返す。城主清水《しみず》宗治《むねはる》の切腹と城の明け渡しによって、高松城水攻めは終結した。山崎《やまざき》の合戦において秀吉が明智光秀を破ったのは、それから九日後の六月十三日のことであった。

ところで、秀家にとって、この天正十年は人生の転機であった。一つには家督継承、二つには毛利方との講和にともなう戦争状態の停止、これは宇喜多氏領国の確定への道筋をつけた出来事として見落とせない。そして三つには、秀吉の意向による樹正院との婚約である。法名樹正院、一般的には豪《ごう》と呼ばれるこの女性は、信長の幕僚前田《まえだ》利家《としいえ》（一五三七〜九九）の四女にして、秀吉の養女であった。秀家に嫁して後、「南御方《みなみのおかた》」と改め、その没落後は、京都居住を経て加賀金沢《かなざわ》（石川県金沢市）に移り、実兄前田利長《としなが》（一五六二〜一六一四）、次いで異母弟前田利常《としつね》（一五九三〜一六五八）の庇《ひ》護《ご》下《か》にあって「備前様」と呼ばれた女性である（以下、引き続き彼女のことは基本的に法名＝樹正院で呼ぶ）。

筆者長年の持論だが、この女性を妻に迎えたことが、豊臣政権における秀家の立身と、その地位の保障につながったのである（大西二〇一〇等）。秀家の正室でありながら彼女は、きわめて政治的な存在であった。

縁組の成立は、伝承によれば、備中高松での講和後まもなく、秀吉による「中国大返し」最中の出来事であったという。「浦上宇喜多両家記」から引用する。

> 秀吉公ハ岡山へ赴キ給《たまい》、八郎《（秀家）》殿ハ野田《のだ》村ノ通マテ出迎ヒ、秀吉公御対面アリ、明石飛驒守《（行雄）》抱出テ、則《すなわち》秀吉公御懐キ岡山城へ入リ、今度ノ軍功備前ノ故ヲ以《もって》、中国ヲ伐取《きりとる》事難報謝《ことほうしやしがたく》、八郎ヲ我婿《わがむこ》ニスヘキ由《よし》御契約有テ姫路へ御帰陣也《なり》、

秀家は岡山城の西方、野田村（岡山市北区）まで秀吉を出迎え、ともに岡山城に入った。そこで宇喜多方の働きに報いるべく、秀吉は秀家を自らの婿にすることを約束して播磨姫路へ向かったという。

「浦上宇喜多両家記」は、同書の成立年代の早さ（十七世紀後半の成立）と、関係者（富川＝戸川氏）の記憶や証言がその記事の背景にあることから、比較的信憑《しんぴょう》性の高い編纂史料と考えられている。だが、後代の編纂であるから、記事の内容をただちに史実とみることはで

きない。

そこで、別の史料を探すと、加賀藩士の兵学者関屋政春《せきやまさはる》による「政春古兵談《こへいだん》」に、「浦上宇喜多両家記」とよく似た伝承が残っている。やはり秀吉帰陣の時、宇喜多氏の有力家臣「岡野豊前《ぶぜん》」（岡家利。のち豊前守）に対し、「密《ひそか》ニ、我等娘アリ、前田又左衛門（利家）娘ヲ生落《うまれおち》ヨリ養置《やしないおき》、実子同前也、是非八郎殿ヱ嫁娶《かじゅ》、其方《そのほう》ヲ頼ト宣フ」と、秀吉が指図をしたという。

これは樹正院が後半生を過ごした加賀地方の伝承である。「政春古兵談」は、おそらく「浦上宇喜多両家記」とは無関係に成立しているから、この両者がそろって天正十年六月に、秀吉の指示で縁組が成立した、と述べていることは重視すべきである。すなわち、この伝承の骨子は史実の可能性が高い、といっていい。

仮に以上を疑っても、翌年までの縁組成立はおそらく動かない。すなわち、秀吉が御伽衆大村由己に編纂させた「柴田退治記」（天正十一年十一月成立）にも、「直家遠行之後、召出嫡男《ちゃくなんをめしいだし》、賞聟君《しょうしてむこぎみとし》、分名字号羽柴八郎秀家《みょうじをわけてはしばはちろうひでいえとごうす》」とある。加えて、村井《むらい》長明《ながあき》（勘十郎《かんじゅうろう》。前田利家の近習。一五八二～一六四四）の覚書「村井重頼《しげより》覚書」にも、賤ヶ岳の合戦後、秀吉が前田利家に降伏を勧めた箇所に「御息女養子ニいたし、今度西国ニ而浮田八郎殿をむこニ取候致契約《けいやくをいたし》」とみえる。かくて秀家の縁組はまとまった。

二、天下統一

「中国国分」交渉

天正十年（一五八二）六月、備中高松での講和において、秀吉は毛利方から五か国（美作・備中・備後《びんご》・伯耆《ほうき》・出雲《いずも》）の割譲を求めたが、各地ではなお紛争が続き、勢力境界線の確定、すなわち「中国国分《くにわけ》」交渉は難航した。したがって宇喜多氏領国も確定しない（以下、久世町教育委員会二〇〇四等）。

天正十一年七月十日、毛利方の交渉を担った安国寺恵瓊が、美作・伯耆、および「備中の川」（高梁川）より東側の割譲を、秀吉方の黒田孝高・蜂須賀正勝らに提案し（「黒」）、以降この方針に従って折衝が重ねられたが、現地における抵抗は継続する。天正十一年の年末に至っても、接収予定ながら備前虎倉城や美作高山《こうやま》城（矢筈《やはず》城。津山市）等がいまだ毛利方の手中にあり、さらに美作高田城・備中松山城・備前児島郡・伯耆八橋《やばせ》城（鳥取県琴浦町）は、毛利方が割譲を渋り、「沙《さ》汰限事候《たのかぎりのことにそうろう》」と秀吉を怒らせた。秀吉のいらだちは、何かと口実を構えて明け渡しに応じない場合、城を包囲して「干殺《ほしごろし》」（兵粮攻め）にせよとの指示にも表れている。交渉担当の孝高・正勝両名に対する叱責《しっせき》といっていい（「小」）。なお、毛利方との交渉には宇喜多氏からも必要に応じて岡家利が参画した（「御書判物控」）。交渉は長期化したが、毛利方の抵抗にも限界がある。紛争は美作から解消に向かったらしい。いずれも具体的な時期は不明だが、天正十二年に入って高田城が明け渡され、高山城の草苅重継《くさかりしげつぐ》も撤退する。そして岩屋城《いわや》（津山市）で抵抗を続けた中村頼宗《なかむらよりむね》が同年七月には退去した。備前においても同年九月までに、毛利方に転じた伊賀家久が立ち退いている。

そして天正十三年二月、備前児島郡をめぐる交渉の妥結をもって「中国国分」は完了した。毛利方に備中松山・伯耆八橋を割譲し、その代わり児島郡は備前国内であるから宇喜多氏に与えたい、という秀吉の意向が毛利方を押し切った（「湯浅家文書」「閥」）。

ただし、勢力の境目では、緊張状態が以後も続いたらしい。のち宇喜多氏領国でも城郭整理（城破り《しろわ》）が行われ、虎倉城や富山城、児島郡でも東端部の小串城などが廃されたが（森二〇〇九）、備中国境に近い常山城は、毛利氏に対する防衛の観点からか、その対象から外された。後年、秀家は児島郡において鷹狩り《たかが》を行ったが、これも毛利方に対する警戒から、宇喜多氏の軍事力を誇示することにその目的があったのではなかろうか（畑二〇〇九・大西二〇一二a）。

大名宇喜多氏の石高

「中国国分」によって確定した宇喜多氏領国は、備前・美作二か国、および備中東部の一部（都宇《つう》・窪屋《くぼや》二郡、上房《じょうぼう》・賀陽《かや》二郡の一部）である。詳細不明だが、このほか播磨（佐用《さよう》・赤穂二郡の一部）にも所領があったらしく、合わせて四十七万四千石である（「当代記」等。朝尾一九八四・森脇二〇一二a・大西二〇一五a）。一般的な五十七万四千石説は、十九世紀に至って出現した数値（「廃絶録」）であってきわめて疑わしい。もとより厳密には確定できないが、文禄～慶長年間（一五九二～一六一五）の諸国石高を「当代記」に従って、備前（二十二万一千七百六十二石）、美作（十八万六千十七石七斗）とすれば、合わせて四十万七千七百七十九石余となる。これに播磨・備中の一部を加えると五十万石弱と概算できる。豊臣政権が諸大名に提出させた御前帳《ごぜんちょう》（検地帳《けんちちょう》）といった確たる史料を欠くが、朝鮮出兵時の軍役《ぐんやく》から考えても、この推計は穏当であろう（大西二〇一五a）。

すなわち朝鮮出兵時の軍役一万人は、同じく中国地方の大名毛利氏と等しい四人役で算定されたと考えられるので、宇喜多氏の軍役高は逆算して二十五万石程度になる。とすれば、差し引き二十二万石程度が在京賄料《ざいきょうまかないりょう》や寺社領といった無役高《むやくだか》とみなせよう。その無役高の比率は約四十六％、毛利氏の三十九％よりもやや高めだが、そう不自然な割合ではない。だが、一般的な五十七万四千石説を採ると、無役高が全体の五十六％＝三十二万石程度とかなりの高率になってしまう。したがって「当代記」等が伝承する四十七万四千石説がやはり妥当ということになる（大西二〇一五a）。

ちなみに、豊臣政権から上方での交際・生活費などの各種費用を賄うために給された在京賄料には、本国（本領）とは別に領知が設定される場合があった。たとえば、天正十五～十六年（一五八七～八八）に薩摩《さつま》の島津義久《しまづよしひさ》（一五三三～一六一一）が摂津・播磨で一万石（「島」）、天正十六年に越後《えちご》の上杉景勝《うえすぎかげかつ》（一五五六～一六二三）が近江で一万石（「上杉家文書」）、また、伝承によると天正十四年に駿河《するが》の徳川家康《とくがわいえやす》が近江で三万石が与えられたらしい（「武徳編年集成」）。ただし、このような畿内《きない》近国に在京賄料が設定された対象者は、いずれも遠国の大名のようである。

安芸《あき》の毛利輝元の場合は、天正十九年三月、百十二万石の知行宛行の朱印状を発給された時、無役分二十三万石のうち、八万三千石を「京都台所入《だいどころいり》」（京都での生活費）に設定された（「毛」）。つまり在京賄料は領国内の無役分に含まれた。また、加賀の前田利家の場合も、文禄四年（一五九五）三月、近江に千八百六十四石余を「上下之為宿所《のぼりくだりのしゆくしよとして》」秀吉から与えられたが（「加藩国初遺文」）、これも国許《くにもと》との往復のためとみれば、在京賄料の一種といっていい。ただし、領国の規模において少な過ぎるので、前田氏の場合は他に在京賄料が設定されたと考えるべきである。前田氏には「加賀越中御台所入《かがえつちゆうおだいどころいり》」という無役分があったので、そのなかに在京賄料の多くが設定されたとひとまずみておきたい（「妙法院文書」）。とすれば、遠国の大名は畿内近国、前田氏や毛利氏より畿内に近い大名は、基本的に国許の無役分から在京賄料が割かれたという仮定が成り立つ。宇喜多氏の場合もこの例にもれず、おそらくはさきほどの無役分二十二万石程度のなかに、在京賄料が設定されたのであろう。

賤ヶ岳の合戦と小牧・長久手の合戦

天正十年（一五八二）まで叙述はさかのぼる。備中高松での講和からわずか九日、六月十三日の山崎の合戦で明智光秀を破った羽柴秀吉は、破竹の勢いで天下統一に突き進んでゆく。宇喜多氏は一貫して秀吉に協力した。だが、和睦したとはいえ、毛利氏との緊張関係が解けたわけではなく、美作高田城や備前虎倉城などには依然、毛利方の城将が居座っていた。秀吉は備中高松から引き上げの際に「毛利家より差出す備中川東九万石余、此度《このたび》の忠に八郎殿に被下《くださる》」（「戸川」）と取り計らったというが、領国確定＝「中国国分」は、右にみたようにそう簡単ではない。備中川辺川（高梁川）以東が正式に宇喜多氏領国に組み込まれたのは、講和から三年後、毛利方との「中国国分」交渉妥結を待つ必要がある。

当主秀家も幼少といっていい。そのため山崎の合戦や、翌年四月の賤ヶ岳の合戦への宇喜多氏の協力は、きわめて限定的であったと考えられる。姫路に人質（有力家臣富川秀安の娘と明石掃部）を送っていたほか、「戸川家譜」は、山崎・賤ヶ岳いずれの合戦にも宇喜多氏が加勢したと伝えるが、それ以上の叙述がない点からいっても大軍が動いたようではない。

天正十二年三月六日、織田信雄《のぶお》（信長の次男。一五五八〜一六三〇）が秀吉に通じた三人の有力家臣を、伊勢長島《ながしま》城（三重県桑名市）において斬殺した。信雄の行動は、秀吉との断交そして開戦を意味した。三月九日、大坂の秀吉は陣触れを発し、甥の秀次をはじめ諸将が東海地方へ向かった（「豊後臼杵稲葉文書」等）。信雄も駿府《すんぷ》の徳川家康と連携して挙兵する。三月下旬までに秀吉、そして信雄・家康が北尾張に着陣（「家忠日記」「生駒家宝簡集」等）、小牧・長久手の合戦がこうして始まった。

ここで宇喜多氏はどのような対応をとったのか。三月十一日、近江坂本《さかもと》（滋賀県大津市）の秀吉は、「中国国分」交渉のため岡山近辺にいた黒田孝高・蜂須賀正勝を急ぎ呼び戻すと同時に、この両名に毛利方から受け取った城郭に軍兵・兵粮を入れること、そして前述の通り「八郎家中之者共」への指示を命じた（「黒」）。


其元《そのもと》之人数壱人も無用に候者《そうらわば》、八郎家中之者共ニ可申聞《もうしきかすべく》候、自然鉄砲放《てつぽうはなち》なとハよひこし可申《もうすべく》候間、内々其分可被申《もうさるべく》候、尚以《なおもつて》其元儀、入念被申付《もうしつけられ》、先々可被上《あげらるべく》候、不可有由断《ゆだんあるべからず》候、宇喜多氏領国からの加勢はまったく無用である。「鉄砲放」は呼び寄せる可能性があるから、あわせて内々に秀家の家臣たちへ伝えるように。宇喜多氏領国の防備をしっかり命じて、黒田・蜂須賀は早々に出立すること。大要このような指示であった。秀吉はこの二日後、越前北庄の丹羽《にわ》長秀《ながひで》（一五三五〜八五）への書状のなかにも、「西口為留守居《るすいとして》、備前・美作・因幡三ケ国之人数ハ壱人も不相動《あいうごかず》、為留守居《るすいとして》置申《おきもうす》事」と記している（「松雲公採集遺編類纂」）。宇喜多氏の任務は、織田信雄・徳川家康陣営と通じた四国土佐《とさ》の長宗我部《ちょうそかべ》元親《もとちか》や、いまだ状況次第で敵対の可能性を残す毛利輝元への警戒にあった。

図4　豊臣（羽柴）秀吉肖像
高台寺所蔵

だが、宇喜多氏の軍勢は「壱人も無用」という方針は早々に撤回され、上方へ大軍を展開させることになった。信雄・家康の挙兵がなければ、秀吉は紀州の根《ね》来寺《ごろじ》や雑賀《さいが》衆を攻略する予定であった（「貝塚御座所日記」）。その紀州の一揆《いっき》衆が信雄・家康と通じ、さらに秀吉の留守を狙って和泉岸和田《きしわだ》城（大阪府岸和田市）に攻め寄せたのである（「植松文書」等）。秀吉方は三月二十二日の合戦で一揆衆を撃退したが、紀州への押さえとして宇喜多氏に派兵を求めたらしい（「貝塚御座所日記」「難波創業録」等）。

三月二十六日、紀州の一揆衆を破った黒田長政《ながまさ》（孝高の嫡男）に対し、「備前衆於相越者《あいこすにおいては》、早々此方へ可越候《こすべく》」とあるから（「黒」）、秀吉の意図は、大坂近辺の守備を、黒田らから宇喜多勢へ切り替えることにあった。四月八日、秀吉が丹羽長秀に宛てた書状には「泉州表為番勢《ばんぜいとして》、備前衆壱万計《ばかり》相越候」とあるから、この時期には宇喜多勢は大坂近辺に達したものと推測できる（「山本正之助氏所蔵文書」）。ただし、さきに述べたように宇喜多氏領国の防衛がそれで成り立つのか、という問題も忘れてはならない。誇張表現を好む秀吉であるから、「壱万計」も果たして実数であったか慎重に考える必要があろう。

とはいえ、「壱万計」でなくとも、「戸川家譜」がこの戦時、「備前より大勢登りしと也」と伝えるように、かなりの大軍が動いたことは想像に難くない。

東海地方では、四月九日に秀吉方が大敗を喫したが（長久手の合戦）、対陣に終局はみえない。おそらく岡山にいた秀家は、秀吉へ見舞状を送り、その返書が五月十二日付でしたためられた（「藤田文書」）。秀吉は尾張竹鼻城の包囲等を秀家に報せ、あわせて花房秀成もおそらく口上をもって戦地の様子を伝えるという。前述した通り、さりげない戦況報告に過ぎない、この「八郎殿」に宛てた書状の存在は、宇喜多氏の実権がいまだ秀家にはなかったことを間接的ながら伝えている。秀家の初陣は翌年の紀州平定戦を待たなければならない。

宇喜多勢は上方へ上ると同時に、讃岐へも動いたらしい。長宗我部元親の攻撃にさらされる讃岐十河城《そごう》（香川県高松市）の救援のため、秀吉は「備前衆」と仙石秀久《せんごくひでひさ》に兵粮搬入を、小西行長らにその助勢を命じた（「竹内文書」）。指令は六月十六日であるが、同月十一日、十河城はすでに落城していた（「香宗我部家伝証文」）。

八月十三日、大和《やまと》筒井《つつい》氏の軍勢が東海地方に発向、同月十九日には、越前の丹羽長秀が出馬した（「多聞」）。丹羽・筒井勢の参陣をうけて、秀吉は二通の陣立書《じんだてしょ》を作成する（三鬼二〇〇六）。一つは秀吉自身のほか三万九千八百余の軍勢に対応し、いま一つは実弟秀長《ひでなが》（一五四〇～九一）や丹羽長秀ら四万九千余の軍勢の配置を示しているが、前者には「備前衆　三千」とある（「秋田家文書」等）。この三千は、新たに宇喜多氏領国から集められた軍勢ではなく、おそらくは上方にいた「備前衆」の全てか、その一部が割かれたのであろう。「備前衆　三千」は、前野長泰《まえのながやす》（長康）ら第一陣、長岡《ながおか》（細川《ほそかわ》）忠興《ただおき》ら第二陣に次ぐ第三陣に、蜂須賀正勝二千・黒田孝高千三百、「置塩殿」（赤松則房《のりふさ》）とともに据えられた。

以後の宇喜多勢の軍事行動については不明である。ただ、秀家は九月以前に大坂近辺に移っていたらしい。九月六日付で「いわ」という女性に宛てた、秀吉の書状が残されている（「東京大学史料編纂所所蔵文書」）。「いわ」はおそらく北政所の侍女で、この書状も実質的には北政所宛の音信と考えていい。家康・信雄から人質が差し出される予定を報じたこの書状の、次の一節に注目する。

　五もし・八郎かたよりこそて《（小袖）》給候、一たん《（一段）》とミ《（身）》にあいまいらせ候まゝ、我等き《（着）》まいらせ候、

「五もし・八郎」のもとから小袖《こそで》が届いた、よく身体に合うので着用している、という一文である。「五もし」はさきに秀家と婚約した秀吉の養女樹正院のことであろう。北政所からこの件を二人に宜《よろ》しく伝えてほしい、という含みがある。

とすれば、樹正院と秀家とは同じ場所にいて、さらに北政所の側近くにいた、と考えるのが穏当であろう。これ以前に、秀家の移動を示す史料は確認できないし、さきに挙げた五月十二日付の秀吉書状にも注意すべき文言はみえない。とすれば、五月中旬～九月初旬の間に、おそらく岡山から北政所のいた大坂へ秀家は移ったと考えられる。六月二十八日、そして七月二十九日に秀吉は二度、東海地方から大坂に戻っており（「兼見」「前田育徳会所蔵文書」等）、そのいずれかの機会に合わせて秀家も上坂したのではなかろうか。以上あくまでも筆者の推測である。

なお、「五もし・八郎」との文言から、すでに秀家・樹正院が婚儀を済ませていたとの指

摘があるが（光成二〇〇九）、右の書状は、あくまでも両者が同一地点にいて、その両者から秀吉に小袖が送られたことを示すに過ぎない。後述するように、少なくとも天正十五年九月までは「姫君様」と称されるように、樹正院は未婚であったと思《おぼ》しく、両者の夫婦関係が明確に同時代史料に現れるのも管見の限り天正十六年初頭まで降《くだ》る（大西二〇一二a）。

小牧・長久手の合戦はその後、秀吉と信雄・家康との講和が十一月十二日に成立して終結した（「龍野神社文書」等）。秀吉は同月二十二日、京都において権大納言に任官（「兼見」「言経」）、同月二十七日に至って大坂城に帰還した（「言経」）。

紀州平定

天正十三年（一五八五）は、秀吉にとって多事多忙の一年となった。懸案の紀州平定とそれに続く四国平定、関白任官、そして前年八月に秀吉陣営を離脱した越中《えっちゅう》富山（富山県富山市）の佐々《さっさ》成政《なりまさ》討伐が待っている。

紀州根来寺・雑賀衆の討伐は、三月下旬に開始された。秀家の初陣であろう。泉州堺における秀吉勢の行軍を記録した宣教師ルイス・フロイスによれば、秀家が二万の兵を率いて秀吉以下を先導していたという（「イエズス会」）。秀吉は終生、秀家個人に特別な配慮を示し続けるが、おそらく樹正院との縁組に続く、その最初期の具体例が、この堺での行軍であった。

秀吉の大坂出陣は三月二十一日で、同日中には和泉岸和田城に入っているので（「小」「貝塚御座所日記」「紀州御発向之事」）、堺での行軍はこの二十一日のことであろう。

華々しい出陣であった。だが、戦場での秀家は、ほとんどその行動を記録に残していない。三月二十二日、千石堀《せんごくぼり》城（大阪府貝塚市）等を落とした秀吉は、二十三日には紀州根来寺（和歌山県岩出市）に放火して制圧、さらに二十四日には雑賀（紀州北西部）へ進み、雑賀衆の土橋種治《つちばしたねはる》を逃亡させた（「小」「貝塚御座所日記」「紀州御発向之事」）。わずか数日のうちに根来寺・雑賀衆は、ほぼ壊滅に追い込まれたが、宇喜多勢の具体的動向は不明である。

ただ一点、最後に残った雑賀衆の拠点太田《おおた》城（和歌山県和歌山市）攻めにのみ、宇喜多勢の働きがうかがわれる。秀吉はさきの備中高松城と同じく、太田城を水攻めにした（海津二〇〇八。「貝塚御座所日記」等）。そこで宇喜多勢も築堤にあたったが、担当箇所が決壊する不始末を犯してしまう。

「戸川家譜」には「水攻めの時、備前之丁場堤切《ちょうばつつみきれ》、湛《たたえ》たる水落《みずおち》」云々とある。岡家利がそのとき秀吉の御前へ進み、「私無念にて堤切申候、切腹可被仰付《おおせつけらるべし》」と願い出た。すると「ケ様《かよう》の事ハ不意に有るもの也」と秀吉の不興も収まり、再度の「水溜《みずため》」＝堤の再構築が命じられたという。

この伝承は、さきのフロイスも同様に書き留めているから、大筋は事実であろう。フロイスによると、堤の決壊後、普請の担当者が腹を切り、秀家も責任を感じて太田城に攻め込んだが、秀吉は撤兵を命じ、秀家をとくに咎《とが》めることもなかった。紀州平定の直後に大村由己が述作した「紀州御発向之事」に、四月中旬に大雨のため紀ノ川《きのかわ》が氾濫《はんらん》し、百四十五間の堤が切れたとあるから、宇喜多氏担当丁場の決壊もおそらくこのときの事件であろう。事実かどうか不明だが、「太田水責記」は「城之北之方ナル備前衆ノ仕寄場幅五間程切レ、寄手多溺死《できし》ノヨシ」とあって、決壊の日付と宇喜多氏担当丁場が太田城の北方であったことを伝承する。

太田城の降伏開城は四月二十二日のことである（「太田家文書」「貝塚御座所日記」等）。

四国平定

天正十三年（一五八五）、紀州平定が成ると、秀吉は引き続き四国平定に動いた。小牧・長久手の合戦では徳川家康・織田信雄陣営に通じ、土佐一国から阿波・讃岐・伊予《いよ》にまで勢力を拡げた長宗我部元親との戦いである。秀吉は六月八日、秀家の叔父忠家・岡家利・長船貞親・富川秀安・明石行雄に対して、来たる十六日の出馬、四国への渡海を期して、油断なく軍備を調えるように、との指示を与えた。あわせて「此度八郎（秀家）、名誉取候様《めいよとりそうろうよう》ニ可相嗜《あいたしなむべく》候」と、秀家に武功を挙げさせるべく尽力することも命じている（「太陽コレクション所蔵文

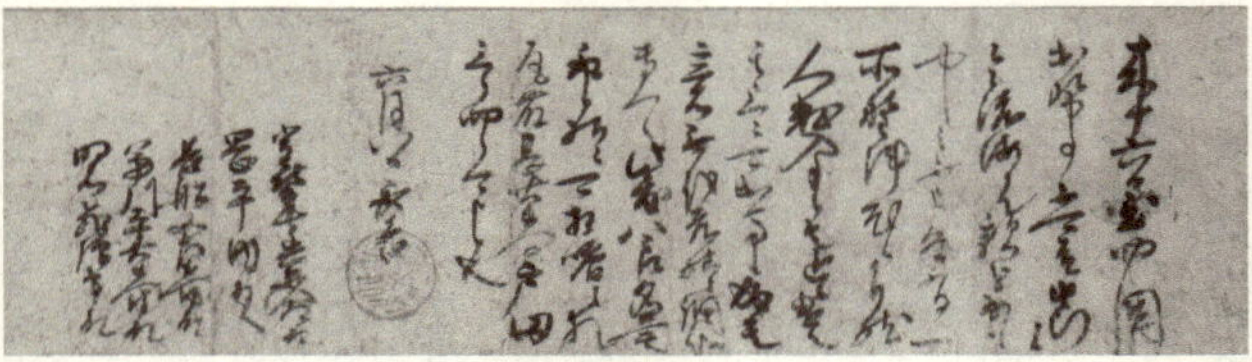

図５（天正13年）６月８日付羽柴秀吉朱印状
一般財団法人太陽コレクション所蔵

書」）。樹正院との縁組、紀州平定戦での先発行軍に続き、いかに秀吉がこの若者に目をかけていたかを彷彿《ほうふつ》とさせる。

秀吉実弟の秀長を大将とする討伐軍は三手に分かれて四国へ進出した（「四国御発向并北国御動座記」）。秀長と秀吉の甥秀次は淡路《あわじ》から阿波へ、秀家は蜂須賀正勝・黒田孝高らと讃岐から、そして秀吉方に与した毛利輝元が伊予から、それぞれ四国へ渡海して長宗我部方の拠点に攻めかかった。秀家らは讃岐の屋島《やしま》（香川県高松市）に上陸後、長宗我部方の城郭五、六か所を落として「武礼《(牟礼)》高松」（香川県高松市）に陣取ったという（「四国御発向并北国御動座記」）。その後、阿波へ進んで秀長らと合流し、木津《きづ》城（徳島県鳴門市）を攻め落とした（「阿波国徴古雑抄」「四国御発向并北国御動座記」）。七月下旬には元親が降伏を申し出、同月二十五日、秀長が土佐一国の安堵《あんど》を認めて講和が成立した（「土佐国蠧簡集」）。秀家にはその後、阿波・讃岐における長宗我部方の城郭を受け取り次第、「開陣」すなわち撤兵するように、との指示が秀吉から下された（八月四日付。「毛利家旧蔵文書」）。果たして秀吉の期待通りの働きが、秀家にあったかどうか、残存史料からは判断は難しい。戦況を追う限り、秀家（実質はその有力家臣たち）に率いられた宇喜多勢は、無難にその役目を果たした、とはいえるだろう。なお、四国のうち伊予は小早川隆景ら、阿波は蜂須賀家政《いえまさ》（正勝の子）ら、讃岐は仙石秀久らに与えられ、総大将秀長には大和一国、秀次には近江と、大幅な加増が行われたが、秀家にはこうした新たな所領が与えられた形跡はない。その他の恩賞の有無も不明である。

九州平定

関白秀吉が朝廷から太政大臣《だいじょうだいじん》の官職と「豊臣」姓を賜《たまわ》った天正十四年（一五八六）十二月、すでに九州では、停戦協定に抗う薩摩島津氏との戦闘が始まっていた。「備前・美作者とも」＝宇喜多氏領国にも同月二日時点で陣触れ（出陣命令）が発せられており、この日、秀家には小早川隆景らから、高橋元種《たかはしもとたね》（一五七一～一六一四）が籠もる豊前香春岳城《かわらだけ》（福岡県香春町）の攻撃を引き継ぐことが指示された（「黒」）。

ただ、香春岳城は秀家の出陣を待たずに落城する。降伏した城主高橋元種は、秀吉の九州平定後、実父秋月種実《あきづきたねざね》らとともに赦免され、日向縣《ひゅうがあがた》（延岡。宮崎県延岡市）に領知を得た。

ちなみに、この高橋元種の妻は秀家の叔父忠家の娘であった。これ以前の宇喜多氏と元種のような九州の小領主とがほとんど無関係であったことや、元種の年齢から考えると、元種と忠家の娘との縁組は、この九州平定戦後のことであろう。

翌年正月、秀吉は自らの出陣を三月一日と決定し、部隊の編制を公表した（「大」）。秀家の出陣は正月二十五日、名誉の第一陣を担うことになった。動員兵力は一万五千である。秀家に従って叔父忠家や富川達安・花房秀成らが出陣したらしい（「戸川」「牧左馬助覚書」「中島本政覚書」）。

秀吉は予定通り三月一日に大坂城を発し、同月六日に岡山城に着陣、それから五日間を同城での「休息」にあてている（「小」「九州御動座記」等）。

宇喜多勢は三月中旬には、豊前から豊後に進出し（「黒」）、同月十五日には豊後の島津勢を日向に敗走させた（「伊藤文書」「歴代古案」）。さらに同月二十一日には、日向への進軍が命じられた。黒田孝高・蜂須賀家政を先陣に、小早川隆景・吉川元長《もとなが》が第二陣、毛利輝元が第三陣、宇喜多勢は「因幡衆」とともに第四陣である。これに第五陣として秀吉実弟の秀長が続く（「黒」）。四月六日、秀長以下の大軍が日向高城《たか》（宮崎県木城町）を包囲し、同月十七日には、高城救援を図った島津義久・義珍《よしまさ》（のち義弘《よしひろ》。一五三五〜一六一九）らの軍勢に大勝する（根白坂《ねじろざか》の戦い。「黒」等）。「戸川家譜」は「島津勢死人山のことくし而《て》引去《ひきさる》」と伝承する。

一方、秀吉は筑前《ちくぜん》から肥後《ひご》を経て、五月三日に薩摩川内《せんだい》の泰平寺《たいへいじ》（鹿児島県薩摩川内市）

に着陣。島津義久が剃髪してこの秀吉本営に出頭、降伏したのは同月八日である（「九州御動座記」）。講和成立にともない、秀家の任務も戦後処理に移行した。五月十三日、秀家は秀長らとともに、日向・大隅《おおすみ》・豊後各地の城郭普請と、不要な城郭の破却（城破り）を命じられた（「武家事紀」「大友家文書録」「池田伊予文書」）。

九州平定戦は、島津義久の降伏を経て、六月七日、筑前博多《はかた》（筥崎《はこざき》）における「九州国分」によって、ひとまず終結した。博多の秀吉は同月十九日、バテレン追放令を発したのち帰路に就き、七月十四日に大坂城に到着している（「言経」「兼見」）。

秀家の帰陣時期は不明である。ただ、六月十一日付の秀吉朱印状が、任務に支障があれば秀長・秀家・毛利輝元へ兵粮米を支給するとして、状況報告を求めているので、おそらくこの六月中旬までは日向在陣を続けたのであろう（「小」）。

吉川広家との縁組

九州平定において、宇喜多勢は毛利勢と共同戦線を張ったが、天正七年（一五七九）の直家離反以来、「中国国分」に至る抗争は、両者の関係に深刻な傷跡を残していた。関ヶ原の合戦まで表向きは通常の交際をこなした宇喜多・毛利両氏の険悪さは、たとえば、九州平定戦後に、秀吉が命じた両者の縁組から垣間見ることができる。

秀吉は秀家の姉（容光院）の嫁ぎ先に、毛利輝元の従弟《いとこ》吉川広家（一五六一～一六二五）を選択した。広家は吉川元春の三男であったが、実父元春と長兄元長の死去にともない吉川氏を継いだ人物である。この縁組自体が、宇喜多・毛利両氏の緊張を察した、秀吉による融和策といっていい。

だが、広家本人の覚書には「不存寄《ぞんじよらざる》所縁之儀」「案外之次第」と、この縁組への抵抗が示されている。広家は「御《お》請《うけ》難申《もうしがたく》候」と渋った。とはいえ、「天下」＝秀吉の意向である。「京芸備芸御なるミかため」、京都すなわち天下を制する秀吉と「芸」（安芸）に本拠を構える毛利氏、「備」（備前）の宇喜多氏と毛利氏との融和のために持ち上がった縁組である。当時、肥後南関《なんかん》（「南之関」。熊本県南関町）にいた小早川隆景は、このように秀吉の御意に従うべきとの見解を示した。

広家によれば、吉川氏の老臣も同意見であった。「被失外聞《がいぶんをうしなわれ》不相届《あいとどかざる》儀」、名誉を失う、けしからぬことだから、「忰家《かせいえ》相違ニ罷成《まかりなり》候共」、すなわち吉川氏の存続に関わる大事になったとしても承諾すべきではない、と老臣は強硬である。

なぜこの縁組に抵抗するのか。広家は明言を避けているが、こうした老臣の意見あたりに真意があるとみていい。宇喜多氏とはやはり、遺恨浅からざる間柄である。

隆景は「第一備前、広家分際不応《おうじざる》儀候」、しかし秀吉の意向を尊重せよ、とも発言したらしい。そもそも備前の宇喜多氏では、広家の分際とつりあわない、という意味だが、文脈上、無位無官の広家に、この時点ですでに正四位下《しょうしいのげ》参議《さんぎ》の秀家（秀家の官位については後述）の姉を娶《めと》せるのは恐れ多い、とは解釈できない。むしろ宇喜多氏を蔑視《べっし》する雰囲気が漂う。隆景にも、宇喜多氏に対する根強い反感があったと考えるべきであろう。以上、広家の覚書に拠ったが、その執筆時期は、隆景の所在地から天正十六年三月頃と推測できる（「吉」）。

隆景の説得が功を奏したのか、その後、広家はこの縁組を承諾した。天正十六年七月、毛利輝元・小早川隆景・吉川広家らが上洛して秀吉に謁見、正式に豊臣政権に臣従した（「輝元公上洛日記」）。右の覚書とは別に、広家が婚儀のあとにまとめた覚書がある（「吉」）。この史料によれば、上洛した広家が帰国の途につく時、この人物にいまだ縁談がないことを聞いた秀吉が、「備前之宰相《さいしょう》秀家姉、有関白様御息女之御契約《かんぱくさまごそくじょのおけいやくあり》」、すなわち秀家の姉を自身の養女にして、広家に嫁がせることを命じたという。その後、安芸「吉野原」（広島県北広島町）における居館の普請を行って彼女を迎え、同年十月十九日に婚儀が挙げられた。豊臣政権の上使《じょうし》として黒田孝高が、秀家からはその家臣富山半右衛門尉《とやまはんえもんのじょう》・土居甚四郎《どいじんしろう》なる者が供奉《ぐぶ》して来たという。

いや、祝言の日取りや供奉の面々に疑問はない。この祝言を伝える広家の覚書では、さきの覚書における抵抗が揉《も》み消されたうえ、七月に縁組が持ち上がり、十月にめでたく祝言と、性急に事が運び過ぎている。やはり縁談は、さきにみた通り、天正十六年三月頃に指示され、広家らの反応も、歓迎ではなく固辞の方向性で捉えるのが実相に近いと考えるべきであろう。ともあれ、宇喜多・毛利両氏はかくして縁続きになった。しかも秀家の姉は秀吉の養女として嫁いだから、この縁組は、宇喜多・毛利両氏のわだかまりを解き、あわせて豊臣政権に対する吉川氏の忠誠を確かにするであろう。

ただし、広家を含めた毛利一族の、宇喜多氏に対する嫌悪感が、表面上はともかく、内心においても払拭《ふっしょく》されたか、といえば疑問である。宇喜多・毛利両氏の緊張関係は以後も持続したにちがいない。

毛利氏との緊張関係

某年の冬十一月頃、備前児島郡において秀家が大規模な鷹狩りを行ったらしい(「備前難波文書」)。勢子《せこ》百人を揃えたこの放鷹《ほうよう》は、畑和良氏の指摘通り、秀家の遊興であると同時に、領国の人々に、大名の武威を誇示する目的があった(畑二〇〇九)。

その軍事力誇示の舞台に選ばれたのが、児島郡であった事実に注目したい。かつて毛利氏の勢力圏にあって、「中国国分」でも毛利氏が領有に強い執着を示した児島郡である。秀家はこの地域の領有を、家臣・領民に加えて、毛利氏にも改めて確認させる意図を込めて、当地で大規模な鷹狩りを行ったのではなかろうか（大西二〇一二a）。児島郡のような領国の境目ではなお、毛利氏に対する軍事的緊張状態が解けていなかった。

いま一つ、毛利氏との関係をうかがう事例として、秀家が文禄三年（一五九四）九月十二日付で発給した知行宛行状を紹介しておく（「秋元興朝所蔵文書」）。有力家臣富川達安に、従来の知行（児島郡で七千五百三十石）および、備前児島郡・備中・美作における加増分（七千石）を加えて、一万四千五百三十石を与えたものだが、秀家の黒印に加えて、文書の右端（袖の部分）に秀吉の朱印が捺《お》されている（袖判）。その理由について、しらが康義氏は、「宇喜多氏の大名権力は豊臣政権のもとへ深く組み込まれ」ていたことを想定し、三鬼清一郎氏は、秀家を「いまだ領主権を十分に確立していない大名」とみて、秀吉が「その後楯となることによって領国の安定化をはか」ったものと説明する（しらが一九八四・三鬼一九八八）。つまり豊臣政権と宇喜多氏とは密接不可分の関係にあって、しかも秀家の家臣団統制が不充分だったから、秀吉がこの富川達安の知行宛行に関わったという見方である。

しらが・三鬼両氏の見解は確かに頷《うなず》けるが、秀吉が関与した宇喜多氏の知行宛行がこの一例に過ぎない点、そして知行地の過半が児島郡にあった点に、筆者は注目したい。豊臣政権と宇喜多氏とは確かに連携していて、大名秀家の権力も盤石とは言い難い。しかし、その他の知行宛行に、秀吉は一例たりとも関わっていないのである。

とすれば、この宛行状の朱印には、別の意味合いを探す必要がある。解答はそう難しくはない。秀吉の朱印は、文書の右端、「児島」という文言にかかるように捺されている。その毛利氏との因縁浅からぬ児島郡に、達安の知行地の過半が存在していたからこそ、秀家に加えて、秀吉がこれを自身の朱印によって保証する必要があったのではなかろうか（大西二〇一二a）。

わずか二つの事例ながら、大規模な鷹狩りと「児島」にかかる秀吉の朱印から、毛利氏との緊張関係の持続をここでは読み取っておきたい。

しかし、こうした険悪さを解消するために、秀家の姉容光院が吉川広家に嫁いだのではなかったのか。「中国国分」の終了から九年を経てもなお、知行宛行状のなかで、なぜ備前児島郡の領有権を天下人秀吉が改めて保証するかのような処置が取られたのか。

容光院が若くして病に倒れたからであろう。天正十八年（一五九〇）六月二十一日、彼女の「不例」による「祈念」（回復祈禱）が、京都の吉田社《よしだしゃ》（京都市左京区）に持ち込まれている。依頼主は彼女そして秀家の実母円融院であった。母子で伊勢神宮に参拝したあと、容光院が病気にかかり、そのため京都に滞留していたらしい（『兼見』）。その後、彼女は広家の国許に戻るが、再び病を得たものか、終焉の床についてしまう。翌年三月十八日、京都の秀家は、黒田孝高の心遣いによって名医曲直瀬玄朔と、使者として家臣富山半右衛門尉が、容光院のもとに下ることを吉川広家に報じた（「吉」）。黒田・富山両名は容光院の婚儀に陪席した、彼女ゆかりの人物である。名医の手腕に、秀家は「快気眼前候《かいきがんぜんそうろう》」と期待した。翌四月四日付の広家の報せによれば、玄朔の投薬で少しは回復が兆したらしく、秀家も同月二十二日付の朱印状で広家を見舞っているが、容光院はすでに同月十九日、二十一歳の若さで世を去っていた（「吉」「吉川家譜」）。法名は心月円明、のち文政《ぶんせい》十年（一八二七）に容光院と追贈された（「吉川家譜」）。

こうして宇喜多・毛利両氏の縁戚《えんせき》関係は、わずか二年半にして解消された。その後、慶長三年（一五九八）の八月、死の床にあった秀吉が、秀家の娘と、毛利輝元の息子秀就《ひでなり》との縁組を指示するが、実現をみることなく関ヶ原の合戦を迎える。秀吉の死後、後述の通り秀家は様々な悲劇に見舞われる。容光院の早世がなければ、こうした秀家の命運や、関ヶ原における広家の動向は、まったく違った様相をみせたのかもしれない（大西二〇一七b）。

小田原出兵

天正十六年（一五八八）四月、秀吉は京都聚楽第に後陽成《ごようぜい》天皇の行幸《ぎょうこう》を仰いで自らの覇権を誇示した（聚楽第行幸）。秀家もこの一大儀礼に参加したが、詳しくは後述する。秀吉はまた、同年の十月から諸大名を動員して、東山《ひがしやま》大仏（のちの方広寺《ほうこうじ》）の普請・作事を本格化させた。秀家は天正十七年九月から十月にかけて、一万人の人足を負担している（「肥前小城鍋島文書」）。これも改めて整理するが、秀家は政権の本拠地大坂・京都に、それぞれ屋敷を構えていて、その造営や維持にもおそらく莫大な金銭が費やされた。儀礼に普請・作事、軍事動員はめまぐるしい。東山大仏の手伝普請が終わったかと思えば、その翌月（天正十七年十一月）には、翌春を期して小田原《おだわら》出兵の陣立てが発せられた（「伊達家文書」）。相模《さがみ》小田原城（神奈川県小田原市）の北条氏政《ほうじょううじまさ》・氏直《うじなお》の討伐戦である。

秀吉はさらに、自身および政権の威厳を京都の人々に示すためであろう、出陣時の軍装にも注文をつけた。奈良興福寺《こうふくじ》の僧侶は「以外《もってのほか》　大名衆奇麗御出陣被仰付《おおせつけられ》、俄《にわか》ニ具足・細工之衆東西馳走無限《かぎりなし》」と書き留める（「蓮成院記録」）。軍勢を美々しく飾るため、秀家ら諸大名は多大の出費を迫られ、その準備に追われたであろう。

秀家は天正十八年二月三十日、京都から出陣した。その軍勢は御所の四足門《よつあしもん》前を通過したが、そのとき後陽成天皇も御所の「やくら」から見物していたという。御所の女官は次のように記録する（「湯」）。

ひせんのさいせう（備前宰相＝秀家）殿ちんたち（陣立）にて、やくら（櫓）より御らん（覧）しらるゝ、見事なり見事なり、公家の勧修寺《かじゅうじ》晴豊《はれとよ》（権大納言）も「宇田《(宇喜多)》宰相出陣見事、中々無申計《もうすばかりなく》候、四足御前相とをり申也」と、その陣容を褒めている（「晴豊記」）。吉田社の吉田兼見《よしだかねみ》（一五三五～一六一〇）が聞いたところでは「一万余之人数云々、奇麗、多分金之武具也」というから、往来の注目を集めぬはずがない（「兼見」）。秀吉の目論見通りというべきであろう。秀吉はその翌日（三月一日）、京都を出立した（「湯」「晴豊記」等）。

「戸川家譜」によれば、富士山を望む「浮島ケ原」（静岡県富士市）において、秀家は秀吉の上意に従い「武者競《むしゃくらべ》」を行ったという。「秀吉公異形成る出立《いでたち》也、備前の勢潔白なる出立」とあって、軍勢の行装を競い合い、「（秀吉の）御手勢より備前軍粧甚宜《はなはだよろしい》との上意なり」と、秀吉は宇喜多勢の勝ちを認めたらしい。どこまで事実かは不明であるが、出陣前の秀吉の命令は、あるいはこの「武者競」のためであったのかもしれない。

討伐軍は東海道《とうかいどう》から秀吉・秀次以下の諸将が進み、北陸道《ほくりくどう》からも前田利家・上杉景勝らの軍勢が北条氏の領国に迫った。三月末の戦闘開始から三か月程度で、北条方は重要拠点をことごとく失い、本拠地小田原城に追いつめられた。

小田原城包囲の陣容は、一番に長宗我部元親・加藤嘉明《かとうよしあき》・菅達長《かんみちなが》、二番が徳川家康、三番に織田信雄、四番に蒲生氏郷《がもううじさと》、五番に豊臣秀次、六番に秀家、七番に織田信包《のぶかね》、八番に池田照政《てるまさ》（輝政《てるまさ》）、九番に堀秀政《ほりひでまさ》、十番に長谷川秀一《はせがわひでかず》、十一番に木村常陸介《きむらひたちのすけ》、十二番に脇坂安《わきさかやす》治《はる》・得居《とくい》通幸《みちゆき》・来島通総《くるしまみちふさ》であって、このうち一番と十二番は舟手、すなわち海上から攻撃に加わった（「毛」）。六番手の秀家は、八千五百の軍勢を率いていたが、九州平定時と同じく、出陣の有様に比べ、実戦面ではそれほど目立たない（「毛」）。「戸川家譜」によると、富川達安・長船紀伊守《きいのかみ》ら「備前三家老」が「一日替りに先手」を務め、小田原城の攻城戦に加わっていたという。岡家利は従軍しなかったと「戸川家譜」は述べるから、同書の「備前三家老」は富川・長船と、岡家利の後継者岡越前守《えちぜんのかみ》（実名は不明）であろうか。

七月五日、北条氏政・氏直親子は降伏した。同月十一日、北条氏政・氏照《うじてる》兄弟が切腹、翌日には氏直の高野山《こうやさん》追放が決定し、小田原北条氏は滅亡した（「家忠日記」等）。この戦役でもやはり、秀家は特別な武功を挙げぬまま、終戦を迎えたのであろう。

秀吉は引き続き、陸奥《むつ》・出羽《でわ》両国を対象に諸勢力を整理し、検地や刀狩りを断行した。いわゆる奥羽仕置《おううしおき》である。会津《あいづ》（福島県会津若松市）に進んだ秀吉は、八月十二日、秀家に陸奥白河《しらかわ》（福島県白河市）とその近辺の検地を指示した（「浅」）。「戸川家譜」はこれを「しら川におゐて検地承り、肥後守（富川達安）組家人等を出し、急に検地調ひ」云々と描写する。

秀家は、奥羽仕置によって改易された領主の処置にも関わった（大西二〇一二a）。八月十九日、白河の元領主白川義親《しらかわよしちか》に対し、次のような書簡を送っている（「結城神社所蔵文書」）。

仍《よつて》御身上之事、会津可有御在城之旨《ございじょうあるべき》、先度於爰許《ここもとにおいて》被仰出《おおせいだされ》候条、先以《まずもって》御帰候者《おかえりそうらわば》、様子可申達《もうしたつすべく》候、

白川義親の会津移送は、先般「爰許」で決定されたので、帰還次第その仔細を伝達する、との内容である。秀家が当時、白河にいたとみれば（「爰許」＝白河となるから）、秀吉が同地に着陣した八月六日に会津への送致が決まったのであろう（白河市一九九二）。同月十一日、伊達政宗《だてまさむね》（一五六七〜一六三六）が義親に送った書簡が「御進退御苦労」云々と仄《ほの》めかすように、その指令は領知没収を意味していた（「伊達治家記録引証記」）。ともあれ、このとき領地を離れていたらしき義親は、帰国後に秀家から改易の沙汰を伝達されたと考えていい。

なお、白川義親はその後、復権工作に動くが、旧領回復は実現しなかった（後年、伊達政宗に召し抱えられる）。天正十九年と推定される二月八日付で、秀家の家臣花房秀成が「白川殿」に宛てた返書が残されている（「結城神社所蔵文書」）。秀成はいう。会津の領主蒲生氏郷の家臣関豊盛《せきとよもり》を頼って、氏郷に尽力してもらうのが肝要、当方からも氏郷に懇ろに口添えする。秀家は当時「備前在国」、すなわち帰国していたので、秀成が窓口役として返信したらしい。かつては秀吉にも仕えた秀成の本領は、豊臣政権や諸大名との渉外折衝にあった（大西二〇一二a）。

第二章　期待の若武者

一、異例の厚遇

秀家の官位上昇

大名宇喜多《うきた》氏は、羽柴《はしば》＝豊臣秀吉《とよとみひでよし》の天下統一事業を一貫して支え続けた。秀吉は活躍の機会と、豊臣政権における高い地位とを秀家《ひでいえ》に与えて宇喜多氏に報いる。秀吉がその遺言の一つで「備前中納言事（秀家）ハ、幼少より御《お》取立《とりたて》被成《なされ》候《そうろう》之《の》間《あいだ》……」（「浅」）と回顧した通りである。すでに秀吉による軍事面での抜擢《ばってき》や配慮を、紀州根来《きしゅうねごろ》攻め・四国平定・九州平定などから読み取った。ここでは官職位階（官位）の上昇から、豊臣政権における秀家の厚遇を具体的にみておきたい（大西二〇一〇・二〇一五a等）。

豊臣政権はおもに、徳川《とくがわ》・毛利《もうり》・上杉《うえすぎ》といった独自の領国支配を展開する大名を、政治的あるいは軍事的な圧力によって関白《かんぱく》秀吉のもとに統合して成立した。秀吉が一国規模以上の大名を殲滅《せんめつ》した事例は、越前北庄《えちぜんきたのしょう》の柴田勝家《しばたかついえ》や、小田原《おだわら》の北条氏政《ほうじょううじまさ》・氏直《うじなお》親子がある程度で、土佐《とさ》の長宗我部《ちょうそかべ》元親《もとちか》や薩摩《さつま》の島津義久《しまづよしひさ》は、領知削減で許されている。

こうした秀吉の方針が、驚くべき短期間での天下統一を実現せしめたのだが、必然的に政権構造は不安定にならざるをえない。表面上は心服の姿勢だが、軍事的余力を残して屈服させられた諸大名に、永続的な忠誠を求めるには、それなりの手立てが必要である。

秀吉はそこで官位に着目した。天正《てんしょう》十三年（一五八五）七月十一日に、従一位《じゅいちい》関白に叙任され、翌年十二月十九日には太政大臣《だいじょうだいじん》に昇進、「豊臣」姓を下賜《かし》された（「木下家文書」「公卿補任」等）秀吉は、自身の斡旋《あっせん》によって諸大名の叙位任官を進めてゆく。とはいえ、叙任した大名が官位に基づいて、朝廷の政務に関わることはほとんどない。よって彼らの官位は公《く》家《げ》のそれとの区別のため、とくに武家官位と呼ばれている。秀吉の意図は、この武家官位の体系に基づく、諸大名の序列化にあった。

秀吉はさらに、従五《じゅご》位下《いのげ》侍従《じじゅう》以上の大名（「公家成《くげなり》」大名）には、羽柴の名字を与えて自身との擬制的な同族関係を創出した。

豊臣政権は、こうした関白・太政大臣豊臣秀吉を頂点とする身分秩序および同族関係によって、全国の大名統制を行ったのである（黒田一九九七等）。

秀家も叙任を繰り返したが、年齢や経験、宇喜多氏の領国規模には、およそ破格の厚遇であった。四国平定後の天正十三年十月六日、秀吉は御所への昇殿《しょうでん》を許された十名をともなって「御礼申入《おんれいもうしいれ》」のため参内《さんだい》した(「兼見」)。すなわち羽柴秀長《ひでなが》(中将)・羽柴秀次《ひでつぐ》(少将)に、徳川(結城《ゆうき》)秀康《ひでやす》・秀家・丹羽《にわ》長重《ながしげ》・長岡忠興《ながおかただおき》・織田信秀《おだのぶひで》(信長《のぶなが》の息子)・津川《つがわ》(斯波《しば》)義《よし》近《ちか》・毛利秀頼《ひでより》・蜂屋頼隆《はちやよりたか》八人の侍従の官位昇進にともなう昇殿である。十四歳の「うき田八郎」はこのとき、殿上人《てんじょうびと》そして「公家成」大名(従五位下侍従)になった。秀家の従五位下侍従叙任を天正十年とする「公卿補任《くぎょうぶにん》」説は、年代が故意に操作されているか、さもなくば明らかな事実誤認である。

九州平定後の天正十五年九月十三日、秀吉は新造の京都聚楽第《じゅらくてい》に移徙《いし》した。その四日後(同月十七日)、諸大名や公家衆が御礼のために聚楽第に参集した(「兼見」等)。前近代における御礼とは、拝謁にとどまらず、服属の確認をも意味する。

このとき参集した二百人あまりという諸大夫《しょだいぶ》の面々は、馬・太刀を献上したが、とくに豊臣秀長および秀次・秀保《ひでやす》兄弟、そして秀家の四人は、秀吉に黄金を差し出している。しかも秀次・秀保の黄金五枚に対して、秀長と「浮田《うきた》侍従《じじゅう》」こと秀家の二人は黄金十枚を秀吉に献じた(「兼見」)。少年ながら、政権における秀家の地位がうかがえる実例の一つであろう。

そして二か月後の同年十一月二十二日、秀家は正四位下参議に進んだ(「今出川晴季武家補任勘例」）。参議の唐名「宰相」から、秀家は以後「備前《びぜん》宰相」と呼ばれるようになる。

聚楽第行幸

天正十六年（一五八八）四月十四日、関白秀吉は京都に造営した聚楽第に、後陽成《ごようぜい》天皇の行幸《ぎょうこう》を仰いだ（「聚楽第行幸記」）。聚楽第は大坂《おおさか》城に次ぐ秀吉第二の本拠（豊臣政権の政庁）である。行幸一日目、御所から聚楽第までの行列に、秀家は、天皇の鳳輦《ほうれん》に続く武家公卿の一員として加わる。次いで聚楽第における饗宴《きょうえん》への相伴を許された。行幸二日目の十五日には、秀吉への忠誠などを誓う起請文《きしょうもん》を提出する。このときの起請文は同文で二通が作成され、一通目は織田信雄《のぶお》（内大臣《ないだいじん》）・徳川家康《いえやす》・豊臣秀長（いずれも権大納言《ごんだいなごん》）・豊臣秀次（権中納言）・秀家（参議左近衛中将《さこんえちゅうじょう》）の武家公卿および秀吉の盟友前田《まえだ》利家《としいえ》（右近衛権少将）が連署し、二通目は長宗我部元親（侍従）ほかの「公家成」大名二十三名が作成した。宛所はいずれも、秀吉の後継者候補「金吾《きんご》殿」こと、秀俊《ひでとし》（北政所《きたのまんどころ》の実兄木下家定《きのしたいえさだ》の息子。のちの小早川《こばやかわ》秀秋《ひであき》。一五八二？〜一六〇二）である。

秀吉の意図は、自身の権力誇示にあった。また、聚楽第行幸にともなう一連の行事は、秀吉による政治秩序の可視化とも評価される（中野二〇一四）。諸大名は、聚楽第までの行列に加わるか、その警固を行い、あるいは饗宴への相伴にあずかった。そしてこの起請文を作成

図6　聚楽第図屏風
三井記念美術館所蔵

することによって、改めて秀吉への臣従と、自らの政治的立場を確認させられたのである。しかも、豊臣政権の次代を担う少年への誓約は、諸大名が将来にわたって政権への忠誠を誓うことを含意する（中野二〇一四）。

秀家はこの直前の四月八日、「行幸家賞《けじよう》」として従三位に昇進、次いでさきの起請文によって、家康・秀長・秀次に続く豊臣政権の最高幹部に位置づけられた。それは形式上とはいえ、起請文の作成すら許されなかった秀吉の直臣や、長宗我部元親以下の諸大名とも一線を画する特筆すべき立場であった。

行幸三日目の十六日には歌会と饗宴。歌会後の宴席において、織田信雄・徳川家康・豊臣秀長・豊臣秀次、そして秀家の五人に「清花《(清華)》たるべき旨」勅許があった。彼らは清華《せいが》すなわち摂関家に次ぐ家格を与えられたのである。矢部健太郎氏は、この摂関家・清華家といった公家の家格が（官位と同じく）武家の世界に持ち込まれたことに着目し、「武家摂関家」秀吉に次ぐ、豊臣政権の特権的大名集団「武家清華家」＝「清華成」大名がこのとき創出されたとした。秀吉の目的は、彼らを政権内部に取り込む一方で、政権運営の実質は与えず、相互に牽制《けんせい》させる、という有力大名の統制にあったともいう（矢部二〇一一）。矢部氏自身も認識するように、この見立てにはなお検討の余地が残るが、ひとまず本書では「清華成」大名を、豊臣政権において最高の格式を備えた大名の集団として捉《とら》えておく。

行幸四日目は舞楽の催し、五日目の十八日に、後陽成天皇は聚楽第から御所へ戻っている。秀家は齢《よわい》十七にして従三位参議、そして「清華成」大名である。このあと権中納言に任官する文禄《ぶんろく》三年（一五九四）十月二十二日（「久我文書」。「今出川晴季武家補任勘例」では十月二十三日）まで、官位の上昇はなかったが、それは必ずしも秀家の停滞を示すものではない。むしろ従三位参議までの昇進が、きわめて性急に行われたため、他の有力者との権衡の問題で、六年にわたって官位が据え置かれたと筆者は考えている。

秀家厚遇の理由

天正十六年（一五八八）、従三位に進んだ秀家はなお少年である。その少年がなぜ、著しく高い官位を与えられ、豊臣大名の頂点を形成する「清華成」大名の一人に加えられたのか。筆者は大別して二つの理由を想定している（大西二〇一〇）。

一点目。秀吉への協力に対する恩賞こそ、官位・家格の授与であった。信長の死後、宇喜多氏＝秀家は、終始秀吉の指揮下にあって、豊臣政権の確立に寄与してきた。各地への出兵に加え、大名宇喜多氏の存在自体が、敵対勢力（とくに服属以前の毛利氏）の監視・牽制には役立った。備前・美作《みまさか》二か国に備中《びっちゅう》・播磨《はりま》の一部を含む宇喜多氏に匹敵する規模の大名を、ほかに指折り数えられたい。こうした条件に合致する大名は宇喜多氏のみであろう。丹羽長《なが》秀《ひで》は、明智《あけち》光秀《みつひで》を討った山崎《やまざき》の合戦以降、秀吉陣営にあったが、天正十年時点での領知は若《わか》狭《さ》一国に及ばなかった。能登《のと》一国を領有する前田利家は、賤ケ岳《しずがたけ》の合戦以後の服属である。毛利輝元《てるもと》・上杉景勝《かげかつ》・徳川家康の臣従はさらに遅れる。

秀家の厚遇は、そうした宇喜多氏の特筆すべき立場に由来するといっていい。軍事的協力のほかに、大坂城や聚楽第、京都東山《ひがしやま》の大仏殿造営にも人足を負担している。

しかるに、秀家の領知は天正十三年二月の確定後、ほとんど変化がなかった。帰属年代がわからない播磨二郡（赤穂《あこう》・佐用《さよう》）を、四国や九州平定戦での恩賞とみるにせよ、二郡を合わせても六万石弱に過ぎない。十七世紀なかばの正保郷帳《しょうほうごうちょう》から石高を拾えば、赤穂郡は三万五千五百石余、佐用郡は二万三千三百石余である。

四国平定後、たとえば総大将の秀長は大和《やまと》、秀次は近江《おうみ》（四十三万石）、蜂須賀《はちすか》家政《いえまさ》（正勝《まさかつ》の子）は阿波《あわ》、小早川隆景《たかかげ》は伊予《いよ》に、それぞれ新たな領知を得た（「四国御発向并北国御動座記」等)。いずれも大幅な加増である。九州平定後にも、小早川隆景が筑前《ちくぜん》・筑後《ちくご》、黒田孝《よし》高《たか》・毛利(森)吉成《よしなり》が豊前《ぶぜん》、佐々《さつさ》成政《なりまさ》が肥後《ひご》といったように、秀吉は恩賞を惜しまなかった。では、四国平定では一手の大将を務め、九州平定では一万五千の軍勢を動かした秀家に、秀吉がどのように報いたのか。

残存史料をみる限り、秀吉は領知の加増ではなく、官位・家格の授与(朝廷への推挙)をもって秀家の働きに応《こた》えたと考えるべきであろう。さしたる領知の加増はなかった、あるいは皆無であったかもしれない。その代償が従三位権中納言の官位と、「清華成」(家格の上昇)であったと考えるほかない。樹正院《じゅしょういん》との縁組もまた、秀吉からの恩賞とみていい。

二点目。恩賞の結果というべき、秀吉・秀家両者の親族関係である。秀吉は養女の樹正院、すなわち秀家の正室をいたく可愛がっていた。

ここで秀吉と樹正院との関係について説明しておく(岩沢一九六六・大西二〇一二a等)。

秀吉は自らを「おとゝ《(父)》」、彼女を「五もし」と呼ぶ。中国地方の平定のため戦陣にあった秀吉は、「そもしけなげ《(健気)》にて、くこ《(食事)》も一たんまいり候や」「かならす〳〵やかてひめち《(姫路)》へよひ《(呼)》可申《もうすべく》候」云々《うんぬん》と、彼女あてに手紙をしたためている(「石原重臣氏所蔵文書」)。おそらく近江長浜《ながはま》城(滋賀県長浜市)の北政所のもとにいたのであろう。彼女が実際に、姫路《ひめじ》に赴いたのかはわからない。

次いで「と〻《（父）》のちくせん《（筑前）》」から「五もしさま」への別の一通。「なに事なく御あそひ《（遊）》候や」と近況を尋ね、「やかて五もしよひ《（呼）》可申《もうすべく》候」と、ここでも彼女をすぐに呼び寄せるという（『弘文荘待賈古書目』）。年号も日付もないが、秀吉が「ちくせん」を名乗っているので天正十二年以前の史料であろう。

北政所に宛てた秀吉の書状（慣例上、北政所の侍女を宛所にする場合が多い）にも、彼女はたびたび「五もし」として登場する。たとえば、天正十三年閏《うるう》八月十一日、北陸地方を平定した秀吉が、越前北庄から北政所の侍女と思《おぼ》しき「いわ」に宛てた書状をみてみよう。「五もしへ返事可申候《もうすべくそうら》へとも、めあしく《（目悪）》候間、御心へ候へく候」、すなわち彼女へも手紙を書きたかったが、目を患って思うに任せなかったらしい（「木村文書」）。このあと詳しく触れるが、彼女に対する秀吉の思いは、秀家に嫁いでも変わらなかった。

さらに一通、興味深い史料を挙げておこう。第一次朝鮮出兵（文禄の役）の最中《さなか》、文禄二年（一五九三）三月頃に、秀吉が肥前名護屋《ひぜんなごや》（佐賀県唐津市）の陣中から「おね」すなわち北政所に宛てた消息である（「賜芦文庫所蔵文書」）。秀家そして樹正院の立場を考えるうえでは避けては通れない。

ひせん《（備前）》の五もしな《（名）》をかへ候てまんそく《（満足）》のよしうけ給候、おとこ《（男）》にて候《そうら》はゝ、くわんはく《（関白）》

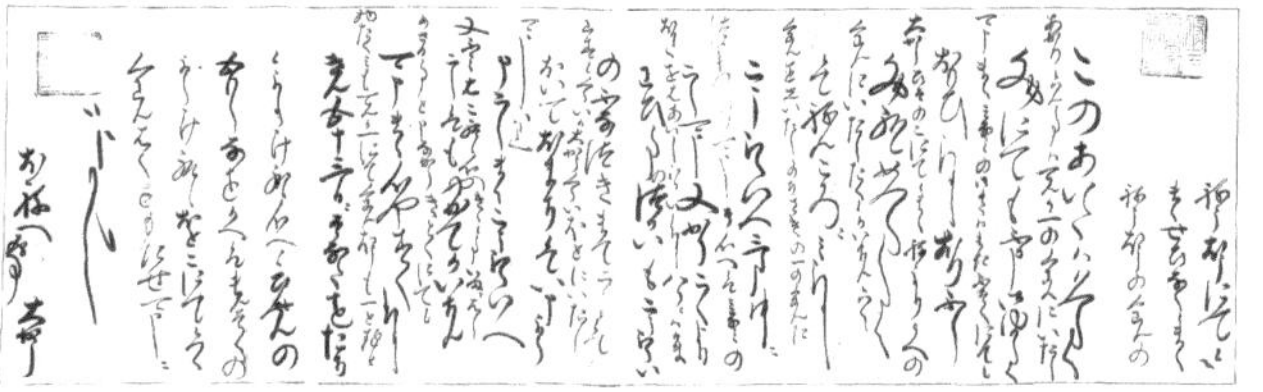

図7　豊臣秀吉書状
賜芦文庫所蔵文書　東京大学史料編纂所所蔵影写本

をもたせ可申《もうすべき》に、ねうほう《（女房）》にて候まゝ、せひ《（是非）》なく候まゝ、ねうほうのくわん《（女房の官）》のあかり候《そうら》はん事は、てんか一のくわん《（天下一の官）》にいたし可申《もうすべく》候まゝ、みなみの御かた《（南御方）》はまたふそく《（不足）》にて候、大かうひそのこ《（太閤秘蔵の子）》にて候まゝ、ね《（北政所）》よりうへのくわん《（上の官）》にいたしたく候、かいちん《（開陣）》候はゝ、くわん《（官）》を先いたし、のちさき《（後先）》の一のくわん《（一の官）》につかまつり可申《もうすべく》候、其《その》心へ候て、みなみのおかた《（南御方）》をは、あいしらい候へく候、八郎《（秀家）》にはかまわす候、くらい《（位）》は大かうくらい《（太閤位）》ほとにいたし可申《もうすべく》候、

要約する。「ひせんの五もし」＝樹正院が南御方《みなみのおかた》と改めたと聞いた。男ならば関白に据えるべき人物だから、女性としての「てんか一のくわん」にしたい。南御方では満足できない。太閤《たいこう》秘蔵の子女だから、北政所よりも上の官位を与えたい。秀家に気兼ねすることはない。以上を踏まえて彼女に接するように。最後の一文は樹正院か秀家、いずれにかかるのか判断が難しいが、いずれか一方は、太閤程度の地位につけたいという。

秀吉がいかに樹正院を寵愛していたかが彷彿《ほうふつ》とされる史料である。秀吉にすれば、樹正院に比べると、秀家は「八郎にはかまわす候」で片づけられる程度の存在であった。もちろん往々にして過剰な文辞の多い秀吉だから、こうした文言を字義通り解釈するのはおそらくあたらない。秀家夫婦との親近感の反映、つまり親しさゆえの軽口程度に捉えておくのがいいだろう（大西二〇一〇・二〇一七b）。

ともあれ、秀家の立身出世は、樹正院の存在抜きには考えられない。

樹正院との婚儀はいつか

ところで、さきに秀家と樹正院との縁組をひとまず天正十年（一五八二）と推定したが、では婚礼はいつ行われたのだろうか。天下人秀吉の養女と、後年、豊臣「大老《たいろう》」に抜擢される有力大名の祝言である。もちろん確かな史料が残されているはず、と考えるのが自然だが、目下のところ直接的な証言は一切確認されていない（以下、大西二〇一二a・二〇一七b）。

従来は十八世紀後半に成立した「備前軍記」の記事に従って、天正十七年春との理解が大勢であったが、桑田忠親氏は樹正院の動向を次のように述べて、これを否定した（桑田一九七一b）。

天正十四年（一五八六）に秀吉が京都の内野に聚楽亭を築くと、その亭内に移り、ついで秀家と結婚し、同十五年八月八日、秀家が従三位参議に叙任して、備前宰相と称せられるにおよび、備前の御方と呼ばれたのであった。すなわち、天正十六年の十月に秀吉が鷹狩のさきから聚楽亭内の正室おねに与えた自筆の消息の文中に、「一さを、びぜんの五かたへつかわせ、」とある。

確かに、天正十六年に比定できる秀吉の書状には「ひせんの五かた」という文言がみえる（「鶉飼文書」）。十月五日、秀吉は摂津《せっつ》茨木《いばらぎ》（大阪府茨木市）において鷹狩《たかが》りを行った。そこで獲物（鶉《うずら》）を、京都聚楽第の北政所と大政所、そして「ひせんの五かた」へ送り、その分配を指示する。

このうつら（鶉）我等て（手）にてとらせ候、五さ（竿）を進《しんじ》候、此《この》うち一さ（竿）を大まんところ（大政所）へ、一さ（竿）を
ひせんの五かたへつかわせ、のこる三さ（竿）をハそもし（北政所）せうくわ（賞翫）候へく候、

確かに、「ひせんの五かた」（原文書には「ひんせんの五かた」とあるが、「ん」の字は抹消されている）を「備前の御方」、すなわち備前岡山の宇喜多秀家の内儀と解釈するのは妥当な

判断である。ただ、右の引用文を素直に読むと、桑田氏は天正十四〜十五年八月に二人の婚姻時期を絞り込んでいるが、氏は（その他の仕事も含めて）この書状以外に論拠を示していない。従って秀家・樹正院の祝言は、この書状が記された天正十六年十月以前とはいえても、桑田説の年代までさかのぼらせるには、さらに検証が必要である。

そこで九州平定戦を秀吉の側近くで見聞した人物による「九州御動座記」という同時代史料を挙げてみたい。秀吉は大坂への凱旋《がいせん》の中途、天正十五年七月十日に備前岡山に到着した。

七月十日
一、備前岡山まで還御《かんぎょ》なり、
但《ただし》、此所迄《まで》姫君様御迎に御座候而《て》、種々様々の御馳走《ごちそう》に付而《ついて》、中一日御逗留《ごとうりゅう》、

この「姫君様」こそ、樹正院その人であろう。「姫君様」は、秀吉を迎えるために遠路岡山まで出向いて、おそらく饗応にも参加しているから、ある程度の年齢に達した秀吉の養女であるうえに、岡山になにか所縁のある人物と考えるのが妥当であろう。

実子に恵まれなかった秀吉には、さきの容光院《ようこういん》（秀家の姉）のような、名目上の養女と、秀吉・北政所夫妻のもとで実際に育てられる養女とがいた。後者の養女として確実なのは、

樹正院と、織田信雄の娘小姫君《こひめぎみ》のみであろう。このうち天正十三〜十四年生まれの幼女に過ぎない織田信雄の娘はまず該当しない（渡辺一九九三）。筆者はそこで、秀家との縁組が成立していた樹正院こそ、この「姫君様」と推定する。

問題はこの時点で「姫君様」樹正院と、秀家との祝言が終わっていたか、である。「姫君様」という呼称を、単純に文字通り未婚の女性とみなせば、いまだ二人は婚約者に過ぎない。わざわざ秀家の本拠地まで移動して、同地での饗応におそらく加わった点からいえば、「姫君様」という呼称はともあれ、すでに両者は夫婦であったと考えることも可能であろうが、やや不利の傾きがある。

別の史料から考えてみよう。西暦一五八八年二月二十日（天正十六年正月二十四日）付で宣教師ルイス・フロイスが、イエズス会総長宛に作成した「一五八七年度日本年報」である（「イエズス会」）。この報告書のなかに、秀吉による九州平定の先鋒《せんぽう》として「関白殿の養女と結婚した三カ国の領主八郎殿」が出陣したとの言及がある。この叙述を史実とみれば、（秀家が出陣した）天正十五年初頭には秀家の祝言が終わっていたことになる。ただし、この報告書の脱稿は翌年正月（西暦では二月）である。慎重に考えれば、両者の婚姻はこの報告書作成の時点までに公表されていたが、それが秀家の九州出陣時までさかのぼるとまではいえない。

議論が複雑になってきたが、ことほど秀家・樹正院の婚姻時期は確定しがたいのである。天正十五年七月時点では「姫君様」＝未婚であった可能性が高く、天正十六年正月以前の祝言は確実である。よって厳密を期すると、祝言の時期は天正十五年七月～翌年正月とみるのが妥当、とここでは指摘しておこう。

一時的な埋没

秀家の政治的立場を担保したのは、秀吉への一貫した協力という履歴と、正室樹正院の存在であったと筆者は考えている（大西二〇一〇）。だが、秀吉が天下統一を果たした天正十八年（一五九〇）頃になると、次代を担う秀吉の血族縁者が次々に元服＝成人の時期を迎え、高位高官に就けられていく。北政所の実兄木下家定の息子秀俊や、秀吉の姉瑞龍院日秀《ずいりゅういんにっしゅう》（とも）の息子三人（秀次・秀勝《ひでかつ》・秀保）である。秀家には彼らと違って秀吉との血縁関係はない。あくまでも秀吉の養女の婿である。しかも天正十七年五月には、秀吉に実子鶴松《つるまつ》（八幡太郎《はちまんたろう》）が誕生した。生母は信長の姪茶々《めいちゃちゃ》（淀殿《よどどの》。一五六九～一六一五）である。

秀吉の縁者としての秀家の存在意義は低下せざるをえない。天正十九年正月には「大和大納言」こと秀吉の実弟秀長が病没、同年八月には鶴松も早世するが、秀俊および秀次三兄弟はいずれも健在である。天正十九年十二月、秀次が関白の座に就いた。翌天正二十年正月二十九日には秀俊・秀保がそろって従三位に叙され、権中納言に昇進した（「今出川晴季武家補任勘例」）。さらに同年九月九日には権大納言徳川家康の嗣子《しし》秀忠《ひでただ》（一五七九～一六三二）も従三位権中納言に叙任される（同上）。このあと信長の嫡孫織田秀信《ひでのぶ》（文禄二年〈一五九三〉九月二十四日）や前田利家（文禄三年四月七日）にも遅れをとった秀家は、文禄三年十月二十二日に至ってようやく権中納言に任官する（「久我文書」）。「今出川晴季武家補任勘例」では十月二十三日）。以降、秀家は「備前宰相」あらため「備前中納言」を名乗り、そう称された。

第一次朝鮮出兵（文禄の役）の開始後ほどなく、朝鮮の都漢城《かんじょう》（ソウル）の陥落を聞いた秀吉が、秀次宛の朱印状において明国《みんこく》征服成功時の政権構想を披瀝《ひれき》するが、そのなかで「日本関白」を、「大和中納言」秀保ないし「備前宰相」秀家に、「高麗《こうらい》之儀」を「岐阜宰相」秀勝ないし秀家に任せたい、と明言した（「前田育徳会所蔵文書」）。従来はこうした候補に秀家が挙がることが、とりもなおさず秀家厚遇の証拠とみなされてきたが、官位の問題を絡めると問題はそう単純ではない。むしろこの秀吉による朱印状のなかでも、秀保・秀勝のあとに秀家が現れる点に留意したい。聚楽第行幸の時点では、秀吉の親族大名として秀長・秀次に次ぐ立場にあった秀家が、さらに秀勝・秀保の後塵《こうじん》を拝するところまで相対的に地位を下げた、ともいえる。

だが、秀次三兄弟は、天正二十年九月九日に秀勝が戦病死、次いで文禄四年四月十六日に秀保が急死、同年七月十五日には謀反の嫌疑をかけられた秀次が高野山《こうやさん》で切腹（関白秀次事件）して全員がこの世を去る。また、秀俊は文禄三年、小早川隆景の養子に入って、政権との距離を広げ、さらに秀次死去の前後、秀吉の勘気をこうむった。

要するに、秀吉のおもな親族大名のうち、秀家だけが大過なく生き残った。秀家が最終的に豊臣「大老」の一角を占めた背景には、秀家の能力といった内在要因よりも、こうした外在的な事情が大きく働いていたのではなかろうか。

有力家臣の叙位任官

大名家臣の叙位任官を、陪臣叙爵《ばいしんじょしゃく》と呼ぶことがある。豊臣政権期にあっては「清華成」大名の特権であったらしい。したがって秀家の有力家臣も、この栄誉にあずかり、従五位下・侍従以外の官職に補任されている。いわゆる諸大夫成《しょだいぶなり》である（なお、諸大夫成には三つの類型「諸大夫《しょだいぶ》」「布衣《ほうい》」「随身《ずいじん》」があって、参内時の装束に「諸大夫」は冠・赤装束、「布衣」は烏帽子《えぼし》・狩衣《かりぎぬ》といった区別もみられるという〈「輝元公上洛日記」〉。矢部二〇一一）。

秀吉の関白就任以前は、秀家は無論、有力家臣も無位無官であった。さきに天正十三年（一五八五）の四国平定戦の直前、秀吉が関白に昇る約一か月前（六月八日付）に秀家の叔父忠家《ただいえ》らに発給された秀吉の朱印状に触れたが、その宛所は「宇喜多七郎兵衛入道《にゅうどう》（忠家）殿」「岡《おか》平内殿《（家利）》」「長船《おさふね》又左衛門尉殿《（貞親）》」「富川《とがわ》平右衛門尉殿《（秀安）》」「明石《あかし》飛驒守殿《（行雄）》」であった。「飛驒守《ひだのかみ》」明石行雄《ゆきお》を除き、官職名をもたない彼ら宇喜多氏の最高幹部はいずれも無位無官と考えていい。また、秀家の従五位下侍従叙任が同年十月六日（「兼見」）である事実を踏まえると、明石行雄の「飛驒守」もおそらく私称とみるのが穏当であろう。

　彼らの叙位任官はその後のことである。たとえば「戸川家譜」は、「天正十四年の頃、秀家家老五六輩《ごろくはい》官位被仰付《おおせつけられ》、秀安《（富川）》従五位下肥後守《ひごのかみ》に任す」と伝え、「寛永諸家系図伝」における富川秀安《ひでやす》の記事には「天正十三年、豊臣秀吉の命によつて従五位下に叙す」とある。秀吉が朝廷に申請して、大名やその家臣に官位を斡旋するのは、天正十三年七月の関白任官後と考えられているから、秀家家臣の諸大夫成は早くてもそれ以降であろう。さらにいえば、主君秀家に先んじて叙任する可能性も限りなく低いから、その家臣の叙任は秀家のそれ（天正十三年十月）以後と考えられる。

　確かに秀家の従五位下侍従叙任後、彼らの呼称が変化する（大西二〇一〇）。前述の通り、天正十四年十月以前に、宇喜多忠家（安津《あんじん》）が「式部卿法印」を名乗りはじめる（「言経」）。もっとも忠家の場合は「殿下《でんか》御内《みうち》」、すなわち秀吉の直臣としての変化（叙任）かもしれない。次いで同じく天正十四年の極月（十二月）十九日付、富川秀安・長船貞親《さだちか》連署書状案に、「富肥秀安」「長越」との署名、「岡豊」との文言が見《み》出《いだ》せる（「水原岩太郎氏所蔵文書」）。この時点までに、彼らは富川「肥後守」秀安、長船「越中守《えっちゅうのかみ》」貞親、岡「豊前守《ぶぜんのかみ》」家利《いえとし》と改めていた。呼称の変化がただちに正式な叙任を意味するわけではないが、「戸川家譜」の伝承通り、天正十四年頃に、この忠家・富川・長船・岡の四人については叙任の可能性があるとみていい。

もう少し確実な情報は、秀家の「清華成」前後まで時代を降《くだ》る必要がある。「聚楽第行幸記」から天正十六年四月十四日、聚楽第へ向かう後陽成天皇以下の行列をみると、「備前宰相秀家卿、随身」との記述に目が向く。諸大夫成の一つ「随身」身分の家臣を、秀家が引き連れていたようである。また、御所の女官が記した「お湯殿の上の日記」の同年四月二十一日条によれば、秀家の家臣四人が「布衣」に推挙され、彼らが献上品を持参したという（「うき田《（宇喜多）》はらのしゆ《（衆）》ほうゐ《（法衣）》四人申《もうす》、十てう《（帖）》、まき物《（巻物）》しん上《（進上）》申」）。人物の特定はできないが、複数の秀家家臣に官位が与えられていたことは揺るがない。

具体的に特定可能な事例もある。この年の秋七月、毛利輝元が上洛して聚楽第に出仕、正式に豊臣政権に臣従した。このとき輝元に随行したその家臣平佐《ひらさ》就言《なりとき》の記録「輝元公上洛日記」によれば、七月二十五日、輝元が京都の諸大名邸を訪ねて回った際、秀家に太刀・馬・銀子五十枚を、さらに秀家の家臣「明石伊与《（予）》守《諸大夫》」・「長舟越中守《諸大夫》」・角南《すなみ》如慶《じょけい》にもそれぞれ太刀・銭千疋《びき》（一疋は十文）を贈ったという。明石伊予守《いよのかみ》は、のちに「明石伊予守行雄」

（「閥」）と署名した点から、かつての飛騨守、明石行雄その人と特定できる。「長舟越中守」はいうまでもなく長船貞親である。いずれもこれ以前に、諸大夫成を遂げていたのである。

確かな史料が乏しく、これ以上は探索が難しい。ただ、行雄・貞親の事例からいえば、彼らと同等か、それ以上の立場にあった忠家・富川秀安・岡家利も、天正十六年以前の叙任はほぼ確実であろう。また、この時期の陪臣叙爵は、複数人まとめて行われる傾向がある。毛利氏の場合、九人（天正十六年七月二十六日。「輝元公上洛日記」等）や四人（同十七年七月十三日。「閥」等）、前田氏の場合でも二人ずつ（ないしそれ以上）の叙任（「国祖遺言」等）といった具合だから、秀家の有力家臣も一斉叙任の可能性が高い。

その時期は、さきに述べた天正十四年頃か、聚楽第行幸前後の同十六年四月頃とみるのが妥当であろう。前者は、忠家らの呼称がほぼ同時期にそろって変化する事実をうまく説明できるうえに、比較的信頼できる「戸川家譜」との整合性も高い。人名が特定できない諸大夫成が、少なくとも天正十三年十月四日に二十人以上（「兼見」）、同十四年正月十四日以前に五人（「湯」）は存在したから、忠家らをそこに含めるという見方である。

後者の見立ては、聚楽第行幸直前に相当数の諸大夫成があった事実に基づく。「お湯殿の上の日記」の四月十一日条に、「しよ大夫（諸大夫）大せい（大勢）なり申《もうす》」、翌十二日・翌々十三日条にも「しよ大夫なりおなし（同）」とある。秀家の家臣もこのなかに含まれていたに違いない。少なくとも聚楽第行幸時に従五位下に叙された、と子孫が主張する花房秀成《はなぶさひでなり》の叙任は、この時と考えるのが穏当であろう（「寛永伝」）。

ただし、彼らの自称ではなく、しかも公家の山科言経《やましなときつね》が、これ以前に忠家を「式部卿法印」（天正十四年十月十六日条等）、「長船越中守（貞親）」・「岡豊前守（家利）」（天正十六年二月十九日・三月二十日条）と書き留めている事実に照らすと、前者＝天正十四年頃の叙任説のほうが有利であろう。

いずれの仮説も、秀家の「清華成」以前であるが、さきに述べた陪臣叙爵＝「清華成」大名の特権という原則は、筆者のみる限り、聚楽第行幸以前には必ずしも絶対的ではなかったか、存在しなかったようである。「聚楽第行幸記」によれば、秀家だけでなく、織田信雄・徳川家康・豊臣秀長・豊臣秀次の合わせて五人が、行幸三日目の四月十六日に「清花（清華）たるべき旨」勅許とあるが、前年に家康家臣の酒井忠次《さかいただつぐ》（二月二十七日。「湯」）・水野忠重《みずのただしげ》（七月二十九日。同上）が諸大夫成を果たしていた。

ともあれ、天正十四〜十六年の間に、秀家の有力家臣複数名が、おそらくは一括して叙任されたと結論しておきたい。その意義は、すでに筆者が指摘した通り、官位序列によって、秀家とその有力家臣との上下関係を明確化することに求められよう（大西二〇一二a・二〇一五a等）。武家官位上、忠家らは秀家の下位に位置づけられた。陪臣叙爵は、少年大名秀家による家臣団統制を補完、あるいは補強する方向に作用したのである。

上方の秀家屋敷と秀家の上方定住

秀吉＝豊臣政権の本拠地は一か所ではない。天正十一年（一五八三）九月に造営のはじまった大坂城、同十四年二月、普請に着手された京都の聚楽第、そして天正二十年八月以降、秀吉の隠居所として整備が進められ、文禄三年（一五九四）三月から本格的な築城に入った伏見《ふしみ》城（京都市伏見区）がある（「兼見」等）。甥の秀次に関白職とあわせて譲られた聚楽第は、関白秀次事件（文禄四年七月。後述）を経て跡形もなく破却されたが、大坂・伏見の両城はいずれも政権の本拠地として維持された。

政権下の大名はそのため、大坂城・聚楽第の周辺、そして伏見城下それぞれに屋敷を構える必要があった。あくまでも私見だが、とくに有力大名の場合は、そう考えて大過ない。秀家屋敷も三か所に存在し、そのうち京都・大坂屋敷は少なくとも天正十六年秋以前には相応の体裁を整えていた。すなわち同年の秋に上洛した毛利輝元が、さきに述べたように、七月二十五日に京都の秀家屋敷を訪れて進物を贈り、さらに九月十日には秀吉の御成《おなり》に合わせて大坂の秀家屋敷を訪問している（「輝元公上洛日記」）。このうち京都の場合は、前田利家が天正十四年八月頃に屋敷地を拝領して普請をはじめているので（「於京都《きょうとにおいて》御屋敷被仰付《おおせつけられ》……」。

「温故足徴」）、秀家にも同じような指示があったとすれば、この時期まで造営年代をさかのぼらせてもいい。

もっとも史料が乏しいのが、伏見の秀家屋敷であるが、伏見城の造営にあわせて文禄年間以降に整備されたことは確かである。第一次朝鮮出兵（文禄の役）において、秀家より若干早く帰国したらしき伊達《だて》政宗《まさむね》は、秀吉と対面した文禄二年閏九月二十五日、（おそらく伏見城下に）屋敷地を拝領している（「政宗君記録引証記」）。また、同年十一月一日、伏見城への総登城が行われたが、そこで秀吉は諸大名に対し、早急に屋敷を造営するよう命じたという（「兼見」）。「諸大名 悉祗《ことごとくし》候《こう》云々、屋敷普請諸大名 急速《いそぎすみやかに》 被申付《もうしつけらる》 云々」）。以上から筆者は、朝鮮半島から上方に戻った文禄二年十月初旬以降、総登城の翌月十一月一日までに、秀家は伏見城下に屋敷地を賜ったとみたいが、いかがだろうか。

三つの秀家屋敷整備や維持の詳細はほとんど不明だが、秀家は基本的に上方のいずれかにいた。天正十二〜十三年頃以降、長期間国許にいた形跡もない。同時代史料から確実に時期を特定できる在国事例は、大坂から帰国する小早川隆景・吉川元長《きっかわもとなが》を、備中河辺《かわべ》（倉敷市）で饗応した天正十三年十二月三十日（「小早川隆景吉川元長上坂記」）、天正十九年二月頃（「結城神社所蔵文書」）、そして関ヶ原《せきがはら》合戦の直前、慶長《けいちょう》五年（一六〇〇）六月頃（「義演」）程度に過ぎない。また、天正十九年の場合は、正月十二日に参内したあと（「湯」「時慶記」「晴豊記」）、二月八日時点では在国だが（「結城神社所蔵文書」）、三月十八日以前には京都に戻っており（「吉」）、慶長五年も六月に帰国したが、翌月には大坂に上り、そのまま出陣して関ヶ原の敗戦を迎えたように（「義演」等）、在国期間はじつに短い。そのほか年代不明ながら、前述の通り、某年の冬十一月頃、備前児島《こじま》郡での鷹狩りのために帰国したようだが、これも短時日のうちに上方に戻ったとみるべきであろう。しかも関白秀次事件という政変をうけ、文禄四年七月二十日付の起請文において、秀家は常時在京を誓約する。それ以前もそうだが、ともあれ、秀家は原則として上方にいた。

上方における秀家家臣

秀家を補佐すべき有力家臣も主君同様（秀家ほどではないにせよ）、上方での活動が増加するか、常態化したと考えられる。秀家の叔父忠家（安津）に至っては、上方に住み着いてしまったらしい。

確かに「戸川家譜」も「同十九年（天正）の頃、浮田宰相秀家成人ましくて、器量といゝ、公儀人前無申計《もうすばかりなく》、天下の御壻《おんむこ》にて御威勢盛んなり、家老分ハ代るく大坂へ詰《つめ》る」と伝承する。残された情報は断片的だが、たとえば公家山科言経の日記（「言経」）を繰って具体的な秀家家臣の動向をかいつまんでおこう。

天正十六年（一五八八）二月十九日、秀家の家臣寺町光直《てらまちみつなお》（孫右衛門尉《まごえもんのじょう》）の大坂屋敷にて連歌会が終日催され、最終的には「乱酒」となった。ずいぶん盛り上がったらしい。参加者は光直・忠家に加え、長船貞親（越中守）・岡家利（豊前守）・花房秀成（又七《またしち》）、それに山科言経や秀吉の御伽衆大村由己《おとぎしゅうおおむらゆうこ》（梅庵《ばいあん》）、忠家の家臣らであった。

同年三月二十日、大村由己の大坂屋敷における連歌会にも、秀家の家臣が顔を揃えた。山科言経は、長船貞親・岡家利・寺町光直のほか、花房秀成の父道悦《どうえつ》（正幸《まさよし》）や楢村玄正《ならむらはるまさ》・清台寺友龍を、秀家の家臣として日記に書き残している（このとき欠席した忠家は参加者の誰かに和歌を託して連歌の輪に加わった）。ことに忠家（ならびにその家臣）と光直は、この時期、頻繁に山科言経や大村由己らと交流していた（「言経」）。

文禄五年（一五九六）四月、参内のため必要な「立からの馬」（未詳）を家臣たちから借用するため、秀家は廻状《かいじょう》（回覧文書）を作成した（「遠藤家文書」。大西二〇一五a）。その回覧先（宛所）には、岡越前守《えちぜんのかみ》・富川達安《みちやす》（秀安の子）・長船紀伊守《きいのかみ》（貞親の後継者）・明石掃部《かもん》・花房秀成・浮田平太《へいた》・浮田河内守《かわちのかみ》・岡本権之丞《ごんのじょう》・長船吉兵衛《きちびょうえ》・中吉平兵衛《なかぎりへいびょうえ》・角南隼人《はやと》らが見出される。史料の内容から考えると、その回覧先は、少なくとも当時、上方にいた秀家の有力家臣を網羅している可能性が高い。とすれば、ここに現れない有力家臣が国許にいた、と考えられるが、知行一万石以上の大身（「宇喜多秀家士帳」）に限ると、宇喜多忠家・浮田左京《さきょう》亮《のすけ》親子以外は、すべてこの廻状に登場する。しかも、忠家は秀吉の直臣であるうえ、すでに左京亮に家督を譲った隠居の身であったとみれば、「立からの馬」の借用といった負担からは免除されていたのかもしれない。とすれば、この廻状にみえない（おそらく在国の）有力家臣は浮田左京亮のみになる。

つまり、この時点に限られるが、秀家の有力家臣のほぼすべてが上方にいたといっていい。

京都・大坂の秀家屋敷と秀吉の御成

大坂・京都そして伏見の秀家屋敷は、秀家やその妻子の居住地であると同時に、上方における大名宇喜多氏の拠点であって、徳川家康や前田利家の屋敷がそうであったように、おそらくは諸大名との交際の場としても機能していた。

ときに秀吉の訪問＝御成《おなり》もあった。秀吉による秀家屋敷への御成は、同時代史料によると、天正十六年（一五八八）閏五月二十四日（「高橋清作氏所蔵文書」）、同年九月十日（「輝元公上洛日記」）、および文禄三年（一五九四）四月二十日（ないし二十一日）の三例が確認できる（「駒井日記」等）。伝承によれば、さらに天正十九年夏にも秀吉の御成があったという（「戸川」）。

御成には饗応が必須《ひっす》である。天正十六年閏五月二十四日の御成は、秀吉による不意の、気軽な訪問であったらしく、そうした場合はありあわせの接待になろう。このときは囲碁の勝負を観戦したあと千利休《せんのりきゅう》をともなって「八郎殿（秀家）へ御成」となった。大坂屋敷か京都のそれかは不明である（「高橋清作氏所蔵文書」。桑田一九七一a）。

　しかし、あらかじめ日取りが調整された、それも儀礼的な御成の場合は、綿密な準備と、莫大な費用が必要になる。天正十六年九月十日の事例を紹介しよう（「輝元公上洛日記」）。

　九月八日、秀家は大坂における毛利輝元の宿所（黒田孝高邸）へ使者（明石行雄）を立て、明後日に一献差し上げたい、と輝元らの来訪を依頼した。そして九月十日、快晴のこの日の辰《たつ》の刻（午前八時頃）、輝元は小早川隆景・吉川広家《ひろいえ》とともに大坂の秀家屋敷を訪れた。次いで巳《み》の刻（午前十時頃）に秀吉が来駕《らいが》したので、輝元は「御門外橋の上」に出迎えたという。「御門」とあるから、大坂城の城門にかかる橋の上、と理解すべきであろう。秀家屋敷は大坂城の近隣にあったらしい。

　秀吉の御成にあわせて、秀家は輝元らを招いたのである。出家して「昌山」と号していた前将軍足利義昭《あしかがよしあき》も客人であった。「公方様」義昭は、秀家屋敷の庭に下りて秀吉を迎えている。秀家屋敷における座配《ざはい》は、「高間」に関白秀吉・足利義昭・「金吾様」こと豊臣秀俊の三人、そして下座に豊臣秀長・毛利輝元・秀家・島津義弘・小早川隆景・吉川広家であった。相伴の人々はいずれも肩衣袴《かたぎぬはかま》を着用していたという。

饗応は七献《しちこん》で行われた。酒肴《しゅこう》の膳《ぜん》が進められること七度、その都度、秀家からの献上品が披露された。初献で太刀と馬、二献で小袖《こそで》、三献で盆と香箱、四献で虎皮、五献で紅糸、六献で緞子《どんす》、七献で刀（腰物）と脇差《わきざし》である。五番立《ごばんだて》（能の上演形式の一つ）の能も行われた。演目「杜若《かきつばた》」では秀家がシテを務めている。

秀吉の還御（大坂城への帰還）は申《さる》の刻（午後四時頃）であった。輝元も宿所へ戻り、すぐに秀家の家臣富川秀安が来訪の御礼のため、輝元を訪ねている。

以上、詳しく御成の様子をみてきたが、酒肴や進物に贅《ぜい》が尽くされたことは想像に難くない。その用意も当日のはるか以前から周到に進められていたのであろう。

秀吉の御成に、多大な費用と綿密な準備が求められた事実は、某年（筆者は天正十四〜十七年と推定）の八月七日、上方の長船貞親が、国許の「岡豊」こと岡家利（豊前守）に宛てた書状からもうかがえる（「黄」）。要件の一つは以下の通り。秀吉の御成があれば「御進物之御太刀、かたな（刀）、其外色々」必要になる。ただ、新たに刀を打たせると日数がかかるので、延寿太郎《えんじゅたろう》とかいう「明石秘蔵刀《ひぞうのかたな》」を差し出させるように。彼らの苦心は推して知るべし。

式正御成

さらに年代を降らせたい。天正十九年（一五九一）十二月、関白職を甥の秀次に譲った秀吉は、太閤（前関白の称号）と称せられるようになった。

その太閤秀吉は、文禄三年（一五九四）から翌年にかけて、政治儀礼的な有力大名の訪問＝式正御成《しきしょうおなり》を行った。秀吉が武家はもとより公家や寺社の有力者を従えて、有力大名の屋敷に赴き、迎える側も趣向を凝らして饗応する。明確な規定の有無や具体的な作法は不明だが、秀吉＝豊臣政権が、主従関係の再確認・強化を意図していたことは揺るがない。秀吉を招く大名には、おそらく多大な出費が求められたが、彼らにとっても御成は名誉であったらしい。

前田利家の近習村井《むらい》長明《ながあき》の覚書と思しき「国祖遺言」は、文禄三年における式正御成は、前田利家・蒲生《がもう》氏郷《うじさと》・毛利輝元・徳川家康・宇喜多秀家・上杉景勝の順序で行われたが、その他の佐竹《さたけ》氏や伊達氏といった国持大名には式正御成が許されなかったと伝承する。この村井長明の回想が事実とすれば、式正御成の対象者は、有力大名のなかから、さらに選抜されていたらしい。

なお、同時代史料に「式正」御成と記される御成は、前田利家の事例のみ（「駒井日記」）であるが、ここでは「国祖遺言」に従って、この時期における蒲生・毛利・徳川・宇喜多・上杉屋敷への御成も、それが能や大規模な饗応をともなう場合、あるいは秀吉に加え、北政所や茶々、諸大名が参加した場合は、式正御成であると捉えておきたい。

秀家屋敷への式正御成は、文禄三年四月二十日（ないし二十一日）に行われた。関白秀次の側近駒井《こまい》重勝《しげかつ》の記録「駒井日記」を繰ると、御成の予定がはじめて語られるのは四月十七日条である。「来《きたる》廿《にじゅう》日ニ備前宰相（秀家）殿江《へ》可在御成《おなりあるべき》之由、北政所様・二丸様（茶々）・御ひろひ様（秀頼）・京極様（秀吉側室）何茂《いずれも》御同道可有《あるべき》由」という。さらに同月十八日条には、秀吉が秀家屋敷における能を大和の猿楽四座（金春《こんぱる》・観世《かんぜ》・宝生《ほうしょう》・金剛《こんごう》）に命じたとの記事が、同月十九日条では「明日備前宰相（秀家）殿江《へ》御成之由」との文言が確認できる。

四月二十日、秀吉が大坂城下の秀家屋敷を訪れた。「駒井日記」の同日条には、秀吉の側近木下吉隆《きのしたよしたか》からの「今朝何茂《いずれも》備前宰相（秀家）殿江《へ》御成之由」との報《しら》せが、そして翌二十一日条には、秀家屋敷での能番組が記録されている。秀吉は「源氏《げんじ》供養《くよう》」を、秀家は天正十六年の御成時と同じ「杜若」を演じたという。

この秀吉の来訪は、天正十六年九月と同様、能のほか、かなり大がかりな饗応であったことは想像に難くない。その具体像を推定するために、比較材料として、同時期の前田・蒲生・上杉・徳川屋敷への式正御成を表1に整理した。いずれも五献以上の酒肴が供され、能が催され、家康をはじめとする有力大名が相伴し、家中御礼として家臣も進物を献上している。秀家屋敷への式正御成も、前述の通り、能が行われ、「今朝何茂《いずれも》備前宰相（秀家）殿江《へ》御成之由」（「駒井日記」）との記録から、在大坂の大名がこぞって秀吉に随行したことが推定できるから、表1の四御成と同じく、盛大な饗宴が張られ、多くの家臣による家中御礼も行われた

年月		文禄3年4月8日	文禄3年10月25日	文禄3年10月28日	文禄4年3月28日
対象		前田利家（京都）	蒲生氏郷（京都）	上杉景勝（京都）	徳川家康（京都）
献儀		十三献	七献	五献	七献
能		○	○	○	○
相伴衆	豊臣秀次（関白）	×	×	×	×
	徳川家康（権大納言）	○	○	○	—
	豊臣秀保（権中納言）	○	○	○	○
	小早川秀秋（同）	○	○	×	○
	徳川秀忠（同）	×	×	×	○?
	織田秀信（同）	○	○	○	○
	前田利家（参議→権中納言）	—	○	○	○
	宇喜多秀家（同）	○	○	×	○
	上杉景勝（同）	×	×	—	○
	毛利輝元（同）	×	×	×	○
	蒲生氏郷（参議）	○	—	○	×（文禄4年2月7日没）
家中御礼（進物）		○（22人）	○（34人）	○（11人）	○
出典		「文禄三年卯月八日豊太閤前田亭御成次第」	「太閤様氏郷卿江御成献立」	「上杉邸御成帳」	「文禄四年御成記」
備考		前田利家の権中納言昇進に合わせて御成	蒲生氏郷の参議昇進に合わせて御成カ	上杉景勝の権中納言昇進に合わせて御成	

表1　文禄3、4年における式正御成

に違いない。

　ただ、表1の四御成とは異なり、さきに述べた通り、秀家屋敷には、秀吉のほか、正室の北政所、側室の茶々・京極殿《きょうごくどの》、そして茶々が産んだ嗣子《しし》秀頼《ひでより》（「拾《ひろい》」。以下、秀頼に統一。一五九三〜一六一五）が赴いたらしい。あるいは四御成よりも大規模な饗応があった可能性も考えられよう。

　また、四御成は京都屋敷だが、秀家の場合は大坂屋敷であった事実にも注目しておこう。これは秀家屋敷の都合であったと筆者は考えている。同時代史料による秀家の演能は十八度、五十一番が確認できる（後述。「能之留帳」等）。そのうち京都の内裏（禁中）と大和吉野《よしの》山における能を除けば、すべて秀家の大坂屋敷で行われた（一部推定を含む）。つまり、京都・大坂・伏見三か所の秀家屋敷のうち、能舞台が存在したのは、おそらくは大坂屋敷のみであったと筆者は考える。そのため、能を行う式正御成には、大坂屋敷が選ばれたのであろう。

妻子の居住地としての秀家屋敷

上方の秀家屋敷は、秀家やその妻子の居所でもあった。秀家との婚約後、樹正院が上方を離れたのは（筆者の仮説が正しければ、前述の通り）九州平定から帰還する秀吉を備前岡山で出迎えた天正十五年（一五八七）七月の一度しかなかった。秀家の没落からおよそ十年後、実兄前田利長《としなが》を頼って加賀金沢《かがかなざわ》へ移住するまで、彼女の行動範囲は、大坂・京都そして伏見に限られる。

秀家・樹正院の第一子は天正十七年に誕生した（大西二〇一五b・c）。樹正院の出産に先立って、秀家は大和の長谷寺《はせでら》（奈良県桜井市）に「金ノ灯呂《（灯籠）》」を寄進して、「誕生平安」（安産）や「子孫長久」の誓願を立てている（「多聞」）。黄金の灯籠《とうろう》とはいかにも贅沢きわまるが、寄進・祈念の願い出が奈良興福寺《こうふくじ》の塔頭《たっちゅう》多聞院《もんいん》に届いた五月二十二日の二日前、聚楽第の秀吉が、諸大名に膨大な金銀を与える「金賦《かねくばり》」を行っていた（「多聞」では金子四千九百枚・銀子二万千百枚、「鹿苑日録《ろくおんにちろく》」では金子六千枚・銀子二万五千枚）。秀家の元手は、おそらく「金賦」の下賜金であろう。
このあと八月に、樹正院は第一子を出産した。「うき田殿《（秀家）》より御子出《いで》候」、すなわち秀家に子が生まれたので、太刀一振を大坂へ送ろうとする記事が京都北野《きたの》社《しゃ》（北野天満宮。京都市上京区）の祠官《しかん》（北野社の祭祀《さいし》・運営を行う神職）松梅院禅昌《しょうばいいんぜんしょう》の日記に確認できる（「北野」八月二十日条）。したがって出産はこれ以前、産所は大坂の秀家屋敷であろう。この赤子が男子であった事実は、彼女が二年後に第二子を産んだことをきっかけに記録に残された。

天正十九年七月、秀家に第二子が誕生した。同月二十五日、右の松梅院禅昌の父禅永《ぜんえい》が、「浮田八郎殿《（秀家）》」を訪ねて酒肴と「若子《わこ》さま」の産着などを贈っているから、生まれた第二子は男子で、しかも出産がこの日以前であることが確定できる（「北野」）。

また、禅永の訪問は、「若子《わこ》さまを禅永に子にめされ候《そうら》へ」、つまり生まれた男子を、禅永の養子に差し上げたい、との秀家の申し出によるものであった。経緯は不明だが、二年前に生まれた第一子を男子と推定すれば、次男の「若子さま」を手放すことに、大きな支障がなかったのであろう。実際後述の通り、第一子は、秀家の後継者となるべき男子であった。

次男の出産後、樹正院は、産後の肥立ちが思わしくなかったのか病臥《びょうが》する。八月二十九日、京都吉田社の神官吉田兼見《かねみ》のもとに樹正院の使者が訪れた（「兼見」）。

うき田宰相殿（樹正院）内義ヨリ使《し》僧来而云《そうきたりていう》、女房衆七月ニ産生已来《いらい》、于今《いまに》朦気也《おぼろげなり》、医師療治不得験気《げんきをえず》、祈念之義、頼入《たのみいる》之由也、予（吉田兼見）使僧ニ対面云《たいめんしていう》、御私宅作事《ごしたくさくじ》無之歟《これなきか》、当年六金神《ろくこんじん》也、御方角数多 塞《あまたふさがる》也、使僧云、卯《う》・午方《うまのかた》作事也、予云、正金神《しょうこんじん》也、此神之祟歟《たたりか》、祈念之義、意得 存《こころえぞんずる》之由申 訖《もうしおわんぬ》、銀子五枚持給《もちたまう》之、来《きたる》二日ヨリ可修行《しゅぎようすべき》之由申 訖《もうしおわんぬ》、御《お》撫物《なでもの》三色、鏡・小袖・帯、可持給《もちたまうべき》之由申 訖《もうしおわんぬ》、明日可持給《もちたまうべき》 之由被申 訖《もうされおわんぬ》、進一 盞《いっさんをすすむ》、帰京、最中雨降《あめふる》也、於小座敷 対面了《こざしきにおいてたいめんしおわんぬ》、

使者の僧侶いわく、樹正院は七月に出産以来、現在まで「朦気」である。おそらくは意識が朦朧とする状態が続いていたのであろう。医師が診療しても効果はないので、回復祈禱《きとう》を依頼したいという。そこで吉田兼見は使僧に会って尋ねる。屋敷の作事がなかったか。今年は「六金神」であるから、多くの方角が塞《ふさ》がっている。

金神は、陰陽道《おんみょうどう》の神である。金神の居場所は干支《えと》と連動していて、その方角で何かを行うことは避けねばならない。普請や作事も禁物である。天正十九年の干支は辛卯《しんぼう》だから、金神の居場所は、子・丑・寅・卯・午・未の方角であるという（「百忌暦」「言経」）。この六つの方角に金神がいることを、吉田兼見は「六金神」と表現したのであろう。

使僧は、卯と午の方角の作事があったと伝えた。兼見は「正金神」、おそらく六つのなか

でも、特に忌むべき方角であったのか、そのように回答し、樹正院の病気を金神の祟りと判定して、祈禱依頼を承諾した。使僧は銀子五枚を持参していたが、兼見は来月二日から祈禱を始めるから、撫物を三つに、鏡・小袖・帯を持ってくるように指示した。使僧は明日持参すると答え、一杯酌み交わしたうえで帰って行った。この対面は屋敷の小座敷で行われた。

以上、詳しく解説したが、樹正院が七月に出産して以後、病のため臥せっていたこと、使僧が「帰京」したという文言や、撫物などは明日持参するという使僧の応答から、彼女が京都の秀家屋敷にいることが判明する（大坂の秀家屋敷であれば、京都との往復に一両日かかる）。

そして、この天正十九年に京都の秀家屋敷において作事のあったことが明らかになった。彼女の病気を、兼見は金神の祟りと見立てたが、その真相はわからない。

吉田兼見による祈禱は、七日間の予定で、九月二日に始まった。ここで兼見は、三つの「金神疾病守《しっぺいまもり》」を用意して祈禱に臨んでいる。「兼見卿記」から引用すると「十八才、今度病者也、三才男子・一才男子」であるが、十八歳は病気の樹正院、そして「三才男子・一才男子」はともに彼女の息子と理解していい。つまりこの二人の幼児は、秀家・樹正院の第一子・第二子に該当しよう。さきに天正十七年生まれの第一子が男子であると述べた根拠はこの記事の存在である。

京都の秀家屋敷と、秀家妻子について考えている。天正十七年・同十九年に二人の男子が生まれた。そのうち次男の出生地は秀家の京都屋敷であったが、母の樹正院は出産後そのまま病臥してしまった。

京都吉田社における吉田兼見の祈禱は、七日目の九月八日に結願《けちがん》（完了）した。早速、秀家屋敷に使者を立てたが、「不例同篇《どうへん》之由」、すなわち樹正院の容態に変化はなかった（「兼見」）。兼見の使者が即日戻ってきたことからも、樹正院の居場所が京都の秀家屋敷であったことが改めて裏づけられる。

三日後の九月十一日、今度は北政所から重ねて樹正院の祈禱依頼が兼見へ持ち込まれ、同月十六日に兼見は結果を報せているが、以後、彼女の容態への言及はない（「兼見」）。祈禱の効果があったのか、おそらく彼女は回復したのであろう。

二、第一次朝鮮出兵

「唐入り」発令

天正二十年（文禄元年。一五九二）、豊臣秀吉による第一次朝鮮出兵（文禄の役）が始まる。前年の十月十八日、「高麗御渡海之儀《こうらいごとかい》」を命じられた毛利輝元が国許《くにもと》へその仕度を指示しているから（「湯浅家文書」）、秀家にも同じ時期、出陣命令があったと考えていい。十二月、秀次に関白職を譲った秀吉は、前関白＝太閤として、自らの渡海も予定した。

「からいりみちゆきの次第」（唐入り路行）という史料によれば、秀家は十四番編制のうち九番目に位置づけられ、二月二十日の出陣予定とある（「浅」）。一～四番は九州の大名、五～七番は四国の大名、八～十番が中国の大名、そして十一～十四番が畿内以西の大名である。このうち九州の大名は、三月一日以降「日より」（日和）次第、（おそらく朝鮮出兵の前線基地肥前名護屋から）出船するよう指示されたらしい。秀家ら他の大名は二月の出陣が予定されているが、これは九州の大名より先の渡海ではなく、京都・大坂ないし各自の領国からの出立日と考えるのが妥当であろう。

ただし、この「からいりみちゆきの次第」は、秀吉の署名（朱印）も軍役人数もない点、

「からいりみちゆきの次第」(「浅」)		
番	人名	出陣日
一番	こにしつのかミ(小西行長)	3月1日から「日よりしたい」
	ひらと(平戸＝松浦鎮信)	
	ありま(有馬晴信)	
	大むら(大村喜前)	
	こたう(五島純玄)	
二番	かとうかすゑ(加藤清正)	一番衆に続いて「日よりしたい」
	りうさうし(龍造寺政家)	
	さから(相良長毎)	
三番	くろたかいのかミ(黒田長政)	二番衆に続いて「日よりしたい」
	大ともしゝう(大友吉統)	
四番	もりいきのかミ(毛利吉成)	三番衆に続いて「日よりしたい」
	しまつしゝう(島津義弘)	
	ひうか衆(日向衆)	
五番	ふくしまさへもん大夫(福島正則)	2月10日
	とたミんふの少(戸田勝隆)	
	とき(さ)のしゝう(長宗我部元親)	
	いよのくるしま(伊予来島)	
六番	はちすかあわのかミ(蜂須賀家政)	2月10日
	いこまうたのかミ(生駒親正)	
七番	こはや川しゝう(小早川隆景)	2月13日
	たちはなしゝう(立花宗茂)	
	こはや川とう四郎しゝう(小早川秀包)	
	ちくしかうつけ(筑紫広門)	
八番	あきのさいしやう殿(毛利輝元)	2月16日
九番	びぜんのさいしやう殿(宇喜多秀家)	2月20日
十番	いなはしゆ(因幡衆)	2月21日から「1日ちかい」
	はうきしゆ(伯耆衆)	
	はりましゆ(播磨衆)	
	たちましゆ(但馬衆)	
	たんこの少将殿(長岡忠興)	
十一番	ゑちせんしゆ(越前衆)	2月15日から「1日ちかい」
	わかさしゆ(若狭衆)	
十二番	かゝのさいしやう殿(前田利家)	2月18日
十三番	いせしゆ(伊勢衆)	2月23日
十四番	ぎふの少将殿(豊臣秀勝)	2月24日

3月13日付「高麗へ罷渡御人数事」(「小」)		
番	人名	軍役人数
一番	羽柴対馬侍徒(従)(宗義智)	5000
	小西摂津守(行長)	7000
	松浦刑部卿法印(鎮信)	3000
	有馬修理大夫(晴信)	2000
	大村新八郎(喜前)	1000
	五島大和守(純玄)	700
二番	加藤主計頭(清正)	10000
	鍋島加賀守(直茂)	12000
	相良宮内大輔(長毎)	800
三番	黒田甲斐守(長政)	5000
	羽柴豊後侍従(大友吉統)	6000
四番	毛利壱岐守(吉成)	2000
	羽柴薩摩侍従(島津義弘)	10000
	高橋九郎(元種)	2000※1
	秋月三郎(種長)	
	伊藤民部大輔(伊東祐兵)	
	島津又七郎(豊久)	
五番	福島左衛門大夫(正則)	4800
	戸田民部少輔(勝隆)	3900
	羽柴土左(佐)侍従(長宗我部元親)	3000
	蜂須賀阿波守(家政)	7200
	生駒雅楽頭(親正)	5500
	来島兄弟(得居通幸・来島通総)	700
六番	羽柴筑前侍従(小早川隆景)	10000
	羽柴久留目(米)侍従(小早川秀包)	1500
	羽柴柳河侍従(立花宗茂)	2500
	高橋主膳(直次)	800
	筑紫上野介(広門)	900
七番	安芸宰相(毛利輝元)	30000
八番	備前宰相(宇喜多秀家)	10000※2
九番	岐阜宰相(豊臣秀勝)	8000※3
	丹後少将(長岡忠興)	3500※3

※1 日向衆、※2 対馬在陣、※3 壱岐在陣

表2　第一次朝鮮出兵の陣立

あるいは渡海しなかった前田利家が編制されている点などから、あくまでも正式な軍令を作成するための草稿であった可能性が高い（中野二〇〇六）。毛利輝元の場合は、領国（安芸広《あき》島）からの出陣が、この史料と同じ二月十六日に命じられているが（「湯浅家文書」）、小西行《こにしゆき》長《なが》の渡海（壱岐《いき》到着）が三月十二日にずれこんだように（「西征日記」）、秀家も予定通り二月二十日に出陣した確証はない。

二月二十八日には、徳川家康・秀家・輝元が「違乱」、秩序を乱したので出陣が延期されたとの風聞が奈良に届いている（「多聞」）。おそらく京都か大坂での出来事だが、前述の通り、輝元はすでに帰国しているから、この点は明らかな事実誤認である。とはいえ、家康の在京は確かなので（「言経」）、虚実半々といった噂であろう。つまり秀家もこの時点ではいまだ出陣していなかったとも考えうる。

また、次の史料にみえる「中国人数」に、秀家勢を含めるとすれば、その出陣は三月十五日頃まで遅れた可能性すらある（「多聞」天正二十年三月十五日条）。

中国人数悉《ことごとく》唐入《からいり》ニ九州へ立了《たちおわんぬ》、海上ハ幡指物《はたさしもの》ニテ数万ノ船ヲカサル間光渡《ひかりわたる》云々、大鼓笛ニテハヤスト云々、見事無限《かぎりなし》ト、中国地方の軍勢はすべて朝鮮出兵のため九州へ出立した。海上の数万の船は旗指物によって光り輝き、さらに太鼓や笛で囃《はや》していたという。限りなく見事である。

ともあれ、秀家の出陣日程は確定し難い。秀吉の京都出陣が三月二十六日であるから（「言経」等）、少なくともそれ以前であったことは揺るがないであろう。

「からいりみちゆきの次第」はそののち修正され、三月十三日に改めて「高麗へ罷渡《まかりわたる》御人数事」として秀吉の軍令が発せられた。陣立ては十四番から九番に再編制され、九番から八番に変わった秀家への指示は、一万の軍勢を率いての対馬《つしま》在陣であった（「小」等）。

秀家の渡海

天正二十年（一五九二）四月十二日、小西行長《こにしゆきなが》・宗義智《そうよしとし》らの軍勢が朝鮮半島の釜山に上陸して、第一次朝鮮出兵の戦端が開かれた。翌十三日には釜山《ふざん》城が陥落する（「西征日記」「朝鮮王朝実録」等）。次いで加藤清正《かとうきよまさ》らの軍勢が四月十七日、釜山に到着、進撃を開始した（「韓陣文書」「今井文書」等）。

この頃には、秀家の軍勢も、肥前名護屋から対馬へ渡っていたらしい。経緯は不明だが「対馬在陣」指示は撤回され、秀吉は四月二十二日に至って、秀家の対馬から釜山への移動を命じた（「宗家朝鮮陣文書」）。なお、「八番」秀家勢に先行する「七番」毛利輝元勢の釜山上陸は四月十九日である（「毛」）。

秀家勢の足取りはほとんどわからない。さしあたっては破竹の勢いで攻め上る小西行長、あるいは加藤清正らの軍勢を後追いして、朝鮮の都漢城に向かったと推測しておこう。行長・清正らによる漢城制圧は五月三日である（「西征日記」「吉野甚五左衛門覚書」）。すでに朝鮮国王の宣祖《せんそ》は逃亡していた（「小」等）。

秀家の軍勢は五月六日から七日にかけて漢城に到着する（「吉野甚五左衛門覚書」）。五月八日に肥前名護屋から発せられた秀吉朱印状によれば、秀家の役割は、毛利輝元・小早川隆景とともに、小西行長ら先手の軍勢の後詰《ごづめ》を務めることであった（「中川家文書」）。

漢城陥落の報せは五月十六日、肥前名護屋城に届けられ、秀吉を狂喜させた。同日、自身の渡海を念頭に置いて、漢城に当座の御座所をしつらえるよう、その普請を「九州衆」（九州の諸大名）と秀家に指示している（「毛」等）。二日後の十八日には、「唐入り」の成功を確信したのか、関白秀次に対して自身の渡海のほか、今後の政権構想を提示した（「前田育徳会所蔵文書」）。

具体的にいえば、「明後年」（二年後）に「大唐都《だいとうみやこ》」（北京《ペキン》）へ後陽成天皇を移し、都周辺の十か国を進上すること、「大唐関白」は秀次に任せ、都周辺の百か国を与えること、「日本関白」は豊臣秀保か秀家のうち「覚悟次第」いずれかを任じること、「日本帝位」には良仁《かたひと》親

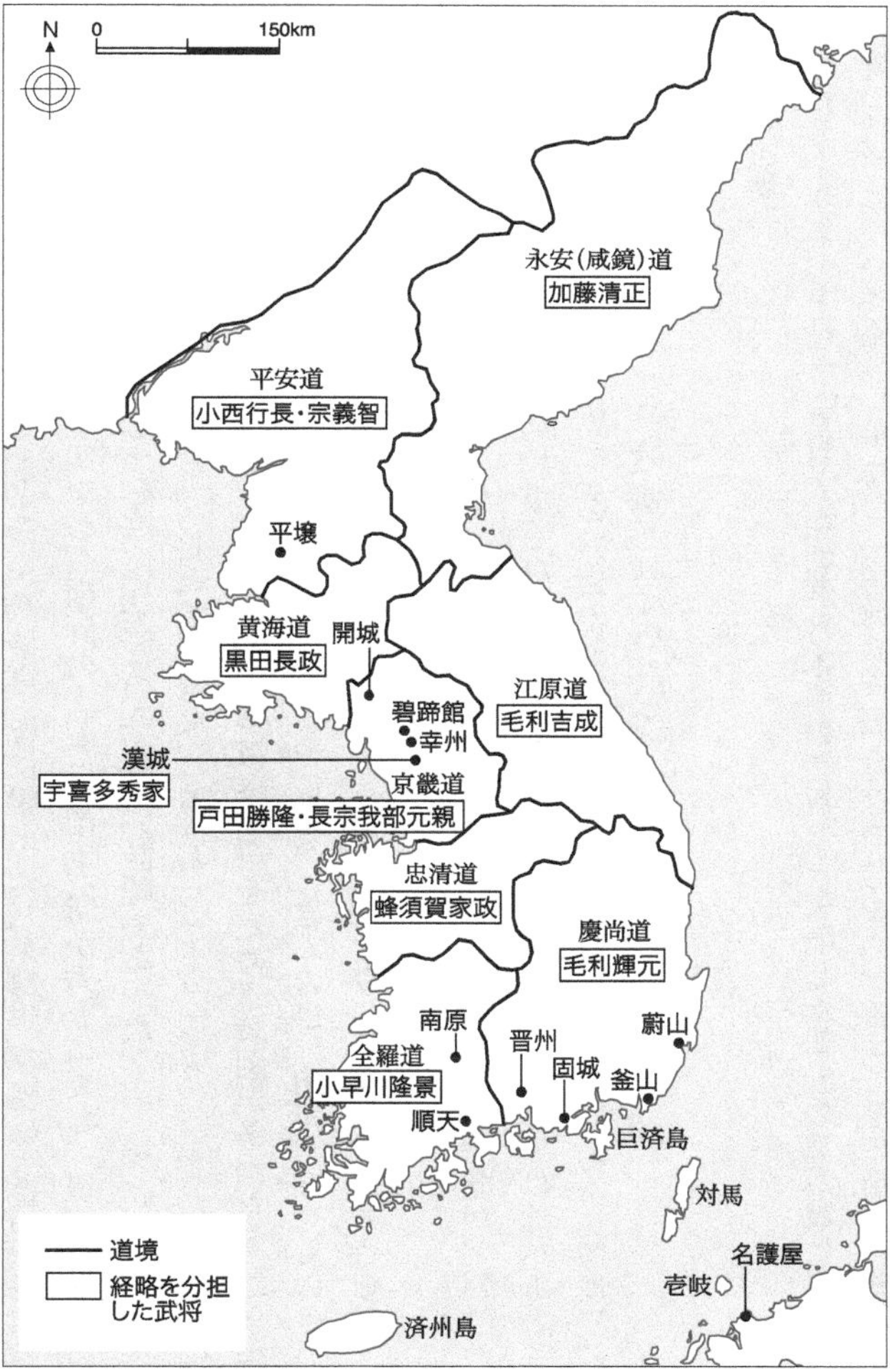
N
0
150km
永安(咸鏡)道
加藤清正
平安道
小西行長・宗義智
平壌
黄海道
黒田長政
開城
江原道
毛利吉成
碧蹄館
幸州
漢城
宇喜多秀家
京畿道
戸田勝隆・長宗我部元親
忠清道
蜂須賀家政
慶尚道
毛利輝元
南原
全羅道
小早川隆景
順天
晋州
固城
蔚山
釜山
巨済島
対馬
名護屋
壱岐
済州島
道境
経略を分担した武将

図8　朝鮮出兵関係地図

王（「若宮」。後陽成天皇の第一皇子）か八条宮《はちじょうのみや》智仁《としひと》親王（「八条殿」。後陽成天皇の同母弟）を就かせること、「高麗之儀」すなわち朝鮮の支配は豊臣秀勝か秀家に委《ゆだ》ね、豊臣秀俊（のちの小早川秀秋）は九州に移すこと等、遠大このうえない計画であった。

同日、秀吉の祐筆《ゆうひつ》山中長俊《やまなかながとし》が、北政所の侍女（「御ひかしさま」「御きやくしんさま」）に宛てた報告によれば、秀吉自身が北京を経て、寧波《ニンポー》へ居所を定める計画があったという（「組屋文書」）。秀家の処遇についても、「かうらい《（高麗）》のミやこ《（都）》にハ、きふのさい相《（豊臣秀勝）》殿、ひせんのさい相《（秀家）》殿、このうち一人すゑ《（据）》させらるへきよしに候」と、朝鮮支配を委ねる可能性に触れるが、こちらでは日本における関白職に言及はない。

いずれにせよ、秀吉の「唐入り」が完遂された暁には、日本における関白職か、朝鮮の支配者としての立場が、秀家に約束されていた。前述の通り、聚楽第行幸時点に比べるとやや序列を落とした観はあるが、この秀吉の養女婿は、秀吉の血縁者（秀保・秀勝・秀俊）に匹敵する立場を保ち、十二分に厚遇されていたといっていい。

先駆け志願

天正二十年（一五九二）五月、在朝鮮日本軍の諸将は、失陥した朝鮮の都漢城に集結し、今後の戦略について協議を重ねた（「韓陣文書」「吉野甚五左衛門覚書」）。その結果、諸将の攻略ないし統治する地域の分担が次の通り決定した。

慶尚道《けいしょうどう》―毛利輝元
全羅道《ぜんらどう》―小早川隆景
忠清道《ちゅうせいどう》―蜂須賀家政
京畿道《けいきどう》―戸田勝隆《とだかつたか》・長宗我部元親
漢城《かんじょう》―宇喜多秀家
江原道《こうげんどう》―毛利吉成
黄海道《こうかいどう》―黒田長政《ながまさ》
永安道《えいあんどう》（咸鏡道《かんきょうどう》）―加藤清正
平安道《へいあんどう》―小西行長・宗義智

九州の諸将が前線を、半島中央部は漢城の秀家と四国の諸将、そして半島南部は中国の毛利輝元・小早川隆景が担うという布陣で、さきにみた秀吉の軍令＝渡海の順番が踏襲された。その管轄は、六月十一日付で小西行長・宗義智の連名によって平壌《へいじょう》の朝鮮側に通告されている（「朝鮮王朝実録」）。

秀家はすでに九州の大名とともに、漢城における秀吉の御座所造営を担っていた。そこで秀家が同地の管轄を割り振られたのであろうが、豊臣政権における序列からいっても当然の処置といえよう。八道経略を分担した諸将のうち、従三位参議「備前宰相」秀家は、もっとも高位高官にあった。秀家に次ぐのは、従四位下参議「安芸宰相」毛利輝元、そして従四位下侍従「筑前侍従」小早川隆景である。

秀家の漢城配置は、秀吉の意図にもかなっていた。六月二日、秀吉の渡海延期が決定する。肥前名護屋において徳川家康と前田利家が、渡海に逸《はや》る秀吉を諫《いさ》め、ことに家康に至っては涙を流して制止したのである（「文禄中日記」紙背文書）。そのため計画に狂いが生じたらしく、秀吉は前線の陣立てを改め、これを六月三日付で発令した（「毛」等）。日本は「弓箭《きゅうせん》きひしき国」であるから「大明之《たいみんの》長袖国《ちょうしゅうこく》」への攻撃には何の懸念もない。秀吉はこのように述べて、九州・四国の諸将に毛利輝元を加えた都合十三万の軍勢に、明国への進出を命じたのである。

秀家はこの陣立てから外されていた。秀吉が秀家に望んだのは、前線の指揮ではなく、後方支援とみなすべきであろう。

秀家はしかし不満であった。漢城はすでに制圧下にある。したがって秀家の役目はその占領地の維持でしかない。前線に立ちたいと秀吉に願い出た。おそらく八道分担を決定した頃、肥前名護屋へ戦況の報告とあわせて、自身の希望を伝えたのである。

使者は秀吉とも旧知の花房秀成であった。六月初旬、肥前名護屋に到着した秀成の口上のうち、まずは戦況報告を、秀吉の側近くにいた禅僧西笑承兌《せいしょうじょうたい》（一五四八～一六〇七）の書状（六月付。京都北山《きたやま》の等持院《とうじいん》宛。「等持院文書」）から拾っておこう。

此五六日以前、従備前宰相殿《びぜんさいしょうどのより》、使者花房と申仁被来《もうすじんきたられ》候、其趣《そのおもむき》ハ宰相殿ハ高麗之都ニ御座候、対馬守（宗義智）・摂津守（小西行長）ハ唐之方・遼東ノ方を指被越《さしこさる》之由候、加藤主計（清正）ハ是モ高麗都を過《すぎ》、北口へ被越《こさる》之由候、御人数もさして被成御越《おこしなされ》候事、御無用候、

秀家は「高麗之都」漢城にいる。すでに宗義智・小西行長は遼東《りょうとう》方面へ、加藤清正も同じく北上した。加勢の軍勢はそれほど必要ない。以上が秀成から伝達されたという。

こうした楽観論は、秀成を遣わした秀家の主張とみなしていい。そう観測したうえで秀家は前線への進出を願い出たのである。その根拠となる六月十三日付の秀吉朱印状を次に挙げよう（「成仏寺文書」）。

従備前宰相《びぜんさいしょうより》、花房志摩守（秀成）差越《さしこし》、高麗之様子申越《もうしこし》候、一〻《いちいち》被聞召届《きこしめしとどけられ》候、（中略）就其《それにつき》大明国へ先懸同備《さきがけどうそなえ》之事、備前之宰相都ニ相残《あいのこる》儀迷惑之由、達而申越《たってもうしこし》候条、輝元（毛利）・隆景（小早川）ゟ先《よりさき》四国衆、次ニ可相動《あいはたらくべき》旨被仰出《おおせいだされ》候間、得其意《そのいをえ》、各へ可申聞《おのおのもうしきくべく》候、輝元・隆景ハ秀家次ニ相動《あいはたらき》候様ニ可申談《もうしだんずべく》候、

秀家からの報告は委細聞き届けた。明国への進出について、漢城に残留するのは心外だから、出征したいと秀家が強く願い出てきた。そこで毛利輝元・小早川隆景より先に行動する四国衆の次に、秀家の出撃を承認するから、諸将に伝達するように。毛利・小早川勢は、秀家に続いて行動すること。以上が秀吉の指示であった。秀家の願いは聞き届けられた。

宇喜多氏関連史料は概して乏しい。秀家の性格や思考を、直接的に伝える確実な史料はほとんど残されていない。わずかに四、五例であろう。

その貴重な一例が、この前線に出たい、という悲痛な願い出であった。秀家は紀州・四国・九州・小田原と各地を転戦したが、これといった手柄はない（と筆者はみている）。にもかかわらず、官位は過分に引き上げられた。立場に見合った働きを残したい、といった秀家の気負い、あるいは青年の血気というべき心中が、この志願には彷彿と表れているのではないだろうか。

秀家の威勢は太閤を凌ぐほど

秀家は前線への出陣を志願したが、自らが思い描いた行動は結局のところとれなかったらしい。秀吉の渡海延期にともなって派遣された「御代官」増田長盛《ましたながもり》（一五四五～一六一五）・石田三成《いしだみつなり》（一五六〇～一六〇〇）・大谷吉継《おおたによしつぐ》（?～一六〇〇）らと漢城に駐留を続けた（「加藤文書」等）。その本陣は朝鮮国王の王宮にある（太田二〇〇六・しらが二〇一三）。当初は歴代国王を祀《まつ》る宗廟《そうびょう》に、次いで「小公主宅」と呼ばれた王族邸に移り、さらに「小公主宅」に高層の櫓とみられる「天シュ」を構築した（「朝鮮王朝実録」「朝鮮日々記」）。「朝鮮日々記」はこれを、「王位様ノ御舎兄ノ立（館カ）ヲ取構《とりかまえ》、天シュ（天守）ヲ上ケテ備前中納言様（秀家）御陣《ごじん》ニ成《なり》」云々と記録する。

秀家の有力家臣も手勢を率いて漢城を固めていた。「隠峰野史別録」という朝鮮の史料によれば、鄭士龍《ていしりゅう》の邸宅に岡家利（「豊前守守利」）、「京陵洞」に富川達安（「富川紀伊守」とあるが達安のことであろう）・浮田左京亮・花房職之《もとゆき》（助兵衛。秀成の従兄弟《いとこ》）・江原兵庫頭《えばらひょうごのかみ》・明石掃部、「西学洞」に長船紀伊守、桂林君《けいりんくん》の邸宅に花房秀成といった具合に本陣を構えていたという。鄭士龍・桂林君はいずれも朝鮮の名族である（『京城府史』）。このうち直家《なおいえ》時代からの老臣岡家利は、天正二十年（一五九二）の九月二十三日に戦死したという。家利が釣鐘を寄進した日蓮宗妙本寺《みょうほんじ》（神奈川県鎌倉市）の過去帳が、次のようにこれを記録する（「妙本寺文書」。森俊弘氏のご教示による）。

備州岡豊前守（家利）
領雄　文禄元（天正二十年）壬辰歳九

月廿三日高麗陣
ニ討死
当山洪鐘ノ寄附之主即旦那

朝鮮の都漢城を押さえる秀家の立場は、おのずから在朝鮮日本軍の統括役に変化してゆく。そうした他の諸将に優越する地位は、たとえば次のような事例からも推測できる。すなわち九月二十二日、秀吉は、加藤清正が朝鮮の王子二人（臨海君《りんかいくん》・順和君《じゅんなくん》）を捕えたことを賞し、重ねて国王の捜索続行を命じた。そして国王を発見した場合には、漢城の「備前宰相」秀家に身柄を引き渡すように清正に指示している（「紀伊徳川文書」）。明国の参戦（朝鮮救援）に備えて、この時期、秀家が諸将を漢城に集めて軍議を催したとの伝承もある（「黒田家譜」）。

秀家に従軍したと思われるある武士は、国許への書状のなかで「宰相《（秀家）》殿様御いせい《（威勢）》」、すなわち秀家の威勢は、日本における太閤秀吉を凌《しの》ぐほどである、と言及する（「黄」）。

しかし朝鮮各地における義兵《ぎへい》の決起や、明国の参戦にともない、日本軍の勢いは次第に失われてゆく。さらに朝鮮南部では李舜臣《りしゅんしん》らの水軍が、日本軍の海上交通を脅かす。咸鏡道を攻め上る加藤清正らが、七月の末に豆満江《とまんこう》を越えて女真族《じょしんぞく》の地「おらんかい」へ進出、平安道の小西行長らは六月十五日に平壌への入城を果たす一方、日本軍は拡大した戦線の維持に苦しみ、やがて兵粮《ひょうろう》不足に悩まされるようになる。奈良興福寺の僧侶多聞院英俊《えいしゅん》（一五一八〜九六）は、十月二十三日の日記に次のような噂話を書き留めた（「多聞」）。

高麗ニテ安芸ノモリ《（毛利輝元）》・備前ノウキタ《（秀家）》・ミノ《（美濃）》、小吉《（豊臣秀勝）》究意《（屈強）》ノ衆煩《わずらい》ニテ死了《しにおわんぬ》、一定《いちじょう》ノ由口遊《くちずさみ》、
沈思《ちんし》々々《ちんし》、

朝鮮半島では毛利輝元・宇喜多秀家・豊臣秀勝という屈強の武将が、いずれも病気のため死んだという。秀家や輝元病死の風説はもちろん事実ではないが、巨済島《きょさいとう》（唐島《からしま》）の秀勝は九月九日に病没していた。九月二十二日、秀吉が「岐阜宰相《（豊臣秀勝）》所労」をうけて秀勝のもとに医者を派遣した時には、わずか二十四歳のこの人物はすでに世を去っていた（「宗国史」）。

輝元は生きてはいたが長患いに苦しんでいた。九月二十四日には、秀吉が医師曲直瀬玄朔《まなせげんさく》を派遣するとともに、療養のためなら帰国してもいいと述べている（「毛」）。

渡海した諸将を官位によって序列づけると、「備前宰相」秀家が筆頭、「岐阜宰相」秀勝、そして「安芸宰相」輝元がこれに次ぐ。幸い秀家は無事であったが、輝元が病み、秀勝が早世した事実が、朝鮮での戦況の悪化という情報と混じり合い、日本軍の最重要指揮官三人の死という、日本軍にとってはきわめて不都合な噂を生んだのであろう（大西二〇一一a）。

碧蹄館の戦い

戦線の悪化にともない、平壌の小西行長は、天正二十年（一五九二）の秋以降、明国の沈《しん》惟敬《いけい》と接触して講和の可能性を探っていた。だが、元号が文禄と改元された十二月、朝鮮救援のために編制された明国の大軍が鴨緑江《おうりょくこう》を渡り、翌文禄二年正月早々には、行長や宗義智が守る平壌に迫った。指揮官は李如松《りじょしょう》という。

小西行長らは正月八日、平壌を放棄して退却した（「朝鮮王朝実録」等）。武具の損耗と兵粮の払底が、行長らに敗走を決断させたという。行長らは黒田長政の陣営まで退いたが、やはり兵粮不足を理由に、行長・長政らは京畿道開城《かいじょう》へ撤退した（「金井文書」）。

開城には小早川隆景がいた。行長・長政・隆景らは同地を守りきれるか否かを協議するが、「かせんほい（開城）・都之間の河氷きえ候《そうら》へハ」、つまり漢城との間を流れる臨津江《りんしんこう》の氷が解けると、漢城との通路が遮断され、兵站《へいたん》の補給も難しくなると判断した。結論は開城の放棄であった。行長・長政・隆景らは漢城へ向かった（「金井文書」）。

李如松の大軍はこうして退却する日本軍を追って、漢城へ迫ってくる。正月十一日時点での漢城における現有兵力は、秀家のほか前野《まえの》長泰《ながやす》・加藤光泰《みつやす》・石田三成・大谷吉継・増田長盛の手勢合わせて一万七千である（「富田仙助氏所蔵文書」）。

各地に散らばっていた秀家勢も、漢城に集結した。秀家自身は漢城を動かなかったが、富川達安ら三人の武将を加藤清正のもとへ派遣したり（「戸川」）、漢城以南、釜山との通路を守る城々＝「つなぎ城」に手勢を割いていたらしい。正月二十三日、「つなぎ城」の秀家勢が漢城へ呼び戻され、その代わりに毛利吉成の軍勢が派遣された。すでに富川達安も漢城に戻っていたようである（「金井文書」）。しらが康義氏の研究によれば、三か所の「つなぎ城」は、花房秀成・長船紀伊守・浮田左京亮の三人がそれぞれ城主として預かっていたという（しらが二〇一三。「朝鮮陣留書」）。

かくて在朝鮮日本軍のうち、咸鏡道の加藤清正や鍋島直茂《なべしまなおしげ》らを除く諸将が漢城に集結し、李如松の明軍との決戦に備えることになった。

正月二十六日、秀家らの日本軍は漢城の北方、碧蹄館《へきていかん》において李如松の明軍と会戦、これを撃破した。「陰徳記」によれば、前線の立花宗茂《たちばなむねしげ》らが崩されたあと、明軍と一戦するか否かで軍議がもたれたが、秀家の叔父忠家（安津）がこれに痺《しび》れを切らして手勢を繰り出し、それをきっかけに、秀家・吉川広家勢が続き、小早川隆景・黒田長政の軍勢も加わって、大いに明軍を破ったという（大西二〇一〇）。「陰徳記」から以下引用しておこう。

宇喜田中納言（秀家）ハ金ノ笠ノ馬印ニテ傍《かたわら》ニ立テ御座ケルカ、叔父安心法印（忠家）、南蛮頭巾《ずきん》ナリナル甲《かぶと》ニ、黒具足ニ茶ノ羽織著《き》テ扈従《こしょう》セラレタリケルカ、理非モ不分長僉議《わからずながせんぎ》ニ可戦期《たたかうべきき》

延引《えんいん》ス、人ハ兎《と》モアレ角《かく》モアレ、宇喜田カ手ノ者共ハ懸《かか》レ、ト云《いい》ケル程ニ我先ニト懸《かか》リタリ、

時代は降って寛永《かんえい》年間（一六二四〜四四）、ともに将軍徳川秀忠の御伽衆（御咄衆《おはなししゅう》）であった富川改め戸川達安と立花宗茂とは、この碧蹄館の合戦譚《たん》によって旧交を温めたという。「貴公強盛に御拒《おこばみ》、大敵を追崩《おいくず》し給ふ」、すなわち宗茂勢の勢いが大軍を総崩れに追い込んだと達安が褒めると、「貴方の本陣を突崩し給ふゆへニ我勝利す」、要するに達安が明軍の本陣を突き破ったのが勝利のきっかけであると宗茂は応じ、「互に語りて笑けるとなり」。以上は「戸川家譜」の伝承である。達安は寛永四年十二月、宗茂はやや長命して寛永十九年十一月に世を去った。

ちなみに関ヶ原合戦後、幕臣に転じた達安の交友は広く、立花宗茂のほか細川《ほそかわ》忠興とも親交が深かったらしい。達安が重病に陥ると、忠興はその息子忠利《ただとし》に「とても大事ニきハまり候煩《わずらい》と見候」と達安の病状を伝え、「扨々《さてさて》おしき仁候」と惜しんだ（「細川家文書」）。

秀家の総大将就任

明軍の南下と日本軍の平壌撤退は、肥前名護屋の秀吉に、戦線の立て直しを迫らせた。新

たな方針は文禄二年（一五九三）①二月十六日、②同月十八日付の朱印状をもって伝達される（北島一九九〇・中野二〇〇六。「黒」「鍋」「浅」「毛」等）。

まず諸将の配置である。①の朱印状では、日本軍の最前線は開城とし、小西行長・黒田長政がこれを守備、同地の小早川隆景は漢城へ退き、加藤清正は開城・漢城間に陣取ることなどが指示された。②の朱印状は、右の命令に加えて、鍋島直茂の陣所を漢城・釜山間に指定している。それは②において打ち出された「赤国」（全羅道）「白国」（慶尚道）確保のためであろう。半島南部の制圧が不充分では、開城・漢城への増援部隊の派遣や兵粮の輸送もおぼつかない。

そして秀家への指示である。①②において、小早川隆景・増田長盛を漢城の留守居とし、その他の諸将、すなわち前野長泰・加藤光泰・石田三成・大谷吉継は、秀家を大将として「うき勢」（遊軍）を構成するよう命じられた。

さらに秀家の立場をめぐって、①から②において重要な変更があった。①は諸将個別に発給されたが、②では、まず秀家宛の朱印状が発給され、諸将にはその朱印状から作成された写本が配付されることになった。②「羽柴備前宰相（秀家）」宛の朱印状の末尾において秀吉は次のように指示している（「鍋」）。

右条々《みぎじょうじょう》、可成其意《そのいをなすべく》候《そうろう》、則《すなわち》此書付《このかきつけ》写《うつし》候《そうろう》て、諸手《しょて》へ可遣《つかわすべく》候、

すなわち②によって、秀吉の指令は、まず漢城の秀家に伝達されたうえで、諸将がこれを秀家から指示されるよう、命令系統が改められた（中野二〇〇六）。秀吉の渡海日程が延期を重ねるなかで、正式には不在であった在朝鮮日本軍の総大将がようやく定まった。なお、秀吉はこの①②の朱印状を発給した時点ではまだ、日本軍の開城撤退や碧蹄館での決戦を知らない。

秀家の若さを危ぶむ

あわせて筆者は次の点を重視する（大西二〇一〇・二〇一七b）。②二月十八日に秀吉は、秀家を大将とする遊軍を編制させたが、そこで「遠江（加藤光泰）・但馬守（前野長泰）ハ宿老《しゅくろう》之事ニ候間、諸事見《み》計《はからい》、無落度様《おちどなきよう》ニ宰相（秀家）可令異見《いけんせしむべき》事」との追加注文を忘れなかった（「鍋」）。「異見」は忠告または訓戒の意である（「日葡辞書」）。

さきに述べたように、漢城失陥後、加勢は無用との楽観論を唱え、漢城の守備を拒んで前線への進出を望んだ秀家である。若さゆえの血気は、見方を変えれば軽率、短慮のそしりを免れない。だから秀吉は、経験豊富な加藤光泰・前野長泰をもって、秀家を補佐させ、その

采配《さいはい》に失策がないよう諫言に努めることを命じたのである。

秀吉は、秀家を取り立てる一方で、その経験不足を危ぶんでいた。この頃、南御方と改めた秀家の正室樹正院を「てんか一のくわん」に据えたいとすら考えていた秀吉だが（「賜芦文庫所蔵文書」）、秀家の未熟は、思うに周知の事実である。秀家に親しむあまり、戦局の判断を誤るほど秀吉は愚かではない。

秀吉が頼りにしたのは、加藤光泰・前野長泰の両人のような老巧の人物であった。その最有力者が、秀吉より四歳年長の小早川隆景であった。②と同じ二月十八日、秀吉が隆景に与えた朱印状をみてみよう。隆景には「若者共ニ令異見《いけんせしめ》、をもし（重）にも被成《なられ》候様ニと思食《おぼしめし》候」、つまり、若者を戒める重鎮の役目を期待していた。だが、先手の諸将は後先を考えずに行動した。「今更御後悔ニ候」、今になって後悔している。今後のことは諸将とよくよく談合するように。そして「其方之注進ならてハ正ニさせられましく候」、隆景の報告でなければ信用しない、とまで秀吉は述べ立てる（「小」）。

秀吉の懸念はあたっていた。①②が在朝鮮日本軍に届く以前の文禄二年（一五九三）二月十二日、北西から漢城をうかがう幸州山城《こうしゆうざん》を、日本軍が攻撃したが、朝鮮軍を率いる全羅道巡察使（巡察使は一道の行政をつかさどる）権慄《ごんりつ》のまえに大敗を喫した（「朝鮮王朝実録」等）。秀家や叔父忠家、吉川広家・石田三成・前野長泰までが手傷を負う始末であった（「吉見元頼朝鮮日記」「上月文書」)。朝鮮側の史料は「秀家中流矢走《ながれやにあたりてはしる》」と記録する(「壬辰録」)。秀家は矢傷を負ったらしい。

老齢の忠家が、怪我は軽く痛まない(「拙者薄手之儀も少も痛不申《いたみもうさざる》条可御心安《おこころやすかるべく》候」。「上月文書」)と強がるのはともかく、秀家も肥前名護屋の長束正家《なつかまさいえ》・木下吉隆に宛てた二月十八日付の書簡において、「手負少々御座候」と味方の被害を過少に伝える一方、昨日「彼城《かのしろ》自焼仕北退申《じしようつかまつりきたへしりぞきもうし》候」、すなわち幸州山城の権慄が城を焼いて撤退したことを強調する(「山崎文書」)。

意気軒昂《けんこう》は結構だが、その勇ましさにも秀吉は危惧《きぐ》を覚えたのではないか。三月十日、秀吉は朝鮮側の拠点、慶尚道晋州《しんしゅう》城の攻略を命じた。そのなかで重ねて秀吉は、秀家への懸念を露わにする。

> 前野但馬守(長泰)・加藤遠江守(光泰)事、最前ハ釜山浦ニ可有之《これあるべき》由、雖被仰付候《おおせつけられそうろうといえども》、備前宰相(秀家)若《わかく》候間、何之陣取《いずれのじんどり》ニても、生駒雅楽頭(親正)・石田治部(三成)両四人ハ、宰相一所ニ陣取、卒爾動無《そつじのはたらきこれ》之様《なきよう》ニ、可令異見《いけんせしむべく》候、自然異見を不聞候者《きかずそうらわば》、有様ニ此方へ可申上《もうしあぐべき》事、

秀家は若い。だから、前野長泰・加藤光泰に加え、生駒親正《いこまちかまさ》・石田三成の四人が、秀家と

同じ場所に常に陣取って「卒爾」＝軽率な働きがないよう「異見」を加えること、「異見」を聞きいれない場合は、有体《ありてい》に秀吉に報告するべし、との指令である（「浅」）。

これに先立つ正月七日、明国は日本側の武将を「擒斬」（捕えて斬り殺す）した場合、賞銀と世襲の地位を与えることを布告した。太閤秀吉・関白秀次、そして小西行長・宗義智に従って講和交渉に従事していた禅僧景轍玄蘇《けいてつげんそ》には、銀一万両と「封伯」の地位が、「平秀家」＝宇喜多秀家や、小西行長・宗義智などの名だたる武将（「有名諸酋」）には、銀五千両と「指揮使」（軍務機関の高官）の地位が、これらの首に対する褒賞として約束された（「朝鮮王朝実録」「明実録」等）。

日本国内の秀吉・秀次を捕えることは、彼らが前線に出てこない以上、不可能であろう。とすれば、現実の問題として、明国（そして朝鮮）の勝利は、漢城の秀家や、平壌の行長や義智、玄蘇の首を刎《は》ねることによって達成されるという認識が彼らにあったと考えていい。ことに「有名諸酋」の筆頭に挙がる秀家は、敵味方ともに在朝鮮日本軍の総帥と目すべき存在であった。

だからこそ、秀吉は衆人が認める総大将として秀家を遇する一方、経験不足からくる秀家の軽挙は戒めなければならなかった。秀吉の心境は複雑である。

晋州城の攻略と秀家の帰陣

戦局は漢城の維持すら許さなくなっている。ことに兵粮不足は深刻であった。文禄二年（一五九三）三月三日、漢城の秀家以下の報告によれば、彼らは「ぞうすい」（雑炊）をすすっていた。それでも兵粮は四月十一日分までしか残っていないという（「南路志」所収文書）。しかもこの三月、漢城の南、龍山《りゅうざん》の兵粮倉が、明国から朝鮮救援のために派遣された宋応昌《そうおうしょう》の配下によって焼き討ちにされた（「戸川」「鍋島直茂譜考補」等）。米穀十万石が焼亡し、「秀家兵粮乏しく成りぬ」とは「戸川家譜」の伝である。

秀吉も戦線の縮小を認めざるをえなかった。さきに触れた三月十日付の朱印状には、漢城固守の指令は見当たらない。命令の眼目は朝鮮南部の要衝、日本軍が「もくそ城」と呼んだ慶尚道晋州城の攻略に移っていた（「浅」）。

四月に入ると、講和交渉に腐心する小西行長の陣に、謝用梓《しゃようし》・徐一貫《じょいっかん》なる人物が到着した。明国が秀吉へ「御《お》侘言《わびごと》」を言上するための勅使であるという。これを「千秋万歳《せんしゅうばんぜい》目《め》出《で》度《たく》候」（「旧記」）と喜んだ豊後の大名大友吉統《おおともよしむね》や、秀家ら漢城の諸将は、しかし次の事実は知っていたに違いない。謝用梓・徐一貫は、いずれも明国から朝鮮救援のために派遣された宋応昌の配下にして、講和交渉のために仕立てられた偽りの勅使であった（「朝鮮王朝実録」）。四月十一日、秀家および「三奉行衆」石田三成・大谷吉継・増田長盛はこの勅使と対面した

（「旧記」）。

秀家らはこの勅使の到着を、戦果として漢城撤退の名分に利用した。小早川隆景および秀家の軍勢は、四月十四日には陣払いを始めたらしい（「旧記」）。

在朝鮮日本軍諸将の漢城放棄は四月十九日のことである（一説に十八日とも。「伊達家文書」「朝鮮王朝実録」等）。日本軍は当然、「大明之勅使」を称する謝用梓・徐一貫を帯同した（「伊達家文書」「小」「朝鮮王朝実録」）。

秀家ら諸将はその後、秀吉の軍令通り、晋州城を包囲した。秀吉が五月二十日付で発給した陣立てには、諸将の兵員が詳しく記されている（「島」）。漢城を撤退した日本軍の報告をうけ、現有兵力をそのまま書き込んだのであろう。前年の四月、兵一万を率いて渡海した秀家の軍勢は、戦死・戦病死のほか、朝鮮側へ走った逃亡兵（降倭《こうわ》）もおそらく相当数に上ったらしく、七千七百八十五人にまで減っていた。秀家はその手勢の、およそ四分の一を失ったことになる。なお、さきに秀家の実母円融院《えんゆういん》について述べた時に紹介した、五月二十七日付の秀吉消息は、この頃の秀家の動向を「はや〱（早々）八郎（秀家）もふさんかい（釜山海）まてこし（越）候」と伝えている（「葉上文書」）。

晋州城は、在朝鮮日本軍の総力を挙げた攻撃により、六月二十九日に陥落した（「黒田家譜」等）。このとき秀家の家臣岡本権之丞が、晋州城の「牧司」（牧使）、この場合は城将を指すのであろう、ともかく名立たる大将を討ち取ったという(「戸川」)。

秀家は七月二日付でこれを肥前名護屋の秀吉に報じた。岡本権之丞に「牧司」の首を持たせて使者に立てた。秀吉は七月十一日付の朱印状のなかで、権之丞とともに秀家を賞して領知の加増を約束した(「黒田家譜」所収文書。「其方も帰朝候而《て》、知行可有《かぞうあるべく》加増候」)。秀吉が秀家に領知加増を述べた唯一の事例である(ただし、この朱印状は編纂史料への引用という形でしか伝わっていないため、厳密にいえばその実否を検証する必要がある)。

秀家はこれ以前(五月一日)、晋州城の攻略および全羅道(赤国)の制圧などを条件に、肥前名護屋への帰国・在陣を指示されていたが(「旧記」)、おそらく戦局の停滞によって、晋州落城後もしばらくは半島への在陣を続けざるをえなかった。七月八日には「御仕置」の談合のため、慶尚道昌原《しょうげん》に着陣している(「島」)。

秀家の帰国は同年十月のことである。明国の勅使(偽使)は五月、肥前名護屋において秀吉と対面し、六月二十八日、秀吉は明国皇帝の皇女を天皇の后妃に求めるなど七か条の講和条件を提示する(「南禅旧記」所収「大明日本和平条件」)。そして秀吉は、朝鮮半島南部における拠点(城砦《じょうさい》)の整備と、晋州城の攻略を命じ、この攻城戦を最後に、戦闘行為の幕引きを図った(中野二〇〇六)。

八月十五日には秀吉が肥前名護屋を発《た》ち、上方へ戻った(「時慶記」)。十月一日、京都の秀吉は、「五もし」こと樹正院に宛てて「八郎《（秀家）》も十日ころニハかいちん《（開陣）》可申《もうすべく》候」、と近日中の秀家帰還を報せている（「大」）。秀家は十月七日、秀吉による禁中御能に加わって「楊貴《ようき》妃《ひ》」を演じているので、それ以前に上方に帰陣したのである（「禁中猿楽御覧記」「時慶記」）。

第三章　豊臣政権の黄昏

一、岡山城・城下町の整備と惣国検地

戦陣からの指令

朝鮮の都漢城《かんじょう》を撤退した秀家《ひでいえ》は、その陣中から一通の覚書《おぼえがき》を国許《くにもと》に宛てて送っていた。文面に明記はないが文禄《ぶんろく》二年（一五九三）の発給《はっきゅう》、岡山城下町に対する指令と考えていい（「黄」）。

条々

一、あまし（天瀬）の内、さふらい（侍）のほか、商買人一人も不可居住《きよじゆうすべからざる》事、

一、しやうはい（商売）人之事、よき家をつくり候ハヽ《そうらわば》、新町をはしめ、いつれの屋敷にかきら

す、あしき家をこほさせ可遣《つかわすべし》、但《ただし》二かひ《（二階）》つくりたるへき事、

一、大河に橋を可懸之《かけるべき》あいた、川東へなり共、心まかせに、や敷《（屋敷）》と《（ら）》りすへし、請銭《うけせん》之事、

いつれの給人雖為進退《しんだいたるといえども》、一段可為貫別《ぬきべつたるべき》事、

已上《いじょう》、

右於令帰陳者《きじんせしむにおいては》、則可改之《すなわちあらたむべき》間、其内可用意者也《そのうちよういすべき》、

五月二日　（花押影）《（追筆）「秀家」》

順番に説明すると、一条目は、武家屋敷地を天瀬《あませ》（岡山市北区）に限り、商売人の居住を禁ずるという内容、二条目では、商家は「よき家」を作るのならば「あしき家」を取り壊して土地を与えること、また、そうした商家は二階建てとすることを命じている。三条目では「大河」（旭《あさひ》川）へ架橋するため、川の東側にも望み次第に屋敷地を与え、町作りを許可すると述べている。ただし、どのような家臣の屋敷であっても、請銭は軒別（「貫別」）に賦課するという。なお、ここで架橋が指示された橋は、のちの京橋《きょうばし》であろう。

秀家その人を考えるための史料は、さほど多く残されてはいない。従って、いつ頃から大名としての秀家が自らの意志に基づいて発言、行動し始めたかは不明である。とはいえ、さきにみたように、朝鮮半島における秀家には、ようやく自己主張らしきものが確認できるよ

うになった。二十歳を超えてようやく、秀家にも大名としての自覚が備わってきたのであろう。大名秀家による政治的意思の表明のうち、初見に近い例が、この岡山城下町の整備に関する覚書である。

秀家が先代直家《なおいえ》から引き継いだ岡山城とその城下町の実態は、やはりよくわからない。秀家時代の変化といえば、まず天正《てんしょう》十四年（一五八六）、イエズス会の宣教師ガスパル・コエリョ（日本準管区長。イエズス会の日本における布教責任者）が大坂城《おおさか》に関白秀吉《かんぱくひでよし》を訪ねた際に秀家、というよりも、彼らの聖堂に出入りしていた秀家の補佐役二名の尽力によって、宇喜《うき》多《た》氏領国における布教が許可されたことを挙げるべきであろう（先述）。コエリョに随行したルイス・フロイスの記録によれば、このとき秀家は、岡山における聖堂および修道院（レジデンシア）の建設を許したという（「イエズス会」『フロイス日本史』）。秀家時代の岡山城下を偲《しの》ぶ一つの証言とはいうべきであろう。

秀家はその後、大規模な普請・作事を起こして、岡山城とその城下町の大改修を図った。その開始時期は、通説では天正十八年であるが（谷口一九六四等）、近年の森俊弘氏の指摘に従って、それは少なくとも天正十六年までさかのぼると考えたほうがいい（森二〇〇九）。すなわち秀家の家臣花房秀成《はなぶさひでなり》が、京都における動静をその父道悦《どうえつ》（正幸《まさよし》）に報せた書簡（七月二十六日付）に注意すべき言及がある（「湯浅家文書」）。

其元《（岡山）》普請之事、大石如何《いか》程取置《ほどとりおき》候哉《そうろうや》、承度《うけたまわりたく》候、岡山之詰衆《つめしゅう》徒《いたずら》ニ戻申《もどりもうし》候間、其方
御呼越《およびこし》候て普請可被仰付《おおせつけらるべく》候、

岡山での普請につき、大石はいかほど確保されたか承りたい。岡山に詰めて普請を行うべき人々が怠けて地元に戻っている。こうした人々を呼び戻して普請に従事させるように、との一文である。岡山での土木工事、おそらくは岡山城の石垣普請が天正十六年七月の時点ですでに進められていたことが以上から確定できる。

天正～文禄年間における岡山城・城下町の大改修

岡山城とその城下町の大改修（普請・作事）をめぐる確実な史料はきわめて乏しい。そのため天守の完成時期など、具体的な叙述を行うためには、後代の編纂《へんさん》史料もあわせて参照する必要があろう。

そこで、二つの地誌、――十七世紀末に成立した「吉備《きび》前鑑《まえかがみ》」、そして宝永《ほうえい》六年（一七〇九）の序文をもつ高木《たかぎ》太亮軒《たりようけん》なる人物の著作「和気絹《わけぎぬ》」を参照すると、次のような記事がある。

今ノ岡山之城成就《じょうじゅ》セシハ秀家之時代也《なり》、七年ニシテ成就スト云々《うんぬん》、（「吉備前鑑」）

四ヶ国の人民を集めて岡山の本城を築き、七年苦労にて殿宇《でんう》・門・櫓・塀・石墻《いしがき》等出《しゅ》来《つたい》す、（「和気絹」）

具体的な年代はわからないが、このように岡山城の大改修は七年の歳月を要したという伝承が、いくつかの史料に共通して現れる。正徳《しょうとく》年間（一七一一〜一六）に筆記された岡山藩士八田《はった》弥《や》惣《そう》右衛門《えもん》の著作「岡山之私考」にも、秀家が家臣角南《すなみ》隼人《はやと》に縄張りを命じた普請・作事は「七ケ年に成就」したとの言及がある（木畑一九〇三）。「和気絹」には、岡山城の大改修とあわせて行われたと思《おぼ》しき山陽道《さんようどう》の道筋変更を「これ天正の末、文禄の初なるや」と記した箇所がある。岡山城の北を通っていた山陽道が、このとき城下を通過するよう改められたという。

また、天正二十年（一五九二）三〜四月頃、京都から肥前名護屋《ひぜんなごや》へ向かった常陸《ひたち》の大名佐《さ》竹《たけ》氏の家臣平塚滝俊《ひらつかたきとし》は、岡山城の印象を「見事成《なる》所にて候、京ニも指《さし》ておとり候ハんやうニ見《み》得申《えもうし》候、惣別《そうべつ》皆京様ニて候」と描写した（「名護屋陣ヨリ書翰」）。この時期にはすでに、岡山城とその城下町が、相当の整備を加えられ、かなりの繁華をみせていたのであろう。

これらの伝承や証言から推測すれば、天正年間（一五七三〜九二）の終りから文禄年間（一五九二〜九六）にかかる、七年の歳月をかけて岡山城とその城下町の普請・作事が成就したと、一応の結論を導くことができる。

確かに、この出来事をめぐる残存史料は、さきに挙げた五月二日付の覚書をはじめ、文禄年間にかたよっている。

「岡山普請町替」にあたり、那須《なす》半入《はんにゅう》なる人物へ「中島」の地に屋敷地を与えるとの書付は、秀家がいまだ朝鮮半島に在陣中の文禄二年八月二十一日付である（「黄」）。十八世紀半《なか》ばに成立した地誌「備陽国誌」によれば、この半入は、酒三百荷・水母《くらげ》三百桶《おけ》を持参して在朝鮮の秀家を見舞ったという。そのとき秀家から望みを聞かれた半入は、「京橋を下へさげ」て「中島」（旭川の中洲《なかす》らしい）を経由するよう架け替えを願ったらしい。詳細不明だが、秀家はこの申し出を承諾したというから、京橋を南へ移動させて「中島」へ通すことが何らかの利便を生むと考えられたのであろう（同じ逸話は「吉備温故秘録」にも確認できる）。あるいは、この架け替えこそ、五月二日付の覚書に記された大河（旭川）への架橋を指すのかもしれない。少なくとも、半入が「中島」に屋敷地を拝領した事実は、こうした経緯を踏まえて説明するとわかりやすい。

「岡山ニ唯今有之《ただいまこれある》屋しき《（屋敷）》異儀《いぎ》有《ある》へからす」と、岡山城下の屋敷の保証に加え、諸役の免除特権を与えた伊部《いんべ》法悦《ほうえつ》（備前伊部〈備前市〉の豪商）宛の判物は、文禄三年四月七日付である（「来住《きしゅ》家文書」）。

「分国中、さけつくり（酒造）候事、おか山（岡山）の外にてハ令停止《ちようじせしめ》候」と、宇喜多氏領国における酒造を岡山城下に限り、酒造を生業《なりわい》とする商家に、八月までの岡山城下移住を命じた覚書も、文禄四年五月八日付である（「黄」）。

以上から、岡山城および城下町の大改修（造営）期間は、大石の確保などがなされた天正十六年から、酒造統制が加えられた文禄四年にまで及んだと、おおよそのところを絞り込むことが可能であろう。さらに具体的にいえば、城下町整備の本格化は、残存史料からいえば文禄年間に入ってからと推測できる。城下における武家・町家の屋敷地を明確に分けたり、酒造業者の城下集住という産業統制を行った。山陽道の道筋もこの時期に改められた可能性が高い。

旭川の川筋もこのとき改められたと考えるのが穏当であろう。地誌「和気絹」によれば、「中納言秀家卿《きよう》当城（岡山城）普請のとき、先《ま》づ二流の朝日川（旭川）を、石を以《もつ》て西の流をせき入、東一方へ流したり、今の川筋は是也」とある。城郭整備と並行して、二つの流れを、おそらく石造の堤によって一本にまとめたという。ちなみに「吉備前鑑」や、岡山藩士石丸定良《いしまるさだよし》による地誌「備前記《びぜんき》」（元禄《げんろく》十三～十七年〈一七〇〇～〇四〉の成立）は、この河川改修を、秀家のもとで出頭《しゅっとう》した中村次郎兵衛《なかむらじろうびょうえ》の仕事であったと伝承している。

岡山城天守の竣工はいつか

ただし、森俊弘氏はさらに踏み込んで、こうした大改修の完了時期を文禄三年（一五九四）頃と推測した。さきに紹介した花房秀成の言及や、岡山城下大工《だいく》町の町立てを天正十六年（一五八八）とする伝承（「備陽国誌」）から、岡山城の改修開始をこの時期と見立てた。そこで、普請・作事が七年にわたったという伝承を組み合わせて、天正十六年から七年目にあたる文禄三年頃には、この事業が完了したと考えたのである。森説を採れば、岡山城天守の竣工《しゅんこう》も、この文禄三年頃とみていい（森二〇〇九）。

ところで、『岡山県史』など現在よく知られる通説的理解は、岡山城とその城下町の大改修を、天正十八年開始・慶長《けいちょう》二年（一五九七）完了と語っているが（谷口一九六四・一九八四等）、なぜ史実と食い違うこうした理解が、一般的なのであろうか。

図９　岡山城天守　戦災焼失前
昭和 20 年（1945）６月の岡山空襲で焼失。
写真提供：岡山市立中央図書館

慶長二年完了説は、岡山藩士大沢惟貞《おおさわこれさだ》が寛政《かんせい》年間（一七八九〜一八〇一）頃に編纂した「吉備温故秘録」を初見とし（「慶長二年迄《まで》に成就す」）、天正十八年開始説は、明治時代、旧岡山藩士の郷土史家木畑道夫《きはたみちお》の著作『岡山城誌』（木畑一九〇三）に至ってはじめて登場する。つまり一般的理解は十八世紀末から二十世紀にかけて形成された見方である。同時代史料や「吉備前鑑」といった成立年代の早い編纂史料には、こうした理解は存在しない。

さきに挙げた正徳年間（一七一一〜一六）の「岡山之私考」では、天正十年開始・同十六年完了説が語られ、「和気絹」では、山陽道の道筋が「天正の末、文禄の初」に変更されたと述べて、岡山城の大改修も同じ時期であることを匂わせていたように、岡山城・城下町をめぐる大改修の時期は、おそらく十八世紀後半までは、諸説紛々の状態であった。直家や秀家、備前地域の戦国・豊臣期をめぐる様々な通説の出所である「備前軍記」を繰っても、「天下無異《ぶい》に治りければ、秀家卿の居城造営の事あり」「此《この》造営慶長のはじめ迄に成就せし」云々《うんぬん》と、その年代がぼやかされている。

こうした混乱が整理される画期になったのが、さきほどの大沢惟貞「吉備温故秘録」であったと筆者はにらんでいる。以下に私見を述べてみよう。

例の「備前軍記」は開始・完了時期ともに示さないが、「天下無異に治りければ」という一節を、秀吉による天下統一の時期とみれば、天正十八年となる。そこで大沢惟貞は、この年を大改修の起点とみなしたらしく、さらに「吉備前鑑」「和気絹」などに共通する工期（七年）に着目して、七年後（八年目）の慶長二年を完了時期と見定めたのではなかろうか。そう考えれば、岡山城下をめぐる文禄年間（一五九二〜九六）の同時代史料（大沢はこうした史料も確認して「吉備温故秘録」に収録していた）との整合性もとることができる。

だが、大沢惟貞にも自説に対する不安があったのか、「吉備温故秘録」には起工の年代を記さず、完了時期も「慶長二年迄」と若干曖昧《あいまい》に処理した。この叙述の揺れは、史家としての大沢の誠実さといっていい。

世間はしかし、明快な結論を求める。明治時代に入って、やはり右と同じ推理を働かせた木畑が、慶長二年完了説を踏襲すると同時に、天正十八年という開始年代を明言した（木畑一九〇三）。「起工以来八年ノ星霜ヲ経過シ慶長二年丁酉《ていゆう》ニ及ンデ始メテ整頓《せいとん》ニ至ルヲ得タリト云」。大沢惟貞の仮説を、木畑は自身の流儀で「史実」として認定したのである。

木畑の論断はその後、戦前の『岡山市史』（永山一九三六）、そして戦後の『岡山県史』（谷口一九八四）などが引き継いだ。ここに天正十八年開始・慶長二年完了が通説の位置を占めることになったと、筆者は考えている。

ともあれ、同時代史料や、森俊弘氏の検討を踏まえると、こうした通説的理解は改められる必要があろう。繰り返しになるが、秀家による岡山城・城下町の整備期間（の中心）は、さしあたり天正十六年頃から文禄四年頃とするのが妥当である。

こうして近世＝江戸期、そして現代に続く岡山城とその城下町の枠組みが形作られた。

文禄三年の惣国検地

大名宇喜多氏の財政状況は、おそらく悪化の一途をたどっていた。厳密には四年に満たない文禄年間（一五九二〜九六）は、多事多端と呼ぶにふさわしい。第一次朝鮮出兵への出征、岡山城と城下町の大改修、上方における政権拠点（城郭）造営への参画、諸大名との交際、秀吉の御成（式正御成）等々、莫大《ばくだい》な経済的負担をともなう軍事行動や普請・作事、儀礼などが相次いだ。また、働きに応じて家臣には褒美として金銭や物品、あるいは新たな知行を与えなければならない。さきに指摘したように、秀吉は豊臣政権における特別な地位と引き換えに、宇喜多氏領国を備前・美作《みまさか》周辺に固定した感がある。晋州《しんしゅう》城の攻略後、秀吉は加増を約束したが、実際にそれが果たされた形跡はない。秀家の領知が変化しない一方で、支出は容赦なくかさむ。

慢性的な苦境に陥らざるをえないであろう。とはいえ、財政逼迫《ひっぱく》は宇喜多氏に限った問題ではない。

文禄二年の八月二十四日、陸奥《むつ》の大名伊達《だて》政宗《まさむね》は、朝鮮半島の陣中から書状をしたため、聚楽第《じゅらくてい》周辺の京都屋敷に加え、秀吉が新たに造営を始めた伏見《ふしみ》城下にも屋敷が必要になる見通しを「造さ《（造作）》の入《いり》候事、無際限《さいげんなく》候」と述べて（おそらくその家臣に）金子の調達を指示している（「仙台市博物館所蔵文書」）。また、石田《いしだ》三成《みつなり》の家臣に安宅秀安という人物がいた。同じく文禄二年と思しき八月二十一日付の書状のなかで、安宅は自身が各種交渉役を務めた薩摩《さつま》の大名島津《しまづ》氏の不調法を叱責して次のように述べている（「島」）。

今之分にてハ、京都之御家・大仏 并《ならびに》ふしミ《（伏見）》の御普請、其上御在京ニ物入可申《ものいりもうすべく》候間、
迚《とても》御家つゝき申間敷《もうすまじく》候、

京都の島津屋敷や東山《ひがしやま》大仏の造営、在京費用の負担を強いられる現状は「御家」の存続さえ脅かすという。秀家の周囲にもこうした雰囲気は漂っていたに違いない。

そこで文禄三年の秋頃までに断行されたのが、宇喜多氏領国全域を対象とした惣国《そうこく》検地であったと考えられる。秀吉はこれ以前、天正十九年（一五九一）に諸大名から御前帳（検地帳）と国絵図を徴収して、すべての大名を統一基準＝御前帳に記載された石高によって掌握した。秀家もおそらく御前帳・国絵図を提出したのであろうが、正確な石高が申告できたとは思われない。

石高の算出には検地が、それも領国全域にわたる検地が必須《ひっす》である。だが、秀家にはその実績が見当たらない。つまり第一次朝鮮出兵以前の軍役・夫役は、家臣や村落が自己申告した内容（指出《さしだし》検地）や、部分的な検地によって割り出された、きわめて頼りない数値の積み上げであった可能性が高い。財政再建には第一に、そうした不正確さを克服する必要がある。

検地にはさらに、大名権力の強化という効用があった。統一基準＝石高の浸透は、豊臣政権にすれば諸大名への軍役・夫役の賦課、そして転封をも容易にする。政権は諸大名に対する圧倒的な優位を獲得した。同様に、大名も検地を通じて、家臣との主従関係を絶対的なものに転換させた。検地を通じて土地の支配権はすべて大名に一元化され、家臣は地域の領主としての性格を失う。さらに知行地の移動あるいは分散によって、家臣の自立・自律性は弱まり、大名への従属度が高まる。

秀家による惣国検地は、これらを体現した。「戸川家譜」は宇喜多氏の勝手不如意を語ったあと、この検地を次のように伝承する。

中村次郎兵衛といふ出頭《しゅつとう》のものあり、是ハ秀家卿の御前様（樹正院）ニ付而《ついて》、加州《かしゅう》（前田）利家卿より来るもの也、先代（直家）よりの用人浮田太郎左衛門と言ものと、両人紀伊守（長船）に諾して、様々密談して、伏見へ参《まいり》窺御旨《ぎょしをうかがい》、四年（文禄）春、紀伊守簡略と号し、三ヶ国検地す、作州《さくしゅう》・両備州（備前・備中）、播州の内も同し事なり、諸士数代所持し来る知行を所替《ところがえ》させける程に、家人等も数年作り来る田畠《たはた》打捨て、流浪に似たるもの多し、在所に離れ、及迷惑《めいわくにおよぶ》、次郎兵衛を恨む、家老・大身数代被官とも、人に知られたる者ハ取上て昵近《じつこん》させ、所領増者多《おおく》して悦《よろこ》へとも、家中一篇に不足に思ひけり、

以上を意訳する。秀家の家臣中村次郎兵衛・浮田太郎左衛門《うきたたろうざえもん》は、有力家臣長船《おさふね》紀伊守の承諾のもと、様々な密談をこらして、ある計画の許可を伏見の秀家から取り付けた。その計画こそが、惣国検地であったらしい。

そして長船紀伊守が「簡略」と称して惣国検地を行った。この場合の「簡略」は倹約をあらわす「勘略」と同義であり、さらにいえば、錯綜した土地所有関係を整理して、正確な土地の把握を図ったという意味が含まれていよう。その結果、家臣の知行地を、おそらく大幅に変更したので、先祖代々の所領を失って混乱を来たす人々も多かったのではないか。検地の発案者である中村次郎兵衛には怨嗟《えんさ》が集まる。有力家臣の知行は増加したが、総じて家臣団は不満をかこつ結果をみた。紀伊守・次郎兵衛両人については、このあと詳しく触れる。

以上は伝承である。「戸川家譜」が文禄四年春とする検地の時期は、わずか一冊のみ残存する検地帳（赤穂郡真殿村）が文禄三年九月八日付であること（「真殿自治会有文書」）、そし

て（検地の結果と思われる）知行宛行が九月十二日付で富川達安《とがわみちやす》、九月十六日付で花房秀成に行われた事実（「秋元興朝所蔵文書」）から考えれば、森脇崇文氏の指摘通り、実際には文禄三年九月頃の完了とみなすべきである（森脇二〇〇九）。検地は村落単位で行われるため、村切り（村落の範囲の確定）をともなったが、そこで発生したと考えられる上東《じょうとう》郡吉井《よしい》村と磐梨《いわなし》郡大内《おうち》村（いずれも岡山市東区）との境界争い（「山境出入」）を、富川達安が裁いたのも文禄三年八月十三日のことであった（「黄」。森脇二〇〇九）。

加増年・加増高（石）				備考
慶長3	慶長4	慶長5	不明	
10610	ー	ー	ー	
6100	4970	ー	ー	
1000	3454	ー	ー	文禄5（慶長元）までは長船紀伊守への加増と推測
500	ー	5919.1	ー	
1000	730	ー	10000※1	
500	ー	ー	ー	
ー	ー	ー	ー	浮田左京亮組に記載。抹消
ー	ー	ー	ー	長船紀伊守組与力
1000	ー	ー	1000※1	抹消
ー	ー	ー	ー	
ー	ー	ー	ー	岡越前守組与力
1000	ー	ー	ー	
ー	2075	ー	ー	戸川達安組与力
ー	1700	ー	ー	浮田河内守組与力
1000	ー	ー	ー	戸川達安組与力
500	ー	ー	ー	
ー	ー	ー	ー	浮田河内守組与力
500	ー	ー	ー	長船紀伊守組与力
1000	ー	ー	ー	抹消

に限定）。大西2017b所収の表に加筆
高と推定。

とはいえ、「戸川家譜」の筆致もそれほど史実から乖離《かいり》しているとは思われない。作者の戸《と》川安吉《がわやすよし》は、富川達安の息子であるから、この記事は惣国検地の当事者による直接の談話である可能性が高い。確かに年代には一年の誤りがある。惣国検地への否定的な評価も、あくまでも富川達安とその周辺の理解であ

氏名	組頭	知行高（石）		増加率	加増年・加増高（石）			
		惣国検地前	惣国検地後（分限帳の記載）		文禄3	文禄4	文禄5（慶長元）	慶長2
明石掃部	*	12500	33110	265%	10000	―	―	―
戸川（富川）達安（肥後守）	*	7530	25600	340%	7000	―	―	―
長船吉兵衛※2	*	7630	24084	316%	7000	―	5000	―
浮田左京亮	*	17660	24079.1	136%	―	―	―	―
岡越前守	*	11600	23330	201%	―	―	―	―
花房秀成（志摩守）	*	6360	14860	234%	8000	―	―	―
宇喜多忠家（安津）		10000	10000	―	―	―	―	―
浮田平太		3000	6000	200%	3000	―	―	―
浮田太郎左衛門尉※3	*	1060	5360	506%	―	300	2000	―
浮田河内守	*	4500	4500	―	―	―	―	―
明石久蔵		4500	4500	―	―	―	―	―
浮田菅兵衛尉※3	*	605	4000	661%	1500	325	570	―
新免伊賀守		1575	3650	232%	―	―	―	―
岡本権丞※3		1565	3265	209%	―	―	―	―
岡市丞		1660	3160	190%	500	―	―	―
楢村監物	*	1060	3100	292%	1540	―	―	―
浮田内記		3000	3000	―	―	―	―	―
長田右衛門尉		2500	3000	120%	―	―	―	―
中村次郎兵衛		450	3000	667%	―	100	1150	300

金沢市立玉川図書館加越能文庫所蔵「宇喜多秀家士帳」から作成（知行3000石以上の家臣
※1 惣国検地後の加増と推定。　※2 長船紀伊守の後継者。惣国検地の時点では紀伊守の知行
※3 史料上の表記に従う（本文では「浮田太郎左衛門」「浮田菅兵衛」「岡本権之丞」とする）。

表3　有力家臣の知行高の変化とその増加率

るから、無批判に受容するべきではない。だが、伝承の骨子は事実とみて差し支《つか》えなかろう。

　たとえば、表3をみられたい。分限帳（家臣の知行高等を記した帳面）「宇喜多秀家士《さむらい》帳《ちょう》」から、三千石以上の有力家臣に絞って、その知行高の変化を整理した。惣国検地後の文禄三～四年に着目すると、複数の家臣に飛躍的な知行の増加が確認できよう。「所領増者多して」という「戸川家譜」の描写はこうした史実と一致する（大西二〇一七b）。

　また、検地から一年後、文禄

五年（慶長元年）の加増対象者が、長船紀伊守・浮田太郎左衛門・浮田菅兵衛《かんびょうえ》・中村次郎兵衛と、いずれも検地への関与が伝承されるか、次郎兵衛らと同じく実務能力を買われて取り立てられた出頭人とみられる面々に限定、かたよっている事実にも着目したい。この事実を整合的に理解しようと思えば、「戸川家譜」の伝承に従って、彼らが惣国検地の実務における貢献を認められたと結論づけるのが穏当ではなかろうか。筆者の仮定が正しければ、紀伊守・次郎兵衛や浮田太郎左衛門らによる惣国検地の断行を伝える「戸川家譜」の記事は、やはり大筋のところ史実と認めていいだろう。

ちなみに、表3の慶長三年（一五九八）にも加増例が多いが、これは第二次朝鮮出兵（慶長の役）後の論功行賞によるものであろう。

過酷な検地と宇喜多氏領国の疲弊

惣国検地の結果、大名宇喜多氏の石高に、かなりの打出《うちだし》（石高増加）があったことは、家臣に対する大幅な知行加増の事実からも推測できる。「備前軍記」によると、領国全体で二十万石以上の打出があったという。かつて筆者はこの伝承を疑い、数値にも誇張があると指摘したが（大西二〇一七b）、同時期の検地事例をみると、薩摩の大名島津氏には「およそ三十万石あまり」の打出があったらしく（「島」）、常陸の大名佐竹氏も二十五万八千八百石が五十四万五千八百石と二倍以上に石高が増えている（藤木一九八七）。こうした実例に即すると宇喜多氏にも、かなり大幅な石高の増加があったと考えていい。この頃、毛利《もうり》輝元《てるもと》に与えた秀吉の朱印状（文禄四年六月三日付）のなかには、上方での検地では五割ないし三割を打ち出すとの文言もある（「上方之けんち《(検地)》も五わり・三わり八出候」。「毛」）。「備前軍記」の打出二十万石以上説も、事実でなく仮説とみれば、あえて斥《しりぞ》けるには及ばない。

とすれば、大名蔵入地《くらいりち》（直轄領）も拡大したであろう。さらに土地の支配権もすべて大名である自身に集約された。理屈の上では、秀家はここに絶対的な権力を握ることになった。かたや家臣の多くは、知行地の移転や分散を強いられ、在地領主としての性格を失った。有力家臣富川達安の知行地も、備前児島《こじま》郡・備中《びっちゅう》・美作に分割されている（「秋元興朝所蔵文書」）。岡市《いちのじょう》丞は文禄五年（一五九六）の正月二十日、備中東三須《ひがしみす》（総社市）の百姓に対する「公役」（夫役）は、佐野新右衛門《さのしんえもん》方が一括して指示するよう命じたが、その背景には、当地に「給人衆あまた有之《これある》」ための百姓たちの混乱があった（「備中佐野家文書」）。先祖伝来の土地から引き離したうえ、備中東三須のように一つの村落に複数の給人を割り当てる相給を行えば、知行の多寡を問わず、大名秀家に対する家臣の従属は、確実なものとなる。元来は宇喜多氏と同格の地域領主であった有力家臣にすれば、緩やかな上下関係と思っていた大名秀家との関係が、惣国検地を画期に、絶対的な主従関係に変化したのである。すべての有力家臣がこの変化を喜んで受け容《い》れたとは考えられない。

しかも新たに決定した石高は、大幅な打出のため、実際より過大に設定されていた。したがって多くの家臣は、実質的な減収と、軍役負担の増大に見舞われた。検地自体やその断行を主導した人物が、少なからぬ人々の怨嗟を集めたとしても無理はない。

「戸川家譜」では、「紀伊守簡略と号し」と、検地の主導者に長船紀伊守を挙げ、中村次郎兵衛・浮田太郎左衛門をその発案者とするが、このうち次郎兵衛は「次郎兵衛を恨む」という一節を踏まえると、検地の実務にもかなり深く関わったのであろう。

検地だけではない。文禄・慶長年間における大名宇喜多氏は、彼らを中核にして支配体制の転換を図っていた可能性が高い（大西二〇一〇・森脇二〇一一・大西二〇一五a等）。浮田太郎左衛門は出自も経歴もほとんど不明だが、紀伊守・次郎兵衛には若干の情報がある。しばらくこの両人について考えてみる。

長船紀伊守と中村次郎兵衛

長船紀伊守は、「戸川家譜」によると、直家・秀家二代に仕えた有力家臣長船貞親《さだちか》（越中《えっちゅう》守《のかみ》）の嫡男であったという（「長船越中嫡子」）。紀伊守は先代貞親の没後、家督を継いだと考えていい。寛文《かんぶん》元年（一六六一）に齢《よわい》八十二の老人であった備前虎倉村又兵衛《こぐらむらまたべえ》の「虎倉物語」によると、虎倉城主伊賀家久《いがいえひさ》が宇喜多方を離反して毛利方に奔《はし》ったのち、「播磨《はりま》のこま山《（駒山）》」（兵庫県上郡町）城主長船貞親が虎倉城を預かることになった。そして「それより九年後」の閏《うるう》正月六日、長船貞親は虎倉城において「妹聟《むこ》」石原新太郎《いしはらしんたろう》によって殺害されたという。この出来事から「当年《（寛文元年）》丑の年七十一年」になるというから、長船貞親が虎倉城を預かったのが天正十年（一五八二）、横死は同十九年となる（森二〇〇九・大西二〇一〇）。

この天正十九年閏正月の長船貞親没後、長船紀伊守が家督を継いだのであろう。紀伊守はその後、第一次朝鮮出兵への従軍を経て、太閤《たいこう》秀吉による伏見城造営にあたって、頭角を現す機会をつかんだらしい。「戸川家譜」から該当箇所を引用する。

> 此《（伏見城本丸）》御普請御急きあり、殊に御前江《へ》近し、紀伊守抽根気《こんきをぬきんで》昼夜相詰《あいつめ》る、才智有能《よく》情を出《いだ》す故、御意に叶《かな》ひ、其以後ハ、備前之儀一向に長船に可申付《もうしつくべし》との上意なり、

この伏見城造営時、宇喜多氏は本丸を担当したが、急がれた普請にあたって紀伊守は、秀吉の側近くでとくに根気を詰めて昼夜の別なく働き、その才智が秀吉の御意にもかなったらしい。この人物はしかも「備前之儀」（おそらく宇喜多氏への指示）は以後、もっぱら紀伊守を通して命じるという上意をさえ拝したという。惣国検地はこうした経緯のもと、紀伊守の

主導によって行われたというのが「戸川家譜」の筋書きである。

以上の伝承は、どの程度の事実を反映しているのだろうか。「戸川家譜」は惣国検地による混乱を経て、宇喜多氏の家臣団が、秀家のもとで出頭した紀伊守や中村次郎兵衛らの一党と、富川達安・浮田左京亮《さきょうのすけ》・岡越前守《おかえちぜんのかみ》・花房秀成らの一党に分裂し、「秀家卿家滅亡の端也」と、この派閥抗争が秀家滅亡の端緒になったと物語る。あとで述べるが、この対立は御家騒動（宇喜多騒動）に発展し、右に挙げた富川達安の一党は主君秀家と袂《たもと》を分かつに至った。

繰り返すが「戸川家譜」の著者は富川達安の息子である。善悪の判断を除けば、伝承の骨子は信頼できるのではないだろうか（大西二〇一〇等）。本書では、長船紀伊守・中村次郎兵衛らの台頭や、彼らが携わった惣国検地を背景に、秀家の家臣団に派閥抗争が生じて、それが宇喜多騒動に発展するという「戸川家譜」の叙述を、おおむね史実に沿ったものと理解しておきたい。

ただし、明らかに反証がある場合は、事実誤認を指摘しておく。さきに引用した「戸川家譜」から中村次郎兵衛を説明した箇所を改めて引用する（以下、大西二〇一〇・二〇一五d）。

中村次郎兵衛といふ出頭のものあり、是ハ秀家卿の御前様《（樹正院）》ニ付而、加州利家卿《（前田）》より来る

もの也、

次郎兵衛は秀家正室の樹正院《じゅしょういん》に従って、加賀《かが》金沢《かなざわ》の前田《まえだ》利家《としいえ》のもとから遣わされた人物であるという。「戸川家譜」以降、「備前軍記」など岡山県地域に残される伝承は、次郎兵衛の素性をすべて同じように取り扱っている。

だが、中村次郎兵衛が秀家に仕える以前、前田利家の家臣であったという証拠は何一つない。この人物の子孫に伝わるところでは、本願寺《ほんがんじ》顕如《けんにょ》に与して織田《おだ》信長《のぶなが》との戦いで命を落とした中村正祝《まさよし》（肥前守《ひぜんのかみ》）という播磨多可《たか》郡の地侍の次男が次郎兵衛である（「先祖由緒并一類附帳」）。この人物の生国も播磨であろう。

次郎兵衛は関ヶ原《せきがはら》合戦後、前田利長《としなが》に仕え、その子孫は数家に分かれて代々加賀藩に仕えて明治維新に至る。もし次郎兵衛が利家の旧臣であったなら、子孫はその事実を由緒書に明記したであろう。加賀藩の藩祖利家への奉公をことさらに隠し立てする藩士はいない。筆者は、残存する次郎兵衛の子孫たちの由緒書をすべて確認したが、そのうち一点たりとも、次郎兵衛が利家に仕えたという履歴を記すものはなかった。

とすれば、「戸川家譜」の記事を次のように解釈してはどうだろうか。次郎兵衛は前田利家の家臣ではなかったが、秀家が樹正院を正室に迎えた時期に、彼女の用人といった名目で、播磨辺りにいたところを召し抱えられた新参者であると。とはいえ、以上は可能性を述べたにとどまる。厳密なことをいえば、次郎兵衛が秀家に仕えた経緯は不明である。

長船紀伊守と中村次郎兵衛は悪行の限りを尽くしたのか

岡山県地域の各種伝承は、長船紀伊守・中村次郎兵衛の二人を、ともに好ましくない人物、宇喜多氏の領国支配を混乱に陥れた悪漢として描写する。彼らの時代からそう遠くない十七世紀の後半にはすでに、さきに引いた「戸川家譜」のように批判的に語られていた（以下、大西二〇一〇）。

その傾向は時代を追って強まる。十八世紀半《なか》ばの編纂とみられる「吉備前秘録」を繰ると、「長船紀伊守奸曲《かんきょく》の事」という一節を設けて、紀伊守を「奇妙なる大佞人《だいねいじん》」と攻撃する。「戸川家譜」から百年ほど成立年代が降《くだ》る「備前軍記」に至っては、「(紀伊守)是は邪智あるものにて国中是を悪《にく》むこと甚《はなはだ》し、よりて毒をあたへて殺す」と、その筆鋒《ひっぽう》は最期まで容赦ない。中村次郎兵衛の評価も同じような調子である。「和気絹」は「生質多慾《たよく》奸曲にして、弁舌を以て秀家へ出頭し、譜代の家老を蔑《ないがしろ》にして頻《しき》りに多欲をすゝめ」とその性格と行動をあげつらう。

だが、こうした批判は抽象的に過ぎるし、彼らを悪人と評価しうる客観的な事実の裏づけを欠いている。「戸川家譜」が明らかに失政とみなす惣国検地の断行にしても、この時代の検地政策に対する在地社会の反発は、それほど特殊ではなく、ごく一般的な反応といえる。さきほども述べたが惣国検地を一概に失政と片づけたり、その責任を紀伊守・次郎兵衛らに集約して押し付けるのはあたらない。

宇喜多氏の惣国検地は、佐竹氏や島津氏のように豊臣政権から検地奉行等の派遣を仰いで行われた形跡がない。領国全域にわたる膨大な丈量作業はしたがって、秀家の家臣が独力で担ったと考えるべきであろう。紀伊守や次郎兵衛が主要な役割を果たしたにせよ、富川・岡・花房・明石《あかし》といった有力家臣も無関係とは考え難い。

惣国検地に次いで文禄四年（一五九五）には寺社領検地が行われたが、そこで作成された寺領帳には、有力家臣富川達安・岡越前守・長船紀伊守の家臣が一名ずつ署判を据えている（「安養寺文書」等）。この三名は検地奉行と考えていい（朝尾一九八四）。惣国検地もおそらくは同様に、紀伊守に加えて富川達安・岡越前守といった有力家臣の協力を仰ぎ、多数の人手をもって完遂されたのであろう。

また、「戸川家譜」は宇喜多氏内部の派閥抗争を次のように描写する。

浮田左京亮・岡越前豊前子家督・花房志摩守（秀成）・花房助兵衛（職之）、その外家中過半肥後守（富川達安）一同なり、紀伊守（長船）ハ、次郎兵衛（中村）・太郎左衛門（浮田）・延原土佐《のぶはらとさ》抔《など》一味す、明石掃部《かもん》ハ、彼宗門（キリスト教）を弘《ひろ》めんと

のミにて、何《いず》れへも不寄《よらず》と也、家中割《われ》て不静《しずかならず》、是、秀家卿家滅亡の端也、

後述する宇喜多騒動の結末から逆算すると、この党派分類は、すべて史実とは言い切れないが、ある程度は信頼できる。富川達安・浮田左京亮らの一党と、紀伊守・次郎兵衛らの一党、そしてキリスト教を広めるだけで中立の立場をとる明石掃部という構図である。

だが、年代が降るに従って、紀伊守・次郎兵衛らに、より批判的になるよう、編纂史料の描写が歪《ゆが》んでゆく。たとえば「備前軍記」を参照すると、紀伊守らの一党には、「戸川家譜」にはなかったキリシタンという属性が加わり、派閥抗争が宗派対立の色彩を帯びて説明されている。法華宗を信奉する富川達安らと、キリシタンの紀伊守らが抗争したという構図である。キリスト教が厳しく弾圧された近世の人々からすれば、キリシタンは絶対悪でしかない。

紀伊守・次郎兵衛らがキリシタンであった可能性は、確たる史料を欠くので限りなく低い。むしろイエズス会関係史料によれば、彼らと対立した浮田左京亮こそがキリシタンであって、岡越前守もキリシタンであった可能性が高い（大西二〇一〇）。「備前軍記」が紀伊守らをキリシタン認定したのは、事実誤認というよりも、むしろ彼らの存在をより不当に貶《おとし》めるためであろう。

あとで考えるが、秀家にまつわる岡山県地方の伝承は「戸川家譜」や「浦上宇喜多両家記」から派生した場合が少なくない。だから必然的に、その描写は富川達安らに弁護的に、そして富川達安らと対立した長船紀伊守・中村次郎兵衛らに手厳しくなるのは自然のなりゆきであろう。関ヶ原合戦後、紀伊守の子孫は消息を絶ち、少なくとも武家社会からは離脱した。次郎兵衛は加賀藩前田家に再仕し、岡山藩池田《いけだ》家に仕えたその息子（養子。中村惣右衛門《そうえもん》）も寛永《かんえい》年間（一六二四～四四）には同じく前田家に転仕して、備作地域との縁は途切れている（大西二〇一五d）。つまり岡山県地域には、紀伊守・次郎兵衛を悪人に仕立てても不都合が起こりにくい状況が生まれた。彼らの印象が、年代が降るにつれ捻《ね》じ曲げられたのは必然かもしれない。

浮田左京亮の個性

叙述がキリシタンに及んだついでに、しばらくこの外来の宗教に帰依した秀家の家臣について触れておきたい。イエズス会関係史料に、キリシタンとして氏名が確認できる秀家の有力家臣は、浮田左京亮と明石掃部である。このほか岡越前守もおそらくキリシタンとみなしていい。

浮田左京亮は、秀家の叔父《おじ》忠家《ただいえ》（安津《あんじん》）の息子である（以下、大西二〇一〇）。つまり秀家の従兄弟にあたる。地誌「備前記」は、「宇喜多直家弟忠家同子安心」と、忠家の息子を「安心」（安津）と誤認しているが、同書によれば、この親子は備前富山《とみやま》城を預かっていたらしい。家督継承の時期はわからないが、忠家が秀吉の直臣に取り立てられた天正十四年（一五八六）頃とみるのが妥当だろうか。

「度々無理ナル人斬《ひときり》」をする手合いであった忠家の血筋に違《たが》わず、左京亮も激しい気性の持ち主であったらしい。「浦上宇喜多両家記」は次のように伝承する。

武気強精、常ニ荒クシテ家人ナト手討スル事不知数《かずをしらず》、武道モ尤《もっとも》強シ、サレトモ指《さし》テ勝《すぐ》レタル働ナキ故ニ爰《ここ》ニ不記《しるさず》、

気性は荒いが特段の武功はないという。残念ながらこの評価も父親譲りというべきであろうか。後年、坂崎出羽守《さかざきでわのかみ》を名乗ったこの人物が起こした千姫《せんひめ》事件から逆算して、こうした酷評が立てられたのかもしれない。元和《げんな》二年（一六一六）、将軍徳川秀忠《とくがわひでただ》の娘千姫（もと豊臣秀頼《とよとみひでより》の正室）の再婚にあたって、出羽守がその輿入《こしいれ》行列の襲撃を図ったというのが、いわゆる千姫事件である。出羽守はそのため非業の最期を遂げる（後述）。

とはいえ、こうした伝承もあながち創作とは言い切れない。左京亮時代にも強引な行動が

目立った事実がある。以下はイエズス会宣教師オルガンティーノの書簡による（「イエズス会」）。

オルガンティーノは、左京亮の受洗を二か月前、大坂での出来事と記した。京都で執筆されたこの書簡には西暦一五九五年二月十四日の日付がある。これは和暦では文禄四年（一五九五）正月六日にあたるから、左京亮の洗礼は、惣国検地が終わってまもない文禄三年冬のことであろう。経緯はこうである。

ある日、左京亮は大坂城下においてキリシタンの講話を聴き、その教義にいたく傾倒した。たまたまキリシタン大名小西行長《こにしゆきなが》の屋敷（これも大坂城下であろう）にいた日本人修道士ヴィセンテは、この件をどういう経緯で知ったか、左京亮を呼び寄せた。オルガンティーノによれば、左京亮は小西行長の親友であったというから、左京亮が行長にこの宗教について問い合わせたのかもしれない。

ヴィセンテと左京亮は、おそらくは行長の屋敷において、夜を徹してキリシタンの教義をめぐって議論した。その結果、左京亮は洗礼を強く希望した。他にも多くの教理を理解しなければ受洗は難しいとヴィセンテは説明したが、左京亮は落ち着かない。できるだけ早急に教理をさとして欲しいと左京亮は催促したらしい。そのためヴィセンテは、受洗に必要なすべての事項を理解させた上で、左京亮に洗礼を授けた。洗礼名は「パウロ」である。

豊臣政権がキリスト教の容認から抑圧に転じたのは天正十五年である（バテレン追放令）。左京亮の洗礼に際してヴィセンテは、秀家の従兄弟という立場に配慮し、その身辺に危害が及ばぬよう、一切を秘密にすることをさとしたという。左京亮はそれを約束した。

ところが、左京亮は一日でその約束を反故《ほご》にした。すべてを口外し、備前に戻って自身の入信を宣伝するほか、布教に近いことをはじめたという。左京亮の帰国後、その妻が病気のため亡くなったが、この人物はめげることなく、キリスト教の教義をより広めることを宣言した。オルガンティーノによると、こうした左京亮の動向が、「すべての諸侯」や秀家の母円融院《えんゆういん》を驚嘆させたという。なお、岡山市中区徳吉《とくよし》町に残る「法鮮《ほうせん》」の五輪塔は、この左京亮の妻を弔ったものであろう。五輪塔に刻まれた命日は「文禄三年十二月十一日」である（森二〇〇七～二〇〇八）。

左京亮は忙しい。翌文禄四年正月には上方に戻ったようで、以上の出来事を執筆中のオルガンティーノを訪ねている。

短気のうえ強引という各種伝承から垣間見える左京亮の人物像は、このようにキリシタン関連の同時代史料ともよく一致する。オルガンティーノによれば、左京亮はこのとき二十四歳、秀家と同年輩の青年であった。

明石掃部の人物

浮田左京亮をきっかけに洗礼をうけたのが、明石掃部である（以下、大西二〇一五a）。直家・秀家二代に仕えた明石行雄《ゆきお》（飛驒守《ひだのかみ》。のち伊予守《いよのかみ》）の後継者である。「浦上宇喜多両家記」は行雄の「嫡子」とする。文禄三年（一五九四）と推定できる十一月十二日、小早川秀秋《あき》の有力家臣山口宗永《やまぐちむねなが》（玄蕃頭）に宛てた明石行雄の書状に「於已来御用之儀候者《いらいごようのぎそうろうにおいては》、掃部頭所へ可被仰付候《おおせつけらるべく》」、すなわち用件は掃部のところへ伝えてほしいとあるから、自身を「老足之儀」と述べる行雄はこの頃に隠居して、掃部に家督を譲ったと考えていい（「閥」）。なお、慶長二年（一五九七）の第二次朝鮮出兵にあたって「明与州《明石伊予守行雄》出陣候哉《や》」と、行雄の出陣有無を尋ねる「長信」なる人物の書状（六月二十八日付。「美作沼元家文書」）が残っているから、少なくともこの時期までは、行雄は存命であった。

掃部のキリスト教入信は文禄五年（慶長元年）のことである。イエズス会の宣教師ルイス・フロイスによる一五九六年度年報をもとに、その経緯を紹介しよう（「イエズス会」）。ある日、浮田左京亮が、大坂城下と思われる自身の屋敷に京都の修道院長を招待し、十字架像や聖母像を備えた礼拝堂に案内した。そこで一行が祈りを捧《ささ》げたあと、左京亮は修道院長が伴った修道士に、掃部への説教を依頼した。このとき掃部は、大坂城の普請・作事（おそらくは惣構の普請）を監督していたという。

掃部は修道士による説教を希望して深夜まで聴講し、残る教義は京都において聴き、洗礼を受けるつもりであると約束した。確かにこの報告書を読み進めると最後に近いあたりで大坂における掃部の受洗が記されている。フロイスはこの報告書を西暦一五九六年十二月十三日、すなわち文禄五年十月二十四日に長崎で脱稿しているから、キリシタン武将明石掃部の誕生はこの十月以前と推定できる。洗礼名は「ジョアン」であるが、宣教師は、この人物に敬意を表して、往々にして「ドン・ジョアン」と呼んだ。

後年、イエズス会宣教師のペドロ・モレホンは、戒律を完全に守ることができない、と掃部が洗礼に対して慎重な態度をとっていたことを記録している。周囲の人々が三〜四回にわたって受洗の機会を設けたが、掃部は様々な理由を述べて断っていたという(チースリク一九六八)。これを思慮深い人柄、信仰に対する誠実さとみれば、さきの左京亮の場合とは好対照を成すであろう。

掃部が洗礼を授かった直後、秀吉が禁教令を再公布し、捕縛したキリシタンを長崎へ送って処刑した。長崎二十六聖人殉教事件である。掃部はこの禁教令の公表直後、左京亮と連立って大坂の教会を訪れ、二人のイエズス会司祭に泉州堺《せんしゅうさかい》への退避を勧めた。フロイスの報告によれば、西暦一五九六年十二月九日、すなわち文禄五年十月二十日の夜の出来事である。

司祭たちは当初こそ固辞したが、左京亮・掃部に押し切られた。左京亮の屋敷を経て、このために確保された大坂城下の退避先に移ったという。フロイスは「真なる信仰ぶりを示した」とこの時の掃部を称賛している（「イエズス会」）。

　掃部はこの後すぐに帰国したらしい。秀吉によって捕えられた上方のキリシタンは、京都・伏見・大坂・堺を引き回され、陸路長崎へ送られた。その途上、播磨赤穂郡から備中川《かわ》辺《べ》川（高梁川）までは宇喜多氏の領国である。そこでキリシタンの護送役を担ったのが掃部であった。大坂で捕縛されたイエズス会の三木《みき》パウロは、掃部が自らの手をとって涙を流したことをその書簡に書き残している（新井一九五五）。

　なお、このあと具体的な時期は不明だが、掃部に続いてその姉妹婿もキリシタンの教えに帰依したという（「イエズス会」）。宣教師は姓名を挙げないが、「浦上宇喜多両家記」が「明石飛騨守《（行雄）》婿」とする岡越前守こそ、そのキリスト教に入信した掃部の義兄弟であろう（光成二〇〇九・大西二〇一五a）。

領国支配体制の確立

　ここまで天正年間（一五七三〜九二）末期から文禄年間（一五九二〜九六）における大名宇喜多氏と、秀家や家臣の動向を述べてきた。ここで、この時期、大きく変化した領国支配体制や、秀家による家臣団統制について整理を試みておこう（大西二〇一五a・二〇一七b）。

①豊臣秀吉（豊臣政権）後援による家臣団統制の強化（しらが一九八四・大西二〇一〇等）

豊臣秀吉は終生、養女婿秀家の絶対的後援者であった。よって秀家に背くことが、秀吉への抵抗であるという理屈が、他の大名以上に強力に作用した。秀家は秀吉の権力を背景に家臣団を束ね、あるいは威圧し、安定的な領国支配を図ったと考えていい。大名宇喜多氏の領国支配体制は、秀吉の影響下において確立したとすらいえる。

すでに述べたように、秀吉は、秀家幼少期にはその有力家臣を通じて直接、大名宇喜多氏の行動を制御した。あるいは秀家の叔父忠家を直臣に取り立てたり、富川達安の知行宛行にも関与した。伝承の次元であるが、長船紀伊守が惣国検地を断行した背景に、この人物が秀吉の御意にかなったという経緯もあった。

②叙位任官によって有力家臣との主従関係・身分的序列を明確化（大西二〇一〇）

家臣団統制において大名秀家の指導力不足を補ったのは、①秀吉の影響力のほか、その斡《あっ》旋《せん》による有力家臣の叙位任官であった。有力家臣との緩やかな上下関係を、絶対的な主従関係に改め、大名当主の器量にかかわらず、そのもとに有力家臣を強力に服従させる方策の一つが、この叙位任官に基づく序列化といえよう。最終的に従三位権中納言に進んだ秀家に対して、叔父の忠家は四品《しほん》（四位）相当の「式部卿法印」、長船貞親・明石行雄らは「諸大夫成」（従五位《じゅごいのげ》下相当）と、秀家との関係が官位によって明確化されたのである。

③有力家臣から実務に秀でた側近への領国支配主導権の移行（森脇二〇一一・寺尾二〇一五・大西二〇一五a等）

①〜②によって有力家臣を押さえた秀家は、領国支配の主導権をより強力に握るべく、中村次郎兵衛・浮田太郎左衛門らの家臣を取り立て、各種の施策を担わせてゆく。

中堅あるいは小身であった彼らは、実務能力や忠誠心を評価されて出頭し、領国支配に深く関わった。惣国検地以前の中村次郎兵衛は四百五十石、浮田太郎左衛門は千六十石の身代であったが、最終的には次郎兵衛は三千石、太郎左衛門は五千三百六十石に累進している（前出表3）。

こうした出頭人には、秀家から「宇喜多」、次いで「浮田」の名字を与えられる場合があった。たとえば、遠藤河内守《えんどうかわちのかみ》（家久《いえひさ》）・延原土佐守《のぶはらとさのかみ》は、さきに触れた赤穂郡真殿村の検地帳に署名する宇喜多河内守・宇喜多土佐守と同一人とみなされる。森脇崇文氏が明らかにしたように、文禄四年以降、「宇喜多」名字の使用は、当主秀家とその嫡流子孫のみに限定され、その他はすべて「浮田」名字に統一されてゆく（森脇二〇一二）。遠藤・延原もしたがって浮田河内守・浮田土佐守と改めるのだが、ともあれ、「浮田」名字は一種の恩典であった。森脇氏は、こうした「秀家との信頼関係によって分国運営に起用された」「当主と直結する分国運営の担い手」を「直属奉行人」と呼称している（森脇二〇一一）。

なお、「戸川家譜」等の伝承上では、富川・長船・岡という「三家老」の一角を占める長船紀伊守が、「直属奉行人」と連携して領国支配を切り回し、惣国検地を断行したとする。編纂史料における恨まれ方から推して、秀家による長船紀伊守＋「直属奉行人」の重用傾向（＝他の有力家臣の排斥）は、史実の可能性が高い。その場合、長船紀伊守の重用は、有力家臣の反発をやわらげるためとも評価できよう。

④惣国検地による土地所有権の秀家への集約（家臣独自の土地所有を否定）と家臣団の再編（しらが一九八四・森脇二〇〇九等）

秀家の意向のもと、長船紀伊守と「直属奉行人」中村次郎兵衛・浮田太郎左衛門らは惣国検地を断行し、家臣の知行替えを行った。結果、宇喜多氏領国においても石高に基づく統一的知行・軍役体系の確立をみた。大名秀家に土地所有権が集約されたほか、大幅な打出によって大名蔵入地（直轄領）も大幅に増加したと考えていい。①〜③によって進めてきた大名秀家の権力基盤の強化はここに一応完遂したと評価できよう。ただし、豊臣政権の検地奉行を介在させなかった点、転封を経験しなかった点において、大名宇喜多氏の検地は、他の大名に比べて不徹底に終わった可能性が高いとも筆者は考えている。

以上①～④と並行して秀家は岡山城・城下町の大改修や、天正十七年（一五八九）頃からは岡山城下への家臣の集住と領国内の城郭整理（城破《しろわ》り）を進めた（しらが一九八四・森二〇〇九等）。

秀家は領国内の寺社統制も推進した。文禄三年（一五九四）の惣国検地に合わせて、備前四十八か寺などの寺社領検地が行われた。そこで秀家は寺社領をいったん収公し、翌年十二月、改めてこれを一斉に再配分した。秀家はさらに金山寺《きんざんじ》遍照院《へんじょういん》（岡山市北区）の僧侶円智《そうりょえんち》を登用して、寺社の統括を担わせる。文禄五年正月には円智の名によって寺社に対して掟書《おきてがき》を発した。領内の寺社に対し、従来の経済活動等を禁じ、宇喜多氏のもとで宗教活動に専念するよう命じたのである（森脇二〇〇九・二〇一六ａ）。

豊臣大名宇喜多氏は、こうして秀家の権力強化および領国支配体制の改革を進めたのである。個々の施策はそれほど特異でないが、秀家の若さを考えれば、よくやったというべきか。

二、関白秀次事件と第二次朝鮮出兵

関白秀次事件

文禄四年（一五九五）七月初頭、伏見城の太閤豊臣秀吉が、聚楽第の関白豊臣秀次《ひでつぐ》に謀反の嫌疑をかけて、これを高野山《こうやさん》（和歌山県高野町）に追放した。秀次は同月十五日、高野山青巌寺《せいがんじ》において切腹する。

一般的には、文禄二年八月三日、茶々《ちゃちゃ》が秀吉の実子秀頼《ひでより》を生んだことが、結果的に秀吉・秀次関係を破局に導いたというが、具体的・確実な原因は明らかにされていない。文禄四年七月七日、京都吉田社《よしだしゃ》の吉田兼見《かねみ》は「依殿下別心之雑説《でんかべっしんのぞうせつにより》、大閤以外御腹立《もってのほかおはらだち》」とその日記に書きつけ（「兼見」）、七月十日付の秀吉朱印状は「今度関白不相届《あいとどかざる》子《し》細《さい》」と説明する（「大」等）。秀次の切腹に前後して、その側近木村常陸介《きむらひたちのすけ》らが自害したほか、前野《まえの》長泰《ながやす》・明石左近《さこん》らが後日成敗されるなど、関係者の処罰が断行された（「大かうさまくんきのうち」等）。秀次正室（一の台）の父、右大臣菊亭晴季《うだいじんきくていはるすえ》も、越後《えちご》に流されている（「湯」）。このほか秀次に連座したわけではないが、秀吉の甥小早川秀秋は、政局の混乱のなかで秀吉の不興をこうむり領知十万石と本拠地「丹波《たんば》の城」を召し上げられた（「所三男氏持参文書」）。さらに八月二日には、秀次の正室をはじめ妻妾《さいしょう》子女三十人あまりが、三条河原《さんじょうがわら》において処刑された（「上宮寺文書」「兼見」等）。以上、いわゆる関白秀次事件である。

豊臣政権を揺るがす一大政変であった。「諸大名恐怖云々」という吉田兼見の証言を引くまでもない。「豊臣政権にとって空前の領主的危機」と表現したのは三鬼清一郎氏である（三鬼一九八四）。

秀吉による善後処理は二つに大別できる。第一に、諸大名に起請文《きしょうもん》を求め、秀頼への忠誠と秀吉の定める法度《はっと》や置目《おきめ》（「太閤様御法度御置目」）の遵守を誓わせた。第二に、さきの三鬼氏が「公儀としての自己を確立した豊臣政権が制定した、殆ど唯一の体系的な法令」と呼ぶ「御掟《おんおきて》」「御掟追加」を、八月三日付、有力大名の連署をもって発布した（「浅」）。このうち「御掟」では武家を対象に、大名間の縁組や起請文の交換・喧嘩《けんか》口論《こうろん》の制限などを明文化し、「御掟追加」では公家・寺社に対して、「公儀」への奉仕などを命じている。すべての支配階級に統制を加えた「御掟」「御掟追加」は、いうなれば豊臣政権の基本法であった。後世、徳川幕府による武家諸法度などにその内容の多くが引き継がれてゆく。

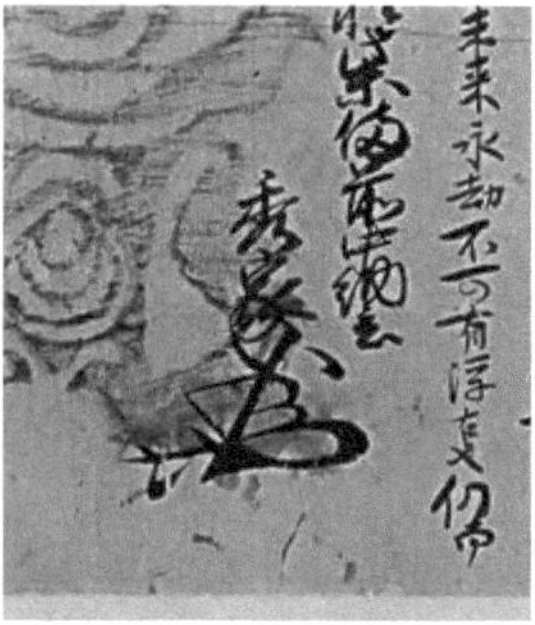

図10　文禄4年7月20日付
宇喜多秀家起請文
大阪城天守閣所蔵

秀家はこのいずれにも関係した。まず血判起請文を単独で提出した（文禄四年七月二十日付。「大」）。このとき諸大名が提出した起請文のうち、案文も含めて現在まで伝わるものは、石田三成と増田《ました》長盛《ながもり》（文禄四年七月十二日付。「木下家文書」）、徳川家康《いえやす》・毛利輝元・小早川隆景《たかかげ》の三大名（文禄四年七月付。「毛」）、織田常真《じょうしん》（信雄《のぶお》）ら三十名（文禄四年七月二十日付。「木下家文書」）と、多くは複数人の連名によって作成されている。ただし、秀家および前田利家の二大名のみが、それぞれ単独でこれを調えた（「木下家文書」）。

筆者はこの事実を重視する（大西二〇一〇・二〇一五a）。幼い秀頼の守り立てが、「太閤様御法度御置目」の遵守に先んじ、誓約事項の一条目に掲げられたように、起請文単独提出の背景には、秀家・利家の両名が、秀吉親子の親族であった事実が想定できる。他の大名と異なり、養女樹正院の婿である秀家と、樹正院や加賀殿《かがどの》（秀吉側室。利家の娘）を通じた近親といえる利家には、秀吉がとくに厚い信頼と期待とを寄せたからこそ、それぞれに単独で起請文を作成させたのであろう。秀家・利家は、秀次の消滅によって、秀吉唯一の後継者となった秀頼を、親族の立場から支える格別の地位をここに獲得したといっていい。この両人が私事による帰国を原則として行わず、常時在京を誓ったのは、秀吉そして秀頼の所在地を離れずに、絶えず側近くでこれを支えることを意味している。

そして「御掟」「御掟追加」では、秀吉の意向を奉じ、この法令の制定者に列した。署判を据えた有力大名は、「御掟」に徳川家康・宇喜多秀家・前田利家・毛利輝元・小早川隆景の五人、「御掟追加」に家康・秀家・上杉景勝《うえすぎかげかつ》・利家・輝元・隆景の六人である。端的にいえば、家康以下の六大名はこの法令発布を画期に、豊臣政権において諸大名に隔絶した地位に立った。具体的な政務関与は秀吉死後を待つ必要があるが、「大老《たいろう》」の枠組みがここに創出された。この時点において秀家は、家康に次いで序列第二位である。

樹正院の大病

関白秀次事件の前後の時期、秀家の周辺にも、ただならぬ緊張感が漂っていた。南御方《みなみのおかた》こと正室樹正院が秀家の子を出産後、病床に就いてしまったのである（桑田一九七一b・大西二〇一二a・森脇二〇一六b・河内二〇一六）。四年前の天正十九年（一五九一）は金神《こんじん》の祟《たた》りであったが、今回は物《もの》の怪《け》＝野狐《のぎつね》が取り憑《つ》いたらしい。「戸川家譜」が文禄四年（一五九五）夏頃から、「秀家卿の御前様（樹正院）妖気御煩也」と伝承するように、重篤なうえに異様な病状であったらしい。

ただし、出産の時期は、森脇崇文氏の指摘通り、冬十月がおそらく正しい。公家の日記など彼女の病気を伝える史料が、十月下旬以降に集中する上に、これ以前に一例、彼女の祈禱《きとう》（京都の吉田社における「うき田女房衆祈念」）が九月二十一日に執行されたことに森脇氏は着目した（「兼見」）。つまり、とくに目的が述べられない九月の祈禱は安産祈願であって、そのあと彼女の病気平癒が各地で祈られる十月下旬以前に彼女は出産したという見立てである。

病状は深刻であった。十月二十日、伏見《ふしみ》稲荷社《いなりしゃ》（京都市伏見区）の神職に宛て、石田三成・増田長盛が秀吉の意向を奉じた通達には、「備前中納言（秀家）殿御簾中《ごれんじゅう》、今般産後御病中、付《つき》物怪《もののけ》相見《あいみえ》候」とある（「大西文書」。桑田一九七一b）。

樹正院に物の怪が憑いた。秀吉は野狐の所為と考え、すぐさま彼女からこれを退散させるよう、その対策を三成・長盛を通じて伏見稲荷社に厳命したのである。彼女の身に「不慮」、すなわち万が一のことがあれば、稲荷社は破却した上、「日本国中狐猟《きつねがり》毎年」を行うであろう。

次いで十月二十三日、前田玄以《げんい》が、「備前中納言（秀家）内儀煩」のため、禁裏《きんり》（内侍所《ないしどころ》）における神楽を求め、二十五日に執り行われる（「親綱卿記」）。秀吉の指示による彼女の回復祈願であろう。このように政権中枢の石田三成・増田長盛・前田玄以が動いた背景には、当然のことながら彼女をいたく可愛がる秀吉の意向があった。

秀家も奔走する。九月の祈願（おそらく安産祈願）に引き続き、京都の吉田社を頼った。以下、吉田兼見の日記から事態を眺めてみよう（「兼見」）。

備前黄門（秀家）御女房衆今度平産已後《いご》、以外《もつてのほか》御煩也、血気《けつき》故歟《ゆえか》乱心云々、野狐ノ祟《たたり》云々、

出産後の秀家正室が、ただならぬ容態である。「血気」のためか「乱心」の体であって、野狐の祟りともいう（十月二十六日条）。兼見の日記をさかのぼって調べると、前年の十二月に早世した後陽成《ごようぜい》天皇の第一皇女（聖興女王《しょうこうじょおう》）の病状も「野狐之祟歟」と疑われていた。兼見は急ぎ祈禱を行い、「御祓《おはらい》」（幣帛《へいはく》）・「鎮札《ちんさつ》」を鈴鹿《すずか》定継《さだつぐ》（民部少輔《みんぶのしょう》）に持たせて大坂へ派遣した。樹正院がこのとき大坂屋敷にいたことが以上から判明する。

十月二十六日の夜、再度の祈禱依頼を引き受けて鈴鹿が大坂から帰ってきた。依頼主は秀家とみていい。以下そう理解して「兼見卿記」を読み進める。

秀家は、金子十枚・小袖《こそで》七つ・撫物の小袖一つを用意して「泰山府《たいざんふ》君《くん》之祭」を希望した。泰山府君は道教の神で、延命や除魔《じょま》の神としても崇められていた。ただし、「泰山府君之祭」は陰陽道の祭礼であるから、これと同様とされる神道の「北斗之祭」が執行された。翌二十七日にこの祈禱を行うための仮屋の設営が始められ、十一月二日から祈禱に入る。毎日、小袖を火中に投ずるなどして七日間、十一月八日に結願《けちがん》した。この間、近在からは見物人が集まり、祈禱初日には長岡幽斎《ながおかゆうさい》が訪れたという。

十一月九日、祈禱終了の報告のため、例の鈴鹿定継が大坂へ遣わされた。二日後の十一日、

兼見のもとに戻った鈴鹿は「御病者大験之由申畢《もうしおわんぬ》」、すなわち樹正院の回復を復命した。

樹正院の存在意義

かつて筆者は、樹正院を秀家の政治的立場を担保した存在と評価した。彼女を正室に迎えたからこそ、秀家は異例の出世を遂げたという意味合いである（大西二〇一二a）。本書でも折々述べてきたように、秀吉は彼女を鍾愛《しょうあい》し、その延長線上に秀家がいた。

養女とはいえ実子同然であった。秀吉は彼女に宛てた書状には自らを「おとゝ」と記すことがあった。秀家と彼女の子女はしたがって「まこ（孫）」になる。某年の十月二十五日、「ひせん五もし」に宛て、その無事の出産を喜ぶ秀吉の消息文には、「やかて〳〵参《まいり》候てまこ（孫）をいたき（抱）可申《もうすべく》候」とある（岡本一九七〇）。

秀家にとって樹正院は、秀吉との絆《きずな》でもあった。彼女がこときれた場合、秀家はその政治的地位を従前通り維持しうるかどうか、はなはだ微妙なところであろう。秀吉が伏見稲荷社を恫喝《どうかつ》したように、彼女の生命を救うべく秀家も必死であった。吉田社に回復祈禱の「泰山府君之祭」を依頼するにあたって、秀家は金子十枚を送っている（「兼見」）。さきの金神の祟りの時、祈禱を求めて吉田社に送ったのは銀子五枚であった（同上）。前田玄以が申請した禁裏での神楽執行でも金子三枚の献上に過ぎない（「親綱卿記」）。金子十枚という大金は、病状の深刻さと同時に、秀家がいかに彼女の回復を祈っていたかをうかがわせる。

秀家は領内の寺社にも回復祈願を行わせていた。備前の西大寺《さいだいじ》に対して、御札や祈禱の巻数などを受け取ったことを述べる十一月二日付の秀家の書状では、重ねて昼夜にわたる油断なき祈念に努めるよう命じた（「備前西大寺文書」）。日付や文面から推して、樹正院の大病時の指示とみるのが穏当であろう。

そうした秀家の切実さは、十月二十九日付の書状からも読み取れる。この日、秀家は国許の吉備《きび》津《つ》神社（備中一宮）にも「弥《いよいよ》無油断《ゆだんなく》祈念可被入精《せいをいれらるべき》事尤ニ候」と、彼女の回復祈禱を命じ、さらに「備前国百姓にまて祈念可仕《つかまつるべき》事《こと》尤《もつとも》ニ候」とも述べていた（「備中吉備津神社文書」）。寺社を越えて、領民にまで秀家は彼女の回復を願うよう指示を下したのである（大西二〇一二a）。

樹正院の存在が、筆者の見立て通り、秀家の政治的立場を保証したとすれば、こうした秀家の行動はより当然な対応として、すっきりと理解できる。

とすれば、さきに述べた秀吉の反応も、この天下人が彼女をいたく可愛がった以外の、政治的な視点からも説明がつくのかもしれない。

たとえば、森脇崇文氏はこの大病の時期に注目する。文禄四年（一五九五）十月と推定される彼女の出産から、わずか三か月前の出来事を思い出されたい。関白秀次事件である。

秀吉には老衰が兆し、唯一の後継者秀頼は三歳の幼児に過ぎない。秀次に連座した大名小名も多い。この動揺する豊臣政権を支えるべく秀吉から大きな期待をかけられたのが、「御掟」「御掟追加」に署名した有力大名、のちの「大老」徳川家康や前田利家らであった。とくに秀吉が「おさなともたち」と頼む利家は、豊臣秀長《ひでなが》亡きあとの政権において、家康に拮抗しうる無二の存在であった（「浅」）。岳父《がくふ》利家とともに常時在京を誓った秀家も、秀吉からの信頼は揺るがない。

そうした豊臣政権の建て直しが急がれるなかで、樹正院は出産し、秀吉らの見方に従えば「野狐」に祟られた。もし彼女が世を去れば、それは政権の実力者利家と、年齢からいって将来末永く秀頼を支えるべき予定の秀家との絆が絶たれることを意味する。樹正院こそ、秀吉・秀頼―利家―秀家を固く結びつける存在であった、というのが森脇氏の理解である。卓見というべきであろう。

このように考えれば、秀吉がなぜ、伏見稲荷社に対してかくも強硬に臨んだのかもよくわかる。樹正院が死去すれば、秀次の死によって動揺した豊臣政権が、さらに不安定化するのは必至と考えられたからであった。

秀家の子女たち

秀家・樹正院夫婦の第一子は天正十七年（一五八九）八月、第二子は同十九年七月に生まれた。いずれも男子である。樹正院はこのあと天正二十年八月頃、そして文禄三年（一五九四）冬辺りにも秀家の子を出産した。前者は、秀家が朝鮮半島出陣中の七月二十八日、吉田社に大坂から安産祈願の依頼が持ち込まれたことから判明する。すなわち例の吉田兼見による「兼見卿記」に「うき田宰相（秀家）御女房（樹正院）衆来月御誕生也」とあって、秀家が留守のためか、祈禱の依頼主は秀吉の正室北政所であった。後者も「兼見卿記」に手がかりがある。文禄四年正月十八日条に「備前之うき田宰相（秀家）殿息女御名之儀、侍従（吉田兼治）方へ度々仰云々」とある。これ以前、兼見の息子兼治《かねはる》（侍従）に対して、秀家息女の命名が何度も依頼されていたらしい。兼治はこれを断っていたが、繰り返し申し入れがあったので、兼見がこの日「千代姫《ちよひめ》」と命名して秀家方に通知したという。この事実から筆者は、誕生は前年の冬辺りと考える（森脇二〇一六bは文禄三年秋〜冬と推定している）。

そして野狐に祟られた例の文禄四年十月に第五子、さらに第六子を慶長二年（一五九七）の十一月以前に出産する（「義演」。大西二〇一五c・森脇二〇一六b）。樹正院が生んだ秀家の子女は、以上の六人である。

このうち男子は第一子と第二子、そして第六子である。醍醐《だいご》寺《じ》三宝院《さんぽういん》（京都市伏見区）の義演《ぎえん》（関白二条晴良《にじょうはれよし》の子。一五五八〜一六二六）の日記「義演准后《じゅごう》日記」を繰ると、慶長二年十一月二十一日条に「備前中納言息（秀家）一歳不例」とあって、この年に生まれた男子の病気が記され、十二月十日条の「御八　酉歳《とりどし》一才」という記事から、男子の名が「御八」であったことが判明する（大西二〇一五c・森脇二〇一六b）。この時の逸話はあとで触れるとして、ここでは「御八」こそ、秀家とともに八丈島《はちじょうじま》に流される浮田小平次《こへいじ》であることを指摘しておく。

関ヶ原での敗戦後、秀家とともに八丈島に流された子息は、この浮田小平次と、秀家の嫡男（後継者）「宇喜多侍従」こと孫九郎《まごくろう》であった。八丈島に残された法名の書き上げがその事実を証拠立てる（「宇喜多主従法名」）。

秀光院殿雲照居士
慶安元年戊子年八月十八日五十八而死去、在島四十三年、宇喜多侍従孫九郎秀高（隆）、
尊光院殿秀月久福居士
明暦元乙未年十一月廿日八十三（ママ）而死去、在島五十年、宇喜多中納言秀家、
秀源院殿浄雲居士
明暦三丁酉年二月五日六十而死去、在島五十二年、宇喜多小平次秀継、

以上は、八丈島伝来の諸史料（宗福寺《そうふくじ》・長楽寺《ちょうらくじ》の過去帳等）を典拠に整理されたのであろ

う。記事は死去の年代順に、孫九郎、秀家、小平次である。没年と享年から計算すると、慶《けい》安《あん》元年（一六四八）齢五十八没の孫九郎は天正十九年、明暦《めいれき》元年（一六五五）齢八十三没の秀家は天正元年、明暦三年齢六十没の小平次は慶長三年（一五九八）のそれぞれ出生になる。ただし、実際には秀家の享年は八十四、すなわち生まれ年は元亀《げんき》三年（一五七二）、小平次も右の通り慶長二年の生まれであるから、一年ずつ史実とずれている。

とはいえ、同様に嫡男とみられる孫九郎の生年を一年ずらすと天正十八年になり、この年に生まれた秀家の男子はいないから、この記事だけは史実通りと考え、天正十九年生まれの秀家の第二子を孫九郎とみるのが穏当であろう。

天正十九年、樹正院が金神の祟りに見舞われた際、祈禱依頼をうけた吉田兼見が、対象の人々を「十八才、今度病者也、三才男子・一才男子」とその日記に書き込んだのは九月二日であった。さきに説明したように十八歳が母の樹正院、三才男子が秀家の第一子、一才男子が七月に生まれた第二子にして、このあと秀家の嫡男になる孫九郎である。

これが第一子の存在＝生存を伝える最後の史料である。年代は不明だが、この第一子はおそらく早世したのであろう。そのため次男ながら嫡男（秀家の後継者）に直されたのが第二子の孫九郎と筆者は考えている（大西二〇一五c）。

とはいえ、さきに指摘したように、この天正十九年生まれの男子は、北野《きたの》社《しゃ》の祠《し》官《かん》松梅《しょうばい》院禅永《いんぜんえい》の養子にもらわれたのではなかったか。確かに秀家は「若子《わこ》さまを禅永ニ子にめされ候へ」(「北野」)とこの第二子を譲る意向であったようだが、そのあとの展開は不明である。

松梅院禅永の姉妹おさこは、関白秀次の側室であった。そのため、おさこは秀次が腹を切った例の事件後、三条河原で処刑され、禅永もまた息子禅昌《ぜんしょう》らとともに慶長三年八月まで浪々の身をかこつことになった(「上宮寺文書」「北野」「兼見」)。文禄四年八月二十四日、吉田社の吉田兼見がその日記に「伝聞《つたえきく》、北野松梅院一類 悉《ことごとく》令逐電《ちくでんせしむ》 云々、今度息女故也、不慮之仕合也」と記している。秀家の第二子がもし禅永のもとに養子入りしたとしても、この事件のあおりで秀家のもとに戻されたにちがいない。

なお、男子三人を除く、残りの三人の子(第三子・四子・五子)のうち、無事に成長したのは一人だけであった。のちに樹正院の同母兄前田利長の家臣に嫁ぐ理松院《りしょういん》である。このほか養女が一人いて伏見宮《ふしみのみや》家に嫁ぐが、これらは後段で改めて述べるはずである。

第二次朝鮮出兵への出陣

文禄二年(一五九三)六月、太閤秀吉が肥前名護屋において明国の勅使(偽使)に対し、講和条件を提示したことはさきに触れた。だが、小西行長は明国の沈惟敬《しんいけい》と謀って、この講和条件を秀吉の降伏文書にすりかえた。明国皇帝はそこで、秀吉を日本国王に封ずる勅諭を下した。当然のことながら、明国が降伏するどころか、秀吉が提示した講和条件はすべて無視されていた。秀吉は明国使節を伏見城で迎えるべく武者揃えなどの準備を進めていたが、文禄五年閏七月十三日、畿内《きない》一帯を大地震が襲う。伏見に近い醍醐寺の義演は、前代未聞、ただごとではないとして次のように記録する。「伏見事、御城・御門・殿《（御殿）》以下大破、或顚倒《あるいはてんとう》、大殿守悉《ことごとく》崩テ倒了《たおれおわんぬ》、男女御番衆数多《あまた》死《しす》、未知其数《いまだそのかずをしらず》、其外諸大名ノ屋形或顚倒、或雖相残形計也《あいのこるといえどもかたちばかり》」（「義演」）。

明国の使節楊方亨《ようほうきょう》・沈惟敬との対面はそのため、九月一日、大坂城で行われた。秀吉は無論、激怒して出兵の再開を決定、第二次朝鮮出兵（慶長の役）が始まる（中野二〇〇六等）。

翌慶長二年（一五九七）二月二十一日、秀吉は陣立てを公表した。第一次朝鮮出兵と同じく加藤清正《かとうきよまさ》・小西行長が先手を務めるほか、九州・四国・中国地方の諸大名が総動員される。秀家は（前回の渡海ではほとんど病臥していた毛利輝元に代わる）輝元養子の毛利秀元《ひでもと》（穂田元清の子）とともに八番手に編制された（「島」）。日本軍は総勢十四万千五百人。三万の毛利秀元を筆頭に、秀家や加藤清正、鍋島直茂《なべしまなおしげ》・勝茂《かつしげ》親子がそれぞれ一万の動員を命じられている（「島」）。

ただし、秀家に課された軍役は一万でなく、二万であった可能性もある。五月十七日、毛利輝元は、家臣の相杜元縁《すぎもりもとより》（下野守《しもつけのかみ》）に対して、次のように述べている（「閥」）。

此度《このたび》之儀、備前中納言（秀家）宰相（毛利秀元）同勢《どうぜい》ニ候、備前之儀者《は》弐万之着到《ちゃくとう》ニ候、此方之儀三万と被仰出《おおせいだされ》候、備前衆一倍無之候へ者《これなくそうらえば》一大事之儀候、

来月（六月）十日に毛利秀元が出船して朝鮮半島に向かう予定だから、自分も直接差配するが、指定通りの人数が揃わなければ落度である。備前の秀家は二万人、毛利は三万人という指示が出たが、こちらは備前衆の「一倍」＝倍の人数が出せなければ「一大事」である。要するに輝元はその家臣に発破をかけた。秀家の二倍は軍勢を出さねば毛利氏の沽券《こけん》に関わるといったところか。かつての仇敵《きゅうてき》宇喜多氏に対する、輝元の微妙な感情が透けてみえる。秀家の姉を娶《めと》った時の吉川広家《きっかわひろいえ》もそうだが、毛利方の人々は表向きはともかく、本心では秀家や宇喜多氏それ自体を快く思っていないらしい。

秀家の上方出陣は、慶長二年六月下旬から七月のことであった。六月二十三日、醍醐寺の義演が樹正院（「備前中納言女房衆」）からの祈禱依頼をうけている。義演は演照《えんしょう》なる僧侶をそこで派遣し、二日後の二十五日、演照は大坂から金子一枚と二つの撫物を受け取って帰ってきた。黄金はもちろん祈禱料、撫物も祈禱に用いるためである。樹正院の依頼は「中納言（秀家）高麗《こうらい》出陣、無為《ぶい》帰陣ノ祈念」であった（「義演」）。祈禱は七月七日に結願するが、前回の出

陣時に死亡説が流れたように樹正院の懸念は尽きなかったらしい。重ねて八月二日にも義演は「備前中納言（秀家）祈念」を執り行っている。これも樹正院の依頼であろう（「義演」）。

以上から、樹正院が大坂屋敷にいたこと、そしておそらく秀家も同所にいて、右に述べたように、その出陣が六月下旬から七月にかけてということが判明する（大西二〇一七b）。七月上旬、秀家は朝鮮半島に着陣した（後述）。以降、翌年四月頃まで秀家は朝鮮半島南部に在陣し、豊臣政権の中枢を離れることになった。

余談ながら秀家出陣後の八月六日、備前常山《つねやま》城において、先代直家以来の有力家臣富川秀《ひで》安《やす》（肥後守《ひごのかみ》。友林《ゆうりん》）が没している。天正十年（一五八二）に大病に襲われ、高松《たかまつ》城水攻めの頃には湯治のため草津《くさつ》（群馬県草津町）にいた秀安は、以後も体調面に不安を抱えていたらしい。天正十四年頃に肥後守に叙任したあと、「病ひあしきにより」家督を嫡男達安に譲って、以後は常山に連歌《れんが》や茶湯《ちゃのゆ》に親しむ日々を過ごしたという（「戸川」）。

嫡男孫九郎の叙位任官

秀家が朝鮮半島へ渡ったあと、秀家の嫡男孫九郎がわずか七歳にして叙位任官を許された。「義演准后日記」の慶長二年（一五九七）九月十九日条「備前中納言（秀家）子息伏見へ上《のぼる》云々」という記事は、孫九郎が（おそらく大坂屋敷を離れて）伏見に移動したと読める。孫九郎の移動は、このあとの叙任・参内のためと考えていい。同月二十八日、太閤秀吉とその嗣子秀頼に従って諸大名が参内し、秀頼に加え、結城《ゆうき》秀康《ひでやす》（徳川家康の次男）・前田利長（利家の嫡男）ら、豊臣政権の次代を担う人々が叙任（昇進）を遂げた（「義演」等）。

「豊臣秀隆《ひでたか》」として叙任された孫九郎もその一人であった（以下、大西二〇一五c）。この年の正月五日に、すでに正五位下《しょうごいのげ》に叙位されていた孫九郎は、「久我《こが》文書」に残される口宣案《くぜんあん》によれば、慶長二年九月二十七日付で侍従に任官、同月二十八日付で従四位下への叙位を許された（「勧修寺家旧蔵記録」「久我文書」）。

なお、「勧修寺《かじゅうじ》家旧蔵記録」には、二年前の文禄四年（一五九五）十二月五日に従五位下に叙され、そのうえで慶長二年正月五日に正五位下に進んだとある。ただ、「文禄四」年の事例は、「官位　慶長二　月日」というこの史料の表題に照らせば、記事の存在自体が不自然であるし、もとは「慶長二」と記したものを「文禄四」に訂正してあるから、年代が操作されている可能性が高い。筆者は慶長二年の正月五日、正五位下に昇進の際に、従五位下叙位の口宣案がさかのぼって作成されたのではないかと踏んでいる（大西二〇一五c・黒田二〇一六）。

いずれにせよ、この秀頼との同時昇進によって、従三位権中納言宇喜多秀家の嗣子、将来にわたる孫九郎の地位が確定したといっていい。無事に秀頼が成人したとき、豊臣政権が維持されていれば、その頃には徳川家康・前田利家らは一線を退いて、結城秀康や前田利長、そして秀家・孫九郎親子らが政治の中心にいるであろう。

孫九郎の叙位任官を除けば、留守を預かる樹正院の周辺は災難続きであった。さきに述べたように、この慶長二年、樹正院は第六子となる男子小平次を産んだが、十月なかばにその赤子が何らかの病気にかかった。十月二十一日、醍醐寺の義演は「備前中納言息一歳不例」のため「五大力菩薩《ごだいりきぼさつ》」の御札を求めて、彼女が銀子十両を送ってきたと日記に記している。翌日、義演は大蔵卿《おおくらきょう》（経紹《きょうしょう》）を使者に、彼女（「中納言女房衆」）への返書と御札等（「御筆不動一幅」「同供札」）を持たせたが、大坂への道中、大蔵卿はこれを何者かによって奪われてしまう（「路次ニテ不慮ニ奪レタル由」）。そのため義演は、改めて御札と返書を用意したという（「義演」）。

小平次の病気がすぐに癒《い》えたかどうかは不明だが、義演は十二月十日、「備前」（樹正院）から銀子三枚が送られたと記録する。同日の日記に「中納言（秀家）申歳《さるどし》廿六、女房衆（樹正院）戌歳《いぬどし》廿四、御（小平次）八酉歳《とりどし》一才」とあるから、銀子三枚はこの三人の祈禱料であろう。小平次が回復したとしても乳幼児の死亡率が高かった当時のこと、なお念を入れて健康に育つことをこの母親は願ったのではないか。

しかし年が明けると、大坂屋敷の樹正院が疱瘡《ほうそう》（天然痘《てんねんとう》）に倒れてしまう。醍醐寺での回復祈禱は正月十九日から開始された（「義演」）。正月二十六日の日記には「今暁《こんぎょう》大坂ヨリ飛脚来《きたる》、備前女房衆（樹正院）ハウサウ（疱瘡）漸《ようやく》カセ申候間、弥《いよいよ》祈禱之儀、頼入由申来《もうしきたる》」、つまり大坂から樹正院の疱瘡がようやく回復段階に入ったとの報せが入った。疱瘡によるかさぶたが「カセ」、すなわち乾いてきたらしい。

大事に至らなかったとはいえ、周囲はうろたえた。繰り返すように、樹正院は従三位権中納言宇喜多秀家の正室たるにとどまらず、きわめて政治的な存在である。増田長盛は朝鮮在陣の藤堂高虎《とうどうたかとら》に宛てて正月二十五日付で急報した（「宗国史」。大西二〇一八b）。

追而《おって》秀家へ以別紙《べっしをもって》可申入候へ共《もうしいるべくそうらえども》、此使急《このつかいいそぎ》候間、書中爰元之儀、御心得候て、可被仰入《おおせいれらるべく》候、秀家御うへ（樹正院）さまおとな事（疱瘡）させられ候《そうら》へ共、一段かろく（軽）候、

大意を取れば、秀家へは別に書状をしたためるが、この使者は急ぎのそれであるから、当方の様子を承知されて（秀家以下諸将へ）伝えて欲しい。秀家の正室樹正院が「おとな事」（疱瘡）を患ったが、症状は大変軽い（ので安心するように）、といったところであろう。

朝鮮半島南部での戦い

慶長二年（一五九七）七月十五日、小西行長・藤堂高虎らの日本軍が、朝鮮巨済島《きよさいとう》（唐《から》島《しま》）の朝鮮水軍を破って以降、朝鮮半島での戦闘が本格化する（「島」「毛」等）。秀家もこの海戦には加わっていたらしく（「朝鮮日々記」）、したがって秀家勢は、七月上旬には対馬《つしま》を経て朝鮮半島南部に着陣していたことになる。秀家はその後、小西行長とともに七月二十四日の申刻、島津義弘《よしひろ》が陣を取る加徳島《かとくとう》に到着した（「旧記」「征韓録」）。

八月に入ると日本軍は二手にわかれて進軍を開始した（「征韓録」等）。秀家を大将に小西行長・島津義弘らが従う左軍と、毛利秀元を大将に加藤清正・黒田《くろだ》長政《ながまさ》らが編制された右軍は、いずれも全羅道《ぜんらどう》（「赤国」）の南原《なんげん》へ向かう（「征韓録」等）。

八月十二日、秀家ら左軍は南原城を包囲し、同十五日にこれを攻め落とした（「面高連長坊高麗日記」「鹿苑日録」等）。「戸川家譜」によれば、戸川達安（この頃、名字を富川から戸川に改めている）の家臣宍甘《しじかい》太郎兵衛《たろうびょうえ》・青井《あおい》善兵衛《ぜんびょうえ》が、南原城の壁を登って一番乗りを果たし、その軍功は秀吉の耳にまで届き、達安は大いに面目を施したという（「戸川」）。太田《おおた》一吉《かずよし》の家臣大河内《おおこうち》秀元《ひでもと》による「朝鮮記」によれば、宍甘・青井の一番乗りには言及されないが、秀家の先手として戸川達安・浮田左京亮の両将が登場する（「朝鮮記」）。また、日本軍が挙げた首数三千七百二十六のうち、秀家勢が討ち取ったのは六百二十二に及んだという（「朝鮮記」）。南原落城の翌日には、右軍の諸将が慶尚道黄石山《けいしょうどうこうせきさん》城を落とした（「鹿苑日録」「鍋」）。

この日、戦勝祝いのため秀家の陣を島津忠恒《ただつね》（義弘の子。のち家久《いえひさ》。一五七六〜一六三八）が訪れているが、この人物がのちに秀家の窮地を救うことになる（「面高連長坊高麗日記」）。

第一次朝鮮出兵時と同じく、こうした大勝は続かない。九月十六日には藤堂高虎らの水軍が全羅道鳴梁《めいりよう》海峡において李舜臣《りしゆんしん》率いる朝鮮水軍に敗北する。そして冬十二月から翌年正月に及んだ慶尚道蔚山《うるさん》城の攻防戦を経て、在朝鮮日本軍は戦線縮小論に転じた（中野二〇〇六等）。秀家以下の諸将は全羅道井邑《せいゆう》において評定を行い、慶尚道蔚山・梁山《りようざん》、全羅道順天《じゆんてん》の放棄や、順天・蔚山に代えて慶尚道固城《こじよう》の普請に秀家および藤堂高虎があたる考えをまとめ、本国に提案した（「島」）。

三月十三日、伏見の秀吉は、日本軍の拠点となる城郭の普請を行い、その城主から堅く守備するとの一札を取ったうえでの帰国を、秀家および毛利秀元・蜂須賀《はちすか》家政《いえまさ》に許可する（「鍋」）。さらに同月十八日には、こうした条件をもって、秀家・秀元・家政に加え、長宗我《ちようそか》部《べ》元親《もとちか》・藤堂高虎らの帰国を促した（「鍋」）。

秀家はほどなく朝鮮の戦場を離れ、翌四月には故郷日本の土を踏む。かくして二度目の朝鮮在陣が終わった。他の諸将も、秀吉の死去にともない同年冬には撤兵を完了する。

第四章　栄華の果て

一、宇喜多騒動と関ヶ原合戦

醍醐の花見と秀家の帰国

慶長《けいちょう》三年（一五九八）の三月十五日、太閤《たいこう》秀吉《ひでよし》は正室北政所《きたのまんどころ》や側室茶々《ちゃちゃ》をともなって醍《だい》醐寺《ごじ》を訪れ、盛大な花見を催した。いわゆる醍醐の花見である（「義演」等）。しかし、秀吉最晩年のこの盛儀に、秀吉がこよなく寵愛《ちょうあい》する秀家《ひでいえ》正室樹正院《じゅしょういん》の姿はなかった。正月に患った疱瘡は癒えたが、依然として体調がすぐれなかったらしい。この年の九月六日には、醍醐寺の義演《ぎえん》のもとに銀子《ぎんす》三枚が届き、「不例」に陥った彼女の回復祈禱《きとう》が依頼されている（九月八日から同十二日まで祈禱執行。「義演」）。

長期の療養《りょうよう》生活を送っていた樹正院には、無事に花見が執り行われたことを祝うのが精一杯であった。三月十八日、義演はその祝辞を受け取っている（「義演」）。しかし、やはり未練があったらしい。彼女は花見の席で詠まれた和歌から、せめて当日の饗宴《きょうえん》に思いを馳《は》せたかった。四月四日、依頼をうけた義演は、醍醐寺三宝院《さんぽういん》に保管してあった花見の短冊を筆写して二つの巻子に仕立て、翌五日に（おそらく在大坂の）彼女のもとへ送っている。

義演はまた、この依頼をうけた時に秀家が近々帰国することを聞いた。「義演准后《じゅごう》日記」に「中納言（秀家）モ近日高麗《こうらい》国ヨリ帰城之由也《なり》、珍重〳〵」とある。

この時期に限らず、秀家の所在地について正確な情報はほとんど残っていない。いつ上方に戻ったかも不明だが、五月三日から五日、そして七日に大坂屋敷で下間《しもつま》仲孝《ちゅうこう》（少進。一五五一～一六一六）を招いて能を演じているので、さしあたりこれ以前ということになる（「能之留帳」）。下間は素人ながら能に精通する本願寺《ほんがんじ》の坊官《ぼうかん》であるが、妻女が前田《まえだ》利家《としいえ》の実弟秀《ひで》継《つぐ》（秀次）の娘であったから、秀家には義理の従兄《いとこ》にあたる（「菅家一類続柄補」等）。そうした縁戚《えんせき》関係もあってか、下間はたびたび大坂屋敷に招かれて秀家と能を演じた（「能之留帳」）。

ところで、同時代史料による秀家の演能は十八度、五十一番が確認でき、また、上方の秀家屋敷のうち能舞台が存在するのは大坂屋敷のみ、という私見は先述の通りであるが、ここでその根拠を表4にまとめて提示しておく。また、「能之留帳《のうのとめちょう》」（下間仲孝の演能記録）にみえる演目を、五番立《ごばんだて》の分類にしたがって整理した村井康彦・守屋タケシ両氏の仕事に倣って

（村井・守屋一九六九）、筆者も同様の集計を試みた。そこで表4を参照すると、秀家は三番目物と四番目物を好んで演じたようである。夢幻・幽玄味の濃い三番目物、種々雑多でにぎやかな四番目物を重んじた、この傾向からあるいは秀家の性格が推し量られるかもしれない。

ときに伏見《ふしみ》城の太閤秀吉は、めっきり衰えていた。まもなく死ぬ。だが、だからこそ秀吉は自らの死後に備えて様々な手立てを講じた。その一つが大坂・伏見の再整備である。相国《しょうこく》寺の西笑承兌《せいしょうじょうたい》によれば、秀頼《ひでより》が大坂城に入り、東国・北国の大名も大坂城下に移ること、九州・中国の大名は伏見に屋敷を構えること、そして大坂の普請・作事は来年＝慶長四年から行うことを秀吉は命じたらしい。以上は六月二十七日付で会津若松《あいづわかまつ》の上杉景勝《うえすぎかげかつ》に宛てた承兌《くじ》の書状（案文）による（「西笑」）。

伊達政宗《だてまさむね》は七月一日付の書状において石田三成《いしだみつなり》に次のように述べた（「諸家所蔵文書写」）。

　大坂へ秀頼様被成御移徙《ごいしなされ》候て、北国・東国之諸大名、悉　可罷越《ことごとくまかりこすべき》之旨候、依之《これにより》家共の引領とて、銀子・御俵粮、各《おのおの》ニ被下《くだされ》候、

承兌の証言通りである。大坂城にはやがて秀頼が移徙する。秀吉はそのため、北国・東国の大名はすべて屋敷を大坂に移すよう命じ、費用として銀子・米を配付した。この書状を読

No	年月日	場所	演目	演目分類				
				初番目物（脇能）	二番目物（修羅能）	三番目物（鬘能）	四番目物（雑能）	五番目物（切能）
1	天正16年9月10日	秀家大坂屋敷	杜若			○		
2	文禄2年10月7日	禁中	楊貴妃			○		
3	文禄3年2月1日	大坂城西ノ丸	通小町				○	
4	文禄3年3月1日	吉野山	夕顔			○		
5	文禄3年4月20日	秀家大坂屋敷	杜若			○		
6	慶長3年5月3日	秀家大坂屋敷	井筒			○		
			富士太鼓				○	
7	慶長3年5月4日	秀家大坂屋敷（推定）	江口			○		
			藤門（藤戸）				○	
			三井寺				○	
8	慶長3年5月5日	秀家大坂屋敷（推定）	熊野			○		
			三輪				○	
			善知鳥				○	
9	慶長3年5月7日	秀家大坂屋敷（推定）	清経		○			
			二人静			○		
			紅葉狩					○
			関寺小町			○		
10	慶長4年4月7日	秀家大坂屋敷（推定）	熊野			○		
			富士太鼓				○	
			源氏供養			○		
			呉服	○				
11	慶長4年4月10日	秀家大坂屋敷（推定）	通盛		○			
			松風			○		
			海士（海人）					○
			三井寺				○	
12	慶長4年4月11日	秀家大坂屋敷（推定）	邯鄲				○	
			千寿（千手）			○		
			善界（是界）					○
			井筒			○		

表4　宇喜多秀家の演能一覧

No	年月日	場所	演目	演目分類				
				初番目物（脇能）	二番目物（修羅能）	三番目物（鬘能）	四番目物（雑能）	五番目物（切能）
12	慶長4年4月11日	秀家大坂屋敷（推定）	女郎花				○	
			百萬				○	
			鵜羽	※番外				
13	慶長4年5月15日	秀家大坂屋敷	野宮			○		
			藤門（藤戸）				○	
			通小町				○	
14	慶長4年5月16日	秀家大坂屋敷	鵜羽	※番外				
			忠度		○			
			定家			○		
			卒都婆小町				○	
15	慶長4年5月22日	秀家大坂屋敷	百萬				○	
16	慶長4年5月23日	秀家大坂屋敷（推定）	清経		○			
			江口			○		
			冨士太鼓				○	
			葵上				○	
17	慶長4年7月2日	秀家大坂屋敷	江口			○		
			女郎花				○	
18	慶長4年7月4日	秀家大坂屋敷（推定）	通盛		○			
			野宮			○		
			冨士太鼓				○	
			二人静			○		
			船弁慶					○
計		—	51	1	5	20	19	4

※No.1は「輝元公上洛日記」、No.2は「時慶記」「禁中猿楽御覧記」、No.3は「能之留帳」・「駒井日記」、No.4は「吉野蔵王堂前能番組」、No.5は「駒井日記」、No.6～18は「能之留帳」に拠った。
※No.2は禁中御能、No.5は式正御成、No.10は北政所御成である。
※演目分類は『能楽大事典』（小林・西・羽田2012）に拠る。
※No.3は「駒井日記」正月29日条に同一の能番組がみえるが、これは2月1日の興行に先立ってその予定を記述したものであろう（正月29日条には能番組が記されるのみで、2月1日条のように「御能有之」という能興行の実施を証する文言はない）。渡邊2012は正月29日の興行とするが、実際には「能之留帳」の通り、2月1日の興行と考えるべきである。

み進めると、政宗は六月二十八日に、徳川家康《とくがわいえやす》邸で銀子・米（を与えるという秀吉の朱印状）を受け取ったが、そこで「中なをし」があわせて行われたという。秀吉は諸大名の不和を解き、彼らが一致協力して秀頼を支えることを望んでいた。

ただし、さきの書状で「大閤様春已来《いらい》度々御煩ニ候」と承兌が述べる通り、秀吉の衰弱は著しい。明年着工予定が繰り上がり、大坂では早々に普請・作事が始められた。七月二十四日付の承兌書状（案文）を参照する（「西笑」）。

大坂御普請之趣《おもむきは》者、西者《は》安芸中納言（毛利輝元）殿屋形《やかた》之辺まで不残《のこらず》家をのけられ候、町屋もすてに御のけなされ、地ならし之儀被仰付《おおせつけられ》候、大坂にて残り候屋形ハ備前中納言（秀家）殿・増右（増田長盛）・石治（石田三成）までに候由候、伏見普請衆過半大坂へ被遣《つかわされ》候、

大坂では西は毛利輝元《もうりてるもと》邸辺りまで屋敷・町屋の撤去が命じられ、大坂城下には秀家・増田《ました》長盛《ながもり》・石田三成の屋敷が残るばかりという。また、伏見で普請・作事にあたっていた人足のほとんどが大坂に移されたらしい。

なぜ秀家の大坂屋敷が残されたのかは想像のほかない。北国・東国の大名が大坂、九州・中国の大名は伏見という指示はあくまでも基本方針に過ぎず、家康や秀家という有力大名に

は例外もあったと考えるのが穏当であろうか。後述するように、東国の大名家康は三年間の伏見在住を命じられ、中国の大名秀家も、翌年正月、秀頼の大坂入城にあたって随行し、そのまま大坂に居ついている。いずれにせよ、能舞台のある秀家の大坂屋敷は以後も維持され、樹正院も引き続きこの屋敷で静養を続けた。

豊臣「大老」の成立

伝来する秀吉の手跡のうち最後の一通は、六月十七日付である（「多田厚隆氏所蔵文書」）。宛先は「五もし」、文面から推しても樹正院に相違ない（大西二〇一五b）。

わつらい《（患）》心もとなく候まゝ、一ふて《（筆）》申《もうし》まいらせ候、われ〳〵十五日の間、めし《（飯）》をくい《（食）》不申《もうさず》候て、めいわく《（迷惑）》いたし候、昨日きなくさミ《（気慰）》にふしんは《（普請場）》へ出《いで》候てから、なを〳〵やまい《（病）》おもり候て、いよ〳〵したい《（次第）》ニよわり《（弱）》候、そもしやうせう《（養生）》候て、すこしもよく候ハゝ《そうらわば》、御こし候へく候、待申《まちもうし》候、

樹正院は大坂にいて療養に努めていた。伏見城の秀吉自身も衰弱するなかで、彼女の身を案じ、少しでも回復すれば会いに来てほしいという。気慰みのためとはいえ、十五日も食事

がとれない状態で普請場を見分した秀吉は、さらに体調を悪化させていた。

　樹正院に対する秀吉の思いは最期まで一貫していた。伏見城らしき「てんしゆ《（天守）》」の銅銭を、秀吉は三人の女性に分配した。年月の記載を欠くが、秀吉最晩年の、この頃の指示であろう（東京帝国大学史料編纂所一九三八）。正室の北政所には一万貫文、後継者秀頼の生母茶々（「おちや〳〵」）には七千貫文、そして樹正院（「ひせんの五もし」）にも七千貫文、つまり茶々と同等の銅銭が割り当てられたことは注目しておいていい（「稲葉順通氏所蔵文書」。大西二〇一五b）。

　諸大名に対する形見分けは、七月十五日に行われた。徳川家康に金子三百枚と玉磵《ぎよつかん》の墨絵、前田利家に脇差《わきざし》と金子三百枚、小早川秀秋《こばやかわひであき》に捨子《すてご》の御壺《おつぼ》・脇差と金子百枚、毛利輝元に七つ台（天目台）、秀家に初花肩衝《はつはなかたつき》といった具合である（「西笑」）。なお、秀吉の直臣でもあった秀家の叔父《おじ》忠家《ただいえ》（安津《あんじん》）には刀剣（吉光《よしみつ》）が下賜《かし》された（「太閤記」）。

　ところで、東山御物《ひがしやまごもつ》の一つ初花肩衝は、新田《にった》・楢柴《ならしば》の両肩衝とならぶ「天下三の名物」茶入といわれる（「山上宗二記」）。かつて織田信長《おだのぶなが》が京都の町人から召し上げて所持し、のちに秀吉が入手して茶会で披露、信長の後継者たることを諸大名に誇示したように、この茶入は天下人の証《あかし》でもあった。あるいは初花肩衝の譲渡は、豊臣《とよとみ》政権の行く末を秀家に託すという、秀吉の暗示とも解釈できるかもしれない（大西二〇一二a）。

同じく七月十五日、諸大名はあわせて徳川家康・前田利家の両名に宛てて起請文《きしょうもん》を提出した（「西笑」「慶長三年誓紙前書」）。ここで秀頼への忠誠や法度・置目の遵守などを誓わせた秀吉の意図は明らかである。秀吉は切に、豊臣政権の行く末を、いや秀頼の身の上を案じていた。家康や利家を含め複数の大名に、このあとも重ねて起請文を求める。ちなみに形見分けと起請文の提出はいずれも、前田利家の屋敷において行われたという（「慶長三年誓紙前書」等）。

豊臣「大老《たいろう》」の成立もこの頃のことらしい。八月二十八日付で作成された毛利輝元の起請文に「今度被成御定《おさだめなされ》候五人之奉行」とある。ここでいう「五人之奉行」が「大老」を指すことは文脈上明瞭《めいりょう》なので、それがこのたび定められたということは、これ以前、おそらく秀吉の最晩年、桑田忠親氏らの先行研究の指摘通り、秀吉が形見分けを行った七月頃が「大老」の成立時期であろう（桑田一九七五・堀越二〇一六等）。

この「大老」は、徳川家康を筆頭に、前田利家・宇喜多《うきた》秀家・上杉景勝・毛利輝元の五人であるが、さきに触れた関白秀次《かんぱくひでつぐ》事件後に「御掟《おんおきて》」「御掟追加」に連署した面々と一致する（慶長二年六月没の小早川隆景《たかかげ》は除外）。最期まで絶対的独裁者に等しかった太閤秀吉は、その死の間際まで、彼らを明確に「大老」として編成することはなかったが、政権運営を任せるに足る「大老」の選抜は、文禄《ぶんろく》四年（一五九五）八月には済んでいたといっていい。

八月五日、秀吉は五人の「大老」に対し、秀頼の行く末を託した（「毛」）。

返々《かえすがえす》、秀より《（秀頼）》事たの《（頼）》ミ申《もうし》候、五人のしゆ《（衆）》たのミ申候〳〵、いさい《（委細）》五人の物ニ申《もうし》わたし候、なこりおしく《（名残惜）》候、以上、

秀より事なりたち《（成立）》候やうに、此かきつけ《（書付）》候しゆ《（衆）》として、たのミ申《もうし》候、なに事もこのほかにわおもひ《（思）》のこす《（残）》事なく候、かしく、

八月五日　秀吉御判

いへやす《（徳川家康）》
ちくせん《（前田利家）》
てるもと《（毛利輝元）》
かけかつ《（上杉景勝）》
秀いへ《（秀家）》　まいる

文中の「五人のしゆ」が宛先の面々、すなわち「大老」である。委細を伝えてあるという「五人の物」は、石田三成らいわゆる五奉行（以下「奉行」とする）を指す。「大老」「奉行」の成立時期がこれ以前、どの時点までさかのぼるかはわからないが、いましがた述べたよう

に、この遺言状（八月五日）以前の、さしあたり七月頃とみておきたい。

秀家の形式的厚遇

太閤秀吉は、五人の「大老」に後継者秀頼の行く末を託した。秀吉の死後、「大老」合議によって豊臣政権を運営する、それが彼らの役割であった。武蔵江戸《むさしえど》の徳川家康、加賀金沢《かがかなざわ》の前田利家、陸奥《むつ》会津の上杉景勝、安芸広島《あきひろしま》の毛利輝元という有力大名はいずれも、歴戦の強者《つわもの》にして領国統治の経験も豊かな老齢、あるいは壮年の人物である。

かたや秀家は慶長三年（一五九八）の時点で齢《よわい》二十七に過ぎない。官位上は内大臣《ないだいじん》家康・権大納言《ごんだいなごん》利家に次ぎ、同じ従三位《じゅさんみ》権中納言《ごんちゅうなごん》でも景勝・輝元よりも先任としてその上位に位置した。その高い地位はひとえに秀吉の引き立てによる。さらにいえば、正室樹正院の存在が、立身出世の背景にあった。基本的に上方にいたから、重大案件はともかく、領国支配の実務は家臣に任せる割合が高かったと推測できる。つまるところ家康ら四人に比べ、秀家には経験不足が目立つ。

秀家の未熟は秀吉も承知の上であった。豊臣政権の次代を担う人材として、長い年月をかけて育ててきた。だから、高い地位には就けるが実務や実戦からは遠ざけた、温存されてきた節がある（大西二〇一〇・二〇一二a・二〇一五a等）。たとえば、天正十六年（一五八八）

四月の聚楽第行幸《じゆらくていぎょうこう》時、秀吉は有力大名とその他の大名とを分けて自らへの忠誠などを誓う起請文を提出させた（『聚楽第行幸記』）。秀家は織田信雄《のぶお》・徳川家康・豊臣秀長《ひでなが》・豊臣秀次・前田利家とともに前者に名を列《つら》ねたが、秀家を除く五人には、重ねて誓紙を入れた形跡がある。奈良興福寺の多聞院英俊の伝聞によれば、この五人は内裏の「永代」守護について誓約したという（『多聞』）。第一次朝鮮出兵でも、当人の希望に反して、秀家の主要任務は漢城《かんじよう》駐留であり、戦線の後方にあって諸将を統括することが求められた。なお、格式の面でも、関白秀次事件後の「御掟」において、連署した六大名のうち、秀家一人だけが「乗物御赦免之《のりものごしやめん》衆」から外されたのは、秀家がきわだって若かったからであろう（『浅』）。

このように秀家の厚遇には形式的な場合が少なくない。秀吉の死後、五人の「大老」が発給した知行宛行状《ちぎようあてがいじよう》などの署名順は、官位・家格の序列通り、家康・利家・秀家・景勝・輝元になる（脇田一九七七等）。だが、秀吉が彼らに与えた書状では、秀家の名は五人のうち決まって最後尾に記された（家康・利家・輝元・景勝・秀家の順。布谷二〇〇七）。さきの八月五日付の遺言もそうなっている。この順序は、養女婿に対する身内感覚かもしれないが、それ以上に、秀家の若さや経験不足から、秀吉がこの人物を意識的に低く扱っていたように筆者はみる（大西二〇一二a等）。

ところで、跡部信氏は、イエズス会の宣教師たちの証言から、秀吉を移り気、気が変わりやすい人物と観察している（「イエズス会」。跡部二〇〇九）。ところが、筆者のみるところ、そうした秀吉が終生、秀家夫婦に対してはこまやかな情愛をもって接し続けた。この私見が正しければ特筆すべき事実である。秀吉が「おさなともたち」と呼び、肝胆相照《かんたんあいて》らした前田利家でさえ、小田原《おだわら》出兵時にその勘気をこうむった（「浅」。大西二〇一九）。小早川秀秋が一時的に城地没収の憂き目をみたのも、秀吉の気分を害したがゆえであった。関白秀次の死もまた、秀吉のそうした放縦《ほうしょう》さが遠因かもしれない。秀家と樹正院は夫婦して秀吉とはよほど気性が合ったのであろう。

「大老」秀家の役割

慶長三年（一五九八）八月九日、伏見城の秀吉は、家康・利家・輝元そして秀家らを招いて様々な指図を行った。たとえば、今後の国内体制に関し、東西は家康・輝元、北国は利家、五畿内《ごきない》は「奉行」（史料上も「奉行」）五人、という担当割が示された。新領国会津に帰国中の上杉景勝はともかく、秀家個人がこの分担から除外されたのは、さきに述べたように秀家の経験不足が配慮されたからであろう（「東西は家・輝（徳川家康・毛利輝元）両人、北国は前田（利家）、五畿内は五人の奉行」。「閥遺」）。なお、ここで五畿内の担当たる「奉行」を、筆者は以前「大老」の意であると述べたが、堀越祐一氏に批判いただいたように、正しくは「奉行」のことである。ついでながら訂正しておきたい（大西二〇一〇・堀越二〇一四）。

秀吉はこれに先立つ八月一日、宇喜多・毛利両氏の縁組を命じたが（「閥」）、この日（九日）その具体的な指示も行った。秀家の娘と毛利輝元の長男秀就《ひでなり》（松寿《しょうじゅ》）との縁組が決定された。輝元・家康、そして秀家に秀吉は次のように述べたという（「閥遺」）。

宇喜多娘之儀ハ、御親類にて候間、一両年被召寄置《めしよせおかれ》候之条、松寿様（毛利秀就）へ被進之《これをまいらせ》候、宇喜多事をハ輝元被懸目候《めをかけられそうら》へ、万一相違之事共候ハ、《そうらわば》、頸《くび》をねち切候《きりそうら》へ、輝元本式者《ほんしきもの》之事に而《て》、毎事《まいじ》可有用捨《ようしゃあるべく》候、家康可被申付《もうしつけらるべく》候、無左ハ《きなく》草陰ゟ《くさかげより》大閤頸《くび》を切《きりま》すると宇喜多ニ被仰聞《おおせきかされ》候、

秀吉にとって秀家は親類であるから、一両年はその娘を手元に置き、そのうえで秀就に嫁がせる。輝元は秀家のことを目にかけ、万が一、秀家に相違のことがあれば首を切るように。しかし「本式者」（正直者の好人物）の輝元は手加減を加えるだろうから、家康が（秀家を）指導するように。家康も大目にみるなら、草葉の陰から秀吉が首を切る。大意をとると以上のような言葉であった。秀吉の発言は手厳しい。将来の大成を念じた、秀吉なりの温情なのかもしれないが、家康・輝元らと並ぶ「大老」とは思えぬ扱いではなかろうか（大西二〇一七b）。

同じ時期、秀吉は次のような遺言も残しているが、秀家に対する指示は、「大老」や「奉行」と連携して適切に政務を進めるように、と今ひとつ具体性を欠く。秀家のことは（秀吉が）幼少時から取り立ててきた経緯があるから、秀頼補佐の務めから逃れてはならない。「大老」として、「奉行」とも連携して諸般の政務を穏当に、公平に調整・尽力するように、との秀吉の御意である（「浅」）。

備前中納言（秀家）事ハ、幼少より御取立被成《おとりたてなされ》候之間《あいだ》、秀頼様之儀ハ御遁有間敷《おのがれあるまじく》候条、御奉行《おぶぎょう》五人にも御成候《おなりそうら》へ、又おとな五人之内へも御入《おはいり》候て、諸職《しょしき》おとなしく、贔屓偏頗《ひいきへんぱ》なしに御肝煎候《おきもいりそうら》へと、被成御意《ぎょいなされ》候事、

このように秀家の扱いは家康・利家らと比較すると明らかに軽い。とはいえ、秀家にはその個性に応じた独自の役割も用意されていた。

秀吉は「大老」に加え、徳川家康の嗣子秀忠《ひでただ》、前田利家の嫡男利長《としなが》をそれぞれ「大老」に準ずる地位に引き上げた（谷二〇一四）。谷徹也氏が準「大老」と呼ぶ、その抜擢《ばってき》の根拠が、秀忠・利長が八月八日付で提出した起請文である。両者はそこで、政権による「知行方」（領知宛行）への関与などを、家康・利家および「奉行」から伝達された通りに誓約した

（「昨日内府《だいふ》・利家并長衆《ならびにおとなしゅう》お以《をもって》被仰聞通《おおせきかるるとおり》、弥以《いよいよもって》少も不存疎《おろそかにぞんぜず》、秀頼様へ御奉公可仕《つかまつるべき》事」。「慶長三年誓紙前書」）。政権の枢機には与《あずか》るが、家康・利家、そしておそらく実務面では五人の「奉行」の指導下に秀忠・利長が位置づけられたことは以上から明白である。

ただし、この両者とまったく同一文面の起請文を、同日に「大老」秀家もまた作成していた（「慶長三年誓紙前書」）。しかし「大老」秀家の地位は、準「大老」秀忠・利長とは一線を画することも明らかである。そこで筆者はさきの秀吉の遺言とあわせて次のように考えた（以下、大西二〇一七a・二〇一八a・二〇一九）。

秀吉の意図は、秀家を家康・利家と同じ「大老」に就ける一方、場合によっては、彼らの後継者である準「大老」とも同格という柔軟な立場に位置づけ、「大老」「奉行」らの「御肝煎」を行う調整役に据えることにあった。実務に堪能《たんのう》な「奉行」と、格式や領知高において「奉行」に優越するが、これまで政権運営にはほとんど携わらなかった「大老」、そして準「大老」を加えた、この三者の結節点としての働きを、秀吉は秀家に期待したのであろう。「大老」秀家の役割には、確かに秀頼の補佐役として不断に在京・在坂し、「大老」合議を形成するといった曖昧《あいまい》な部分が多い。しかし、その曖昧さにこそ「大老」秀家の本質があったように思える。柔軟な立場にあるからこそ可能な、「大老」・準「大老」・「奉行」間の利害調整を秀家は任されたのではなかろうか。

秀吉死後の混乱

慶長三年（一五九八）八月十八日、伏見城において太閤秀吉が病没した。享年六十二。秀吉は生前、徳川家康らの「大老」、石田三成らの「奉行」に後事《こうじ》を託し、「大老」「奉行」も、起請文の交換を重ねて、幼い秀頼への忠誠や「大老」「奉行」の融和を誓った。秀家は八月八日に単独で起請文を作成し（「慶長三年誓紙前書」）、八月十日には、上杉景勝を除く他の「大老」と、「知行方」の差配や政務の遂行について、起請文に誓った通り執行することを確認している（「毛」）。

だが、彼らが繰り返し「傍輩中不可立其徒党《ほうばいちゅうそのととうをたてるべからず》」と誓ったのは、諸大名が党派に分かれて反目しあうという現実の裏返しであった可能性が高い（中村一九五八）。事実、毛利輝元の家臣内藤周竹《ないとうしゅうちく》（隆春《たかはる》）の報知によれば、秀吉の死からわずか半月後、九月二日の時点で、徳川家康と五人の「奉行」との不和が表面化している（「五人之奉行と家康半《なか》不和之由」。「閥」）。そのためか、九月三日には「大老」「奉行」がそろって、徒党を立てることや互いに遺恨を抱くこと、起請文の交換などを禁ずる起請文を作成した（「浅」等）。とはいえ、一片の起請文をもって永続的な協調関係が構築できるわけがない。

慶長四年正月十日、秀頼は秀吉の遺言に従って、伏見城から大坂城に移った。徳川家康・前田利家をはじめ、秀家ら諸大名は大雨の降りしきるなか、当年七歳の天下人に供奉《ぐぶ》する

（「義演」）。家康は同じく秀吉の遺言によって、このあと伏見に戻ったが、豊臣政権を揺るがす騒動はその直後に起こった。

正月十九日、伏見の家康に、伊達・福島《ふくしま》・蜂須賀《はちすか》三氏との私婚《しこん》問題が持ち上がり、家康は例の法度（「御掟」）に背いたとして他の四「大老」・五「奉行」の追及をうけた（「言経」等）。両者が「大老」「奉行」十人の結束を誓う起請文を交換して、この騒動に一応の決着をつけたのは二月五日（ないし十二日）のことである（「武家事紀」「毛」）。

家康と他の「大老」「奉行」との軋轢《あつれき》は明らかであった。二月二十九日、大坂の前田利家が伏見に家康を訪ね、さらに三月八日（ないし十一日）に、家康が大坂に利家を見舞うなど、両者の関係改善が模索されたが、重病の利家が矢面に立って融和を図った事実は、むしろ両者の緊張関係を物語っている（「藤堂文書」「利家公御代之覚書」等）。

秀家もまた、「大老」「奉行」関係の脆弱《ぜいじゃく》さに危機感を抱いていた。家康が大坂の利家屋敷を訪れた三月八日、秀家は家康に対し起請文を提出した（「島」）。起請文の交換は、いま述べた通り原則禁止である。さきの私婚問題の解消時のほか、「大老」「奉行」は起請文を作成していない。したがって三月八日付の起請文は、秀家自身よほどの覚悟をもって作成したものと筆者は考えた（大西二〇一七a・二〇一八a・二〇一九）。

貴殿《（徳川家康）》・利長被仰談《おおせだんぜられ》、秀頼様江《へ》無御粗略上者《ごそりゃくなきうえは》、我等儀何様共御両人同前ニ胸を合《あわせ》、御奉公可申《もうすべき》覚悟ニ候事、

これが起請文の一条目である（「島」）。家康と利家の嫡男利長が協力して秀頼を補佐するならば、秀家も両者と心を合わせて秀頼への忠勤を誓う、という内容である。ここで秀家が、秀頼への忠勤の前提に両者の協力を挙げたのは、明らかに徳川・前田両氏の融和が意図されている。しかも秀家は、この誓約に、いまだ存命の利家ではなく、利長の名を挙げた。秀家が自らを明確に「貴殿《（家康）》・利長」の下位に位置づけたことは、利長の立場を（利家の後継者として）利家同様「大老」の地位に引き上げるため、であった。

図11　前田利家肖像
個人蔵。写真提供：石川県立美術館

秀吉の生前から家康・利家の両「大老」は、他の「大老」とは別格の存在であった。かつて秀吉の朝鮮渡海を断念させたように、両者の協働は、秀吉の意志にさえ変更を迫ることがあった。家康・利家は、秀吉の生前から政権の意思決定に関わり、死後は彼らの主導に

よって政権が切り回された。跡部信氏はこれを「二大老」制と呼ぶ（跡部二〇〇九）。この跡部氏の見立てに従えば、秀家の行動は、利家亡きあとも家康・利長両者が政権運営を主導する「二大老」制の維持を図ったもの、とも評価できるだろう。

秀家は三月八日付の起請文によって、義兄利長を「大老」の地位に引き上げ、さらに家康・利家＝利長両者の融和をも図る姿勢を明確に打ち出した。これこそが、秀吉が期待した調整役としての働きであったといえよう。

家康への屈服

慶長四年（一五九九）閏《うるう》三月三日、前田利家が大坂において病没した。享年六十三。その翌日、加藤清正《かとうきよまさ》・福島正則《まさのり》ら七将による石田三成襲撃事件が起こる（笠谷二〇〇〇等）。一説にはこの時、三成は大坂城下の秀家屋敷にいた。そのため加藤清正らが秀家屋敷に隣接する前田利長の屋敷に押し寄せたともいう（「細川忠興軍功記」）。ともあれ三成は、伏見城内に難を避け、最終的には家康の主導によって本拠地の近江佐和山《おうみさわやま》城（滋賀県彦根市）に隠居することで、加藤らの追及から逃れた（「多聞」「舜旧記」「北野」「ト」等）。同月十三日、伏見城本丸に乗り込んだ家康が、一部の人々から「天下殿《てんかどの》」（「多聞」）と称された事実は、この騒動を経て、家康がさらに衆望を高めたことをよく物語っている。

家康の勢力はなお拡大した。同年九月七日、軍勢を率いて伏見から大坂に下った家康は、次いで徳川秀忠正妻の江戸下向・政仁《ことひと》親王（後《ご》の後水尾《みずのお》天皇）への譲位・秀家の大坂から伏見への居所変更を求めた（「閥」「長府毛利家所蔵文書」等）。

本書では秀家関連の、この要求の三点目をのみ問題とする。さきに触れた東国・北国の大名は大坂城下、九州・中国の大名は伏見城下という屋敷割を、家康はこのとき持ち出したらしい。「東国衆之儀者《は》在大坂、西国衆の儀者《は》在伏見」という秀吉の遺命に背き、なぜ秀家が大坂にいるのか、という理屈である（「長府毛利家所蔵文書」）。大坂城には秀吉から補佐を託された秀頼がいる。また、大坂に下った家康も三年の在伏見という秀吉の遺言に背いているではないか（「早稲田大学図書館所蔵文書」）。秀家は当然抵抗するが、家康の強硬さに折れて伏見へ移ったらしい（「看羊録」）。九月十一日、京都北野《きたの》社《しゃ》の松梅院禅昌《しょうばいいんぜんしょう》が大坂屋敷の秀家を訪ねたあと、同月十三日、毛利輝元が「備中納言（秀家）之儀者《は》、在伏見ニ大かた澄《すみ》候由候」、と秀家の伏見への居所変更がおおかた固まったと述べているので、秀家の大坂退去はおそらくこれ以降のことであろう（「北野」「長府毛利家所蔵文書」。大西二〇一〇）。

家康はさらに「大老」前田利長の排除を画策した。さきに加賀金沢城に戻っていた利長の上洛《じょうらく》を阻むべく、大谷大学《おおたにだいがく》（吉継《よしつぐ》の子）・石田三成に越前《えちぜん》への派兵を命じた（「島」）。家康の行動は「天下の御仕置」を執行するためと取沙汰《とりざた》されたが、結果からいえば、秀家・利長という二「大老」らを斥《しりぞ》け、自身を頂点とする豊臣政権の再編を企てていたらしい（以下、谷二〇一四、大西二〇一六b・二〇一八a・二〇一九）。

九月二十七日、家康は大坂城西ノ丸に入城する（「諸将感状下知状并諸士状写」）。上方の諸大名はいずれも表敬のため大坂城に登ったらしいが、それは「大老」秀家・利長を斥けた家康の行動を支持し、これに服従することを意味していた（「島」）。長岡幽斎《ながおかゆうさい》・忠興《ただおき》らの大名は起請文を差し出して家康・秀忠への忠誠を誓いさえした（「細川家記」「松井文庫所蔵文書」）。

かたや金沢城の前田利長は、和戦両様《わせんりょうよう》の構えをとった。家康に対してはまったく疎意《そい》がないと融和姿勢を示す一方で、領内では矢倉《やぐら》・屋形門《やぎょうもん》の構築を急ぎ、万一の軍事衝突に備えていた（「徳川美術館所蔵文書」「高畠家文書」）。大西二〇一六b・二〇一八a・二〇一九）。結局この関係悪化は、双方の妥協によって決着する。翌年五月、利長の実母芳春院《ほうしゅんいん》（利家の正室。一五四七～一六一七）らが人質として江戸へ下り、利長も上方からその正室と実弟利政《としまさ》を国許に移すことで、両者の交渉は妥結した（大西二〇一九）。利長は以降、関ヶ原合戦後まで上洛せず、在国のまま家康与党として行動する。

家康はかくて政権中枢から「大老」秀家・利長を排除し、自身の求心力をさらに高めることに成功した。

宇喜多騒動

太閤秀吉は、後継者秀頼の補佐に加え、その柔軟な立場を活かして「大老」「奉行」らの利害調整に努めることを「大老」秀家に期待した。秀家も家康と利家・利長親子の親睦を図り、利長の「大老」昇格を図って、秀吉の遺命に応《こた》えようとした。だが、それ以上の、主体的かつ能動的な活動は、秀家の経験不足と、政局の変化による多事多難によって封印されざるをえなかった。さきに述べた家康の圧力に続き、家中騒動、いわゆる宇喜多騒動が発生する（以下、大西二〇一〇・二〇一六c等）。

はっきりとした時期は不明だが、慶長四年（一五九九）の末から同五年正月の出来事と考えていい。有力家臣浮田《うきた》左京亮《さきょうのすけ》・戸《と》川《がわ》達安《みちやす》・岡越前守《おかえちぜんのかみ》・花房秀成《はなぶさひでなり》らが、大坂城下、左京亮の屋敷に結集し、武装蜂起《ほうき》の構えをみせた。左京亮の屋敷を「慶長年中卜斎記《けいちょうねんちゅうぼくさいき》」は「高麗橋《こうらいばし》東北の角」、「戸川家譜」は「玉造《たまつくり》」とする。彼らの家来も大坂城下の町屋に配置され、左京亮の屋敷の鉄炮《てっぽう》を合図に、城下に火を放つ手筈《てはず》であったという（「卜」等）。「備前中納言（秀家）殿家老浮田左京亮・戸川肥後守（達安）・岡越前守・花房志摩守（秀成）四人申分《もうしぶん》出来《しゅったい》」（「卜」）、「浮田中納言（宇喜多秀家）備前主家老之衆と為主従間有云事《しゅじゅうのあいだにいいごとありとして》」（「当代記」）、あるいは「浮田中納言家中ニ言事《いいごと》出来《でき》ケル」（「慶長見聞書」）と伝承されるように、彼らの決起は、公然たる主君秀家への反抗であった。

彼らの目的は、中村次郎兵衛《なかむらじろうびょうえ》の排除にあったらしい（「戸川」）。正月五日、次郎兵衛が遭難し、その一党とみられる「上下七十人ホト之者共」が「分散」した。「備前中納言（秀家）殿長男《おとな》衆《しゅう》ヲ背《そむい》テ恣《ほしいまま》之故」、すなわち秀家の有力家臣に逆らい、勝手な振舞いがあったから、次郎兵衛は襲われたという（「鹿苑日録」）。戸川達安らの所業と考えていい。正月九日には、伏見の秀家屋敷で磔刑《たつけい》があったが、達安らの関係者であろうか（「時慶記」）。「乙夜《いつや》之《の》書物《しょもつ》」によれば、達安ら「家老トモ」四百程度の手勢が、京都太秦《うずまさ》（京都市右京区）に身を隠していた次郎兵衛を襲ったが、次郎兵衛は所用のため住吉《すみよし》（大阪市住吉区）に出向いていて難を逃れたという（大西二〇一六c）。

伏見の秀家はこの騒ぎを収拾できなかった。大谷吉継・榊原康政《さかきばらやすまさ》（徳川家康の家臣）・津田《つだ》小平次《こへいじ》が仲裁を試みるも失敗し（「卜」）、最終的には徳川家康が調停に乗り出して騒動は沈静化する。慶長五年正月のことらしい（「戸川」）。「当代記」によれば、大谷吉継は秀家に道理のあることを主張し、家康は戸川達安ら「家老之者」を弁護したという。

家康による裁定の結果、戸川達安は武蔵岩付《いわつき》（埼玉県さいたま市）に、他の面々は備前に送致されたという（「戸川」）。達安はそのまま秀家のもとを去ったが、備前に下った岡越前守・花房秀成は、五月頃に再び秀家と対立して致仕、達安の妻子もいた「南都《なんと》」（大和《やまと》奈良）に移ったとされる（「戸川」）。五月二十二日付の前田利長書状が、「ひせん中（秀家）なこん殿おとなとも出入《でいり》の義も、大方すミ申《もうし》候由」と伝える事象こそ、この越前守・秀成の退去であろう（「武家手鑑」）。五月十二日に「奉行」長束正家《なつかまさいえ》の屋敷にて「備前《（秀家）》中納殿之儀」を、大谷吉継らが談合しているが、おそらくこの騒動に関連する何事かを議したのであろう（「鹿苑日録」）。

なお、浮田左京亮はこのあと、徳川家康に従って会津の上杉景勝討伐に出陣する。宇喜多勢の先陣としての従軍であったが、同年七月に石田三成らが家康討伐を掲げて挙兵すると、左京亮は秀家と袂《たもと》を分かって、以後「東軍」＝家康方として行動した。

わずかな同時代史料に各種伝承を総合して宇喜多騒動を描くと、おおよそ以上の通り。慶長四年末から五年初頭にかかる大坂・京都での騒擾《そうじょう》と、慶長五年五月頃の備前における出来事からなる秀家家臣団の分裂劇であった。秀家は結局、浮田左京亮・戸川達安・岡越前守・花房秀成らの有力家臣に加えて、彼らと対立した中村次郎兵衛以下の面々をも、この騒動で失った。家臣の氏名・知行高を書き上げた分限帳には、慶長五年春以前に家臣団から外れた面々を注記する写本もある。試みに慶長五年春以前に退去した面々を「浮田家分限帳」から拾うと、その総計知行は十四万石あまりにのぼる。これは単純計算ながら、この分限帳の総知行高（およそ三十五万石）の三分の一を超えており、騒動の影響がいかに深刻であったかを雄弁に物語っている（大西二〇一〇）。

なお、説明が遅れたが、次郎兵衛と結んで秀家の施策を実行した有力家臣長船紀伊守《おさふねきいのかみ》は、これ以前に死去している。「浦上宇喜多両家記」は慶長二年頃、「戸川家譜」は慶長四年を没年とするが、確かなことはわからない。

宇喜多騒動の経緯

秀家はなぜ宇喜多騒動の発生を許したのか。確かな史料に乏しいが、「戸川家譜」等を比較検証して、できるだけ史実に沿うようにその経緯を述べておく（以下、大西二〇一〇・二〇一六c）。

結論をいえば、惣国《そうこく》検地を総仕上げとする領国支配体制の変革に、騒動の原因を求めるべきであろう。さきに述べたように、秀家は有力家臣長船紀伊守と、「直属奉行人」中村次郎兵衛・浮田太郎左衛門《たろうざえもん》らを重用して、惣国検地を断行し、自らの権力強化を図った。秀家への集権化が進めば、有力家臣の地位や権限は、相対的に低下せざるをえない。領国経営から遠ざけられ、秀家との主従関係も厳格化に向かった。

さらに「その表《おもて》御検地の由、各《おのおの》迷惑」（板津一九六五）といわれた惣国検地は、有力家臣から領民に至るまで、軍役・夫役や年貢の増大を強い、二度の朝鮮出兵における深刻な負担と重なって、領内の荒廃をすら招いていた。文禄三年（一五九四）には、有力家臣花房職之《もとゆき》が長船紀伊守と対立した結果、常陸《ひたち》の大名佐竹《さたけ》氏のもとに送致された（「寛永伝」「戸川」）。おそらく秀家（長船紀伊守・中村次郎兵衛）らの方針に、職之が異議を唱えたのであろう。戸川達安・浮田左京亮・岡越前守・花房秀成らが、秀家の方針や施策に反発したのは、こうした背景に基づく。

秀家とその意向を背景にした紀伊守・次郎兵衛らと、達安・左京亮らとの対立を、立場の異なる二つの編纂《へんさん》史料から、さらに具体的に考えてみる。宇喜多氏研究における有力な情報源の一つ、達安の息子安吉《やすよし》がまとめた「戸川家譜」と、関ケ《せきが》原《はら》合戦後に次郎兵衛が仕えた加賀藩の内部から生まれた「乙夜之書物」とを比較してみたい（大西二〇一六c）。

「戸川家譜」以下の岡山県地方の伝承は、惣国検地を断行した紀伊守・次郎兵衛らを激しく非難する。ことに憎悪の対象は、紀伊守の死によって次郎兵衛に絞られてゆく。「中村次郎兵衛仕置に、家中困窮して不足の者多《おおく》夥《おびただ》し」「一家中難儀《なんぎ》に及ふのミ」と「戸川家譜」は手厳しい。惣国検地を起点とする紀伊守、そして次郎兵衛の政務主導を追及して、達安らの正当性を訴えることに余念がない。次郎兵衛の勝手な行いや、紀伊守の方針を守っていては家臣団が崩壊する。大名宇喜多氏も遠からず亡《ほろ》ぶに違いないとまで言い立てる（「治郎兵衛（中村次郎兵衛）心侭《こころのまま》にさせ、紀伊守掟《おきて》を立《たてれ》ハ家中難続《つづきがたし》、御家滅亡不可久《ひさしかるべからず》」）。

かたや「乙夜之書物」から読み取れる石川県地方の理解では、（検地にともなう）知行割は

「万民ノメイワク《迷惑》」ながら、達安らの専横を挙げて「万事次郎兵衛利運《りうん》ナリ」、すなわち道理は次郎兵衛に帰すると主張する。

具体的にいえば、達安ら「家老」が談合して「城下近所ノ能《よき》知行ヲ各《おのおの》ワリ取《とり》」、すなわち岡山城近郊の都合の良い知行地を占有する一方、「台所入《だいどころいり》其外小身者ニハ遠所《えんじょ》ニテ宛行《あてがう》」、つまり大名蔵入地《くらいりち》（直轄領）や小身の家臣には不便な遠方の知行地をあてがった。「宇喜多ノ家ステニ滅セントス」云々《うんぬん》と、「乙夜之書物」もまた、大名宇喜多氏の危機を強調する。困窮した小身の家臣は次郎兵衛に訴え出た。次郎兵衛はそこで「知行所コト〴〵クワリカエル」、すなわち領国全体に及ぶ知行地の割り替えを断行した。惣国検地にともなう知行割を指すのであろう。そのために「家老ト次郎兵衛中悪《なかあし》クナル」に至ったが、さきに述べたように道理は次郎兵衛にあるというのが「乙夜之書物」の所説である。

細部はともかく、宇喜多騒動に結果する惣国検地以来の派閥抗争という伝承の大筋は事実であろう。「戸川家譜」「乙夜之書物」はいずれも十七世紀後半と成立年代が早く、おそらく当時の事情を知る関係者の証言がその記事の土台にある。蓋然《がいぜん》性は低くない。ただし、双方の立場を考えると、いずれの理解も一面的で、事実を正確に伝えていない部分がある。

それは善悪の価値判断である。「戸川家譜」は次郎兵衛らの失政によって大名宇喜多氏が亡ぶといい、「乙夜之書物」は達安らの専横によって同じく大名宇喜多氏が亡ぶという。客観的にみて、いずれの主張にも疑問を抱かざるをえない。ただ、その極端な主張を取り除いて、二つの伝承がそろって訴える点、惣国検地以来の対立関係の形成は、おそらく史実とみなしていい。そこで、秀家の意向をうけた紀伊守・次郎兵衛らと、達安・左京亮らの有力家臣が、惣国検地に代表される領国支配の方向性をめぐって激しく対立した、と筆者は結論するのである。

こうした派閥抗争が騒動に至る過程をまとめておこう。家臣団の軋轢が、すぐさま騒動に直結するほど事態は単純ではない。秀家には秀吉＝豊臣政権という絶対的な後援者がいる。達安・左京亮らはうかつに抵抗できない。出頭人の次郎兵衛らに加え、譜代の有力家臣紀伊守が、領国経営の中枢にいたことも、達安・左京亮らの不満をやわらげ、彼らの牽制《けんせい》に役立っていた。しかも、前述の通り紀伊守には、秀吉の後楯《うしろだて》もあったらしい。「戸川家譜」いわく、伏見城普請の際に、秀吉に見出《みいだ》され、領国経営の差配を委《ゆだ》ねるよう（秀家に）指示があったという（「備前之儀一向に長船に可申付《もうしつくべし》との上意なり」）。

慶長三年（一五九八）八月、太閤秀吉が病死した。その前後に紀伊守も死去する。達安・左京亮らの抵抗を封じ込めていた圧力と、反発を緩めていた存在が相次いで消滅した。さらに慶長四年閏三月には前田利家が世を去り、九月には徳川家康の圧力によって秀家は大坂退去を強いられた。秀家の求心力にも陰りが兆したといっていい。

秀家の経験不足も、おそらく達安・左京亮らの勢いに拍車をかけた。以上の結果こそが、大坂城下における秀家への武装抵抗と次郎兵衛襲撃という宇喜多騒動の勃発《ぼっぱつ》につながった。

「特殊性」と「脆弱性」

筆者はかつて、豊臣大名宇喜多氏権力の特徴を「特殊性」と「脆弱性《ぜいじゃく》」という二つの言葉を用いて評価した（大西二〇一〇・二〇一二a・二〇一五a）。

惣国検地や家臣団の再編成、城下町の整備などの施策は、同じ時期の他の大名に比べても、それほど特殊ではない。だが、これらが秀家の指導力ではなく、豊臣政権の後楯＝秀吉の影響力を、主要かつ絶大な推進力に用いた点は見逃せない。秀家の経験不足を秀吉の威圧で補っていた。それが大名宇喜多氏の「特殊性」である。

豊臣政権における秀家の地位も、この若者が自身の力量で獲得したものではない。秀家の能力いかんではなく、先代直家《なおいえ》が毛利方を離反して織田信長に味方し、秀吉の中国経略を大きく前進させたという過去の功績と、宇喜多氏が一貫して秀吉の天下統一事業に協力したという経歴が、秀家の立身出世を約束したのである。

その恩賞の一つがさらに秀家に幸いした。樹正院との縁組である。秀吉の情実はこの最愛の養女を通じて秀家にも及んだ。彼女がいる限り、豊臣政権における秀家の立場は盤石であった。しかも文禄年間（一五九二～九六）以前に、豊臣秀長や秀勝《ひでかつ》・秀保《ひでやす》兄弟が相次いで死去し、関白秀次も高野山《こうやさん》で切腹した。豊臣秀俊《ひでとし》＝小早川秀秋は小早川隆景の養子に入ったうえ、秀次切腹後に秀吉の勘気をこうむっている。秀吉の主要な親族大名のうち、最終的に大過なく残ったのは、おそらく秀家一人であった。これらの事情がからみあった結果、秀家は従三位権中納言に昇り、「大老」の一角に割り込んだ。

こうした政権内地位が、領国支配にも有効に作用したことは想像に難くない。ただし、秀家の立場は、その能力や武功によらない、秀吉の情実人事ともいえる采配《さいはい》に基づいていた。そうした「特殊」な事情が、宇喜多氏領国を覆っている。

かたや「脆弱性」の理解は「特殊性」と表裏をなす。つまり秀家の力量不足を補う要素が、ほとんど秀吉の権力に集約できるという「特殊性」を前提とした見方である。秀吉の消滅が、秀家の地位を揺るがし、家臣団の統制をさえ危うくする。そうした秀家自身の脆《もろ》さが、豊臣大名宇喜多氏の存立に直結する。さらにいえば、絶大な後援者の存在が、秀家の大名としての成長を妨げた嫌いもあろう。そうした構造こそが、宇喜多氏権力の「脆弱性」といえる。

秀吉の存在は代替不可能であった。しかも秀吉の死に続いて、岳父《がくふ》前田利家も病没した。秀吉・利家という有力な後援者を、慶長三年から四年（一五九八～九九）にかけて秀家は立て続けに失った。義兄の前田利長や、秀吉から秀家の後見を託された毛利輝元も、総じて秀家には冷淡であった。少なくともこの二人の「大老」が、宇喜多騒動にあたって秀家を援《たす》けることはなかった。傍観したといっていい。身内を見渡すと、叔父の忠家（安津）が存命であったが、残存史料をみる限り、表立って秀家を補佐するでもなく、その動向はほとんど不明である。宇喜多騒動という危機的状況にあっても、史料上には姿を現さない。「宇喜多秀家士帳《さむらいちょう》」を繰ると、おそらく隠居料であろう一万石を給された「安津」が棒線で抹消されている。騒動以前、あるいは息子の決起によって、秀家との関係が途絶したのかもしれない。頼るべき縁者を立て続けに失った秀家はこの時、大名としての自立を図るべきであり、宇喜多騒動はその好機でもあった。だが、秀家はこの内紛を解決する術《すべ》をもたなかった。構造化された「脆弱性」のなかで、秀家は大名としての器量を育《はぐく》むことができずに、宇喜多騒動に際会したといえようか。

大名宇喜多氏の安定は、秀吉＝豊臣政権への依存によって、かろうじて保たれる。その事実は、「特殊性」「脆弱性」という語句を用いると以上のように整理できる。

明石掃部の登用

宇喜多騒動の影響は深刻であった。戸川達安・岡越前守・花房秀成が抜け、知行高一万石以上の大身家臣は、明石掃部《あかしかもん》・浮田左京亮・長船吉兵衛《きちびょうえ》（紀伊守の後継者）の三人となった。

ひるがえって抵抗勢力の消滅とこれを理解すれば、秀家にとって自身への権力集中を、家臣団の再編成を通じて行う好機の到来である。たとえば、戸川達安組に配属されていた家臣は、秀家直臣団の補強のため、これに組み込まれたらしい（森脇二〇一一b）。

しかし、消滅したのは秀家の施策に抗《あらが》った面々だけではない。秀家がその能力を見込んで登用した「直属奉行人」中村次郎兵衛・浮田太郎左衛門らも騒動を通じて離脱した。そもそも基本的に在京・在坂する秀家に代わって、国許《くにもと》で家臣団をまとめる存在にも秀家は事欠いていた。先代直家時代からの老臣富川秀安《とがわひでやす》・岡家利《いえとし》・長船貞親《さだちか》はすでに亡く、秀家の同年輩とみられる彼らの後継者では押さえが利かないどころか、戸川達安・岡越前守は（秀家からみれば）家臣団を混乱に陥れた。上方在住と思《おぼ》しき忠家（安津）も頼りにならないし、その息子浮田左京亮は頼りにしないほうがいい。

ともあれ、宇喜多騒動は関ヶ原の敗戦へと続く悲劇のはじまり、宇喜多氏滅亡の端緒とここでは評価しておく（しらが一九八四・大西二〇一〇）。

大名宇喜多氏の危機的状況は厳然たる事実である。そこで秀家は、騒動には中立の立場を守った明石掃部を、領国支配の統括役に抜擢《ばってき》する（「戸川」「両家記」。大西二〇一〇・二〇一五a）。

明石行雄《ゆきお》とその後継者掃部（行雄の嫡男ともいうが厳密には未詳）は、軍役・夫役の負担のほかは、「客分」として基本的に領国経営には携わらなかった。「浦上宇喜多両家記」は「国ノ小大ノ用ニモ不構《かまわず》」とこれを表現した。なお、筆者のいう「客分」とは、大名との緩やかな上下関係を維持し、領国支配の実務にも主体的に関係せず、そして秀吉と直結して豊臣政権による大名統制策の一端を担うこともなかった存在を想定する（大西二〇一五a）。

ともあれ、文禄五年（一五九六）に洗礼をうけた明石掃部は、宇喜多氏領国における熱心な布教活動が目立つ程度の人物で、政治的には未知数の存在であった。だが、騒動にともなう未曾有《みぞう》の混乱を収めるには、むしろ機知や胆力よりも、そうした能力とは別次元の属性のほうが威力を発揮するのかもしれない。掃部は三万三千百十石という秀家の家臣としては最大の知行を有するうえ、秀家の姉妹婿でもあった（「宇喜多秀家士帳」「イエズス会」等）。派閥抗争にも関知せず、政治的にも無色透明な掃部は、領国経営や家臣団の立て直しを委ねる存在として、最適任者といえるかもしれない。

掃部はさっそく人材不足を埋めるため、上方で知名の侍多数を新たに登用するが（「水原岩太郎氏所蔵文書」）、領国支配を立て直す時間的余裕は残されていなかった。騒動が終局を迎えたのが慶長五年の五月頃、徳川家康による会津上杉攻めの開始（大坂出陣）が六月中旬、そして七月半《なか》ばには石田三成の決起に秀家は巻き込まれ、関ヶ原合戦を迎える。

「西軍」挙兵

慶長五年（一六〇〇）六月十六日、「景勝（上杉）退治」のため、徳川家康以下の軍勢が大坂を出陣した（「義演」等）。上洛要請を斥けた会津若松の「大老」上杉景勝に、豊臣政権への謀反という嫌疑をかけて、家康はその討伐に踏み切ったのである。

上方の秀家は、従兄弟の浮田左京亮を名代として家康に従軍させた。秀家自身はこれ以前に、騒動後の対応のためか、国許の備前岡山に一時下っている（「義演」「戸川」）。六月八日、醍醐寺の義演が茶々・秀頼母子のほか、徳川家康・毛利輝元・秀家の三「大老」に曝布《さらしぬの》を贈った時点で、輝元・秀家両人はすでに帰国していたらしい（「義演」）。

秀家が上方に戻ったのは翌七月初頭と思われる（大西二〇一〇）。七月五日、秀吉を祀《まつ》る京都の豊国社《ほうこくしゃ》（京都市東山区）において秀家が「神馬立《じんめだて》」の神事を執り行ったほか、樹正院が同月六日に北野社へ進物、その翌七日には同じく樹正院が豊国社において湯立神楽《ゆだてかぐら》を奉納した（「舜旧記」「北野」）。いずれも上杉討伐への出陣に先立っての戦勝祈願であろうか。

だが、秀家の態度は、家康への従軍から、その討伐に一転する。七月十五日以前に、家康討伐を画策する石田三成・大谷吉継らに同心し、「大老」毛利輝元（七月十九日に大坂到着）とも示し合わせて挙兵を決断した（「旧記」）。この辺りの秀家の心事は、残存史料からは明らかにできない。大西二〇一〇）。

秀家の去就は七月十七日、家康を弾劾する「内府《だいふ》ちかひ（違）の条々」の公表をもって確定した。同日付で、輝元との連署状を前田利長に発送し、これを味方に誘っている（「前田育徳会所蔵文書」）。ただし、この義兄弟の関係はおよそ円滑とは言い難かったらしい。一つの逸話がある。利長への使者村田《むらた》四兵衛《しひょうえ》が金沢から復命した折、秀家は「定《さだめ》テ同心ニテアルマイ」といい、村田が返書の文箱《ふばこ》を渡して何事かをささやくと、秀家は「御機嫌ヨカラズ」、気分を害したという。以上、のち加賀藩に仕えた秀家の家臣一色昭昌《いっしきあきまさ》（主膳《しゅぜん》。?～一六五〇）から、この目撃談を聞いた加賀藩士関屋政春《せきやまさはる》の著作「乙夜之書物」による。

秀家の軍勢は家康方鳥居元忠《とりいもとただ》の籠《こ》もる伏見城攻撃に向かい、猛攻の末、八月一日にこれを陥落させる（「言経」等）。秀家は大坂に一時移動したあと、同月十五日には軍勢一万を率いて京都を離れ、近江・美濃《みの》方面へ向かった（「時慶記」「義演」「水原岩太郎氏所蔵文書」）。

大坂の樹正院はこの間、秀家の戦勝と無事を祈り、懇篤《こんとく》を極めた願文《がんもん》を大和の長谷寺《はせでら》に納めている（「廓坊篤氏所蔵文書」）。

中納言（秀家）さまやかて〳〵御ちん（陣）立《だち》なされ候、なにことなく、御さいなん（災難）なく御ゆミや（弓矢）、
めうか（冥加）御さ候やうニ御きねん（祈念）候へく候、さる（申）の御としにて候、廿九にて候、百日まいり
御ま（護摩）たて、よく〳〵御きねん（祈念）かんよう（肝要）にて候、

まもなく「中納言さま」が出陣する。何事もなく災難にも遭わず、武功を挙げられるよう祈念されたい。（秀家は）中年の出生で齢《さるどし》二十九である。百日参りや護摩《ごま》を焚《た》くことで、念入りに祈念に努めるように――。樹正院はこうした文句に加え、世間に「中納言」は多いが、「御なのり（名乗）ひていへさま」という「中納言」であるから、そう心得て祈念するように、とも願文にしたためた。この願文の日付（七日）は、八月（ないし七月）であろう。

関ヶ原合戦へ

石田三成ら「西軍」の挙兵をうけ、会津若松を目指した徳川家康らは軍勢を引き返した。「東軍」諸将は東海道《とうかいどう》を西へ馳せ上る。家康に従っていた秀家の名代浮田左京亮が、そのまま「東軍」に寝返ったことはさきに触れた。このほか秀家と袂を分かって関東にいた戸川達安や、文禄三年（一五九四）に致仕した花房職之も、「東軍」に身を投じている（「寛永伝」「戸川」）。

八月十八日、尾張清須《おわりきよす》（愛知県清須市）に在陣の戸川達安は、家康の内命をうけて旧主秀家を「東軍」に誘うべく、別働隊を率いて伊勢《いせ》に在陣の明石掃部に書状を送り、翌日、掃部もこれに応答した（「水原岩太郎氏所蔵文書」「戸川」）。

達安は「今度ハ不慮之御たてハかり《（立別）》無是非《ぜひなき》次第ニ存事《ぞんずることに》候」、掃部と敵味方に分かれた巡り合わせを遺憾とする文言から筆を起こす。次いで達安のいわく、「秀家御身上《ごしんじょう》之儀、此時滅亡と存《ぞんずる》事候」。だが、大名宇喜多氏が滅ぶのは本意ではない。幸いにも家康は、「侍従殿《じじゅうどの》」すなわち秀家の嫡男孫九郎《まごくろう》を「むこ《（婿）》」として取り立てる意向である。宇喜多氏存続のため、掃部の分別で秀家を「東軍」に寝返らせるように。

達安はまた、「惣別《そうべつ》秀家御仕置《おしおき》にてハ国家《こっか》不相立《あいたたず》とハ天下悉《ことごとく》しり《（知）》ふら《（触）》し申《もうす》事ニ候」、つまり秀家の差配では領国統治は成り立たない、それは天下すべての人々が知っている、と秀家を激しく批判もする。

掃部は「今度者《は》不慮御立別《たちわかれ》、互《たがいに》無是非《ぜひなき》御事候」、砲煙のなかで相見《あいまみ》える互いの境遇は、達安と同じく受け容《い》れるほかないと述べた上で応酬する。達安の誘いに直接の返答は避けながらも不同意を示した。家康ではなく「秀頼様可為御勝手《ごかってたるべく》候」と、あくまでも秀頼を奉ずる「西軍」の勝利を主張するほか、達安らの「無覚期《むかくご》」＝不心得《ふこころえ》や油断が、「秀家御家中」の混乱（宇喜多騒動）を招いたと述べ立てた。なお、明石は自らの陣営を「秀頼様」と一体的に捉《とら》えているが、これはあくまでも「西軍」の主張であって、秀頼を奉ずる点では家康方＝「東軍」も変わらない。

騒動終息後、秀家や掃部は、達安ら有力家臣の脱落を埋め合わせるべく、家臣団の立て直しに奔走し、関ヶ原合戦の直前まで陣立ての補充に努めたらしい。たとえば、八月四日には新規の「慥成《たしかなる》」「鉄炮者」二十人を一人当たり四十石で召し抱えるよう秀家が指示を下している（「不破氏古文書」）。その結果、秀家は一万八千の大軍を編制した（「真田家文書」）。とはいえ、秀家の采配やその軍勢は、「両中納言殿（秀家・小早川秀秋）御若輩《ごじやくはい》ニ候、其上家来区々《まちまち》ニ候」と、小早川秀秋のそれと同列に吉川広家《きっかわひろいえ》があなどったように、軍勢の多寡だけをみて評価するのは早計である（「吉」）。

美濃大垣《おおがき》城（岐阜県大垣市）に集結した石田三成や秀家ら「西軍」諸将が、関ヶ原での決戦に臨んだのは九月十五日のことである。島津《しまづ》義弘《よしひろ》勢の東側に布陣した秀家の軍勢は、小早川秀秋の寝返りによる戦局の一転にともない、総崩れになった（「旧記」）。具体像はしごく不鮮明だが、西軍の完敗は明らかである。

二、没落大名のそれから

敗軍の将

慶長五年（一六〇〇）九月十五日、関ヶ原合戦は徳川方「東軍」の勝利に終わり、敗軍の将秀家は戦場から逃走した。決戦から二日後の九月十七日、田中吉政《たなかよしまさ》が石田三成・秀家・島津義弘の三人を生け捕った場合はその村の年貢を永代無役《えいたいむやく》、討ち果たした場合でも金子百枚を与える旨を通知したように（「中村不能斎所蔵文書」）、徳川方は秀家の行方を追った（以下、大西二〇一五a・二〇一八b）。

敗将への処罰が次々に下ってゆく。十月一日、捕縛された石田三成・小西行長・安国寺恵《あんこくじえ》瓊《けい》の三人が、京都六条河原において処刑されたほか（「言経」等）、織田秀信《ひでのぶ》・長宗我部盛親《ちょうそかべもりちか》らが改易、「大老」毛利輝元は大幅に所領を削られた。だが、公家《くげ》の山科言経《やましなときつね》がその日記に「備前中納言（秀家）敗北、後日自害」（「言経」）と書き留めたように、死亡説が立つほど巧妙に、秀家は徳川方の探索をかわしきった。

秀家は美濃から北近江へ逃れ、大津《おおつ》・醍醐を経て伏見から川船をもって大坂へ下り、翌年の五月頃までおそらく上方周辺に潜伏した（「ト」）。秀家の逃亡を援けた家臣進藤三左衛門《さんざえもん》の直話によれば、北近江の百姓家に秀家を匿《かくま》わせている間に、三左衛門は大坂へ急行して、樹正院から金子二十五枚を預かって戻り、うち二十枚を百姓家の「亭主」に、残りを路銀に充て、秀家を駄賃馬に乗せて大津・醍醐、そして伏見まで落としたという（「ト」）。徳川家康の侍医板坂卜斎《いたさかぼくさい》が、のちに進藤三左衛門本人から聞き取った話であるから比較的信頼できそうだが、それでも確たる足取りは不明瞭である。一般的には、十月の末まで美濃白樫村《しらかし》（岐阜県揖斐川町）の郷士矢野五右衛門《やのごえもん》に匿われたとの異説のほうが著名かもしれない（「美濃国諸旧記」等）。

　翌年の五月一日、泉州堺《せんしゅうさかい》の秀家が、関ヶ原以来その潜伏を援けた家臣難波秀経《なんばひでつね》（助右衛門《すけえもん》）に、次のような書状を与えている（「難波文書」「難波経之旧記」）。

　　我ら心中、申置《もうしおき》候間、宜様《よろしきよう》ニ其心得たのミ入《いり》候、以上、
今度我ら身上儀ニ付而《ついて》、不被顧一命《いちめいをかえりみられず》、山中江《やまなかへ》被罷越《まかりこされ》、其以後、方々難堪《たえがたき》所《ところ》、付《つき》そい奉公之儀、誠以《まことにもつて》満足之至《いたり》、不浅《あさからず》候、我ら身上成立候ハヽ《なりたちそうらわば》、其方事、一かと（廉）の身躰《しんだい》に可相計《あいはかるべく》候、今度奉公程、重《かさねて》無忘却《ぼうきやくなく》候、向後も我ら身上之儀、諸事無由断《ゆだんなく》、其心遣《こころづかい》肝要候、謹言《きんげん》、

これまで一命を顧みず「山中」（関ヶ原西部の山中村）をはじめ方々の難所に同行して奉公を尽くしたこと、これ以上の満足はない。復権を遂げた暁には、秀経もまた相応に処遇したい。今度の奉公を忘れはしない。以後もその心得をもって尽力するように。なお、秀家の心中は申し置いた通りであるから、よろしく承知しておかれたい。意訳すれば以上の通りである。

このとき秀家はいまだ齢三十。再起を図るには生き抜かねばならない。秀経と別れた秀家はまもなく海路、薩摩《さつま》島津氏の領国に向かった（以下、大西二〇一五a・c）。

この薩摩下向にも紆余《うよ》曲折があったらしい。樹正院の実母、江戸の芳春院は、この年四月二十日付の書状のなかで、「うきた（秀家）殿にもくたり（下）のひ（延）申《もうし》候よし、これもセうし（笑止）ニ思いまいらせ候」と、出立の延期を案じている（「村井文書」）。ちなみに、芳春院にこうした情報を伝えていたのは、上方にいた樹正院・春香院《しゅんこういん》（長岡忠興の息子忠隆《ただたか》の正室。一五八〇〜一六四一）姉妹らと筆者は考えているが、彼女たちが秀家の消息を詳しくつかんでいた事実は大いに注目していい。秀家が徳川方の目をくらまし、潜伏を続けられた背景に、彼女たち前田氏関係者が手助けをしていた可能性を示唆する。

秀家が薩摩の山川湊《やまかわみなと》（鹿児島県指宿市）に上陸したのは、六月初旬のことである。当主島津忠恒《ただつね》が後日「備前前之中《さきの》納言、不意此国へ被走入候《はしりいられ》」と述懐したように、秀家の亡命は唐突であった（「武家手鑑」）。忠恒は父義弘・伯父《おじ》義久《よしひさ》と相談を重ね、さらに吉凶を占い「めでたき事」との結果を得たうえで、秀家を迎え入れた（「旧記」）。

秀家助命

島津氏の領国は恰好《かっこう》の潜伏先であった（以下、大西二〇一五ａ）。秀家と同じく「西軍」に与《くみ》した島津氏は、いまだ徳川方と講和を結ばず、それでいて処分を免れていた。島津忠恒に対して亡命が許されたことを感謝する秀家の書状は、（慶長六年〈一六〇一〉）六月二十九日付である。おそらくは出家したのだろうが、「成元」次いで「休復《きゅうふく》」への改名を秀家はあわせて報知した（「島」）。いずれの呼称も「元」の立場に「成」る、「休」んで「復」する、と復権の意図が読み取れるが、この解釈はうがちすぎであろうか。忠恒は大隅牛根《おおすみうしね》（鹿児島県垂水市）に秀家の潜伏先を用意した。ちなみに、京都・大坂で情報収集を行っていた島津氏の家臣は、秀家が上杉景勝か前田利長のもとに隠れているとの取沙汰もあるが、死亡説が有力（「御はて（果）候が治定《じじょう》ニ候哉《や》と、過半沙汰にて候」）と同年八月二日に報告している（「旧記」）。

翌慶長七年十月、徳川方との講和のため忠恒が上洛し、十二月の末に徳川家康と対面、正式に島津氏の本領安堵《あんど》が決定した（「旧記」等）。そこで好機とみたのか、秀家の助命交渉が始まった。十二月下旬、忠恒が伏見の家康に秀家の亡命を伝えたと「当代記」は伝え、「島津家譜《かふ》」は翌年正月、忠恒が旗本山口直友《やまぐちなおとも》（徳川方と島津氏との取次役）に秀家を助けるための方策を求めたという。ちなみに、忠恒は帰国後、家臣を介して上方に秀家の実母円融院《えんゆういん》（「休復之袋」）を訪ねさせ、伽羅一斤を送っている（「旧記」。この逸話につき大西二〇一五aでは、忠恒自身が円融院を訪ねたと記したが、これは筆者の誤りであった。右の通り訂正する）。

慶長八年の秋、秀家は徳川方に出頭することになった。目指すは将軍宣下まもない家康の居所伏見である。潜伏の続行要請を断り、秀家自身の意志で出頭したとの伝承もあるが事実関係はわからない（「難波経之旧記」等）。八月六日、秀家は大隅牛根を出立した（「旧記」）。忠恒は家臣桂太郎兵衛《かつらたろうびょうえ》を警護役、禅僧南浦文之《なんぽぶんし》を、おそらくは各方面への折衝役として同行させた。

八月二十七日、伏見に到着した秀家は山口直友の屋敷に入り、翌日、旧知の禅僧西笑承兌に出頭の意図を伝え、同じく禅僧の閑室元佶《かんしつげんきつ》とも相談して自身の赦免に向けて尽力を要請した。「一命の御詫言《おわびごと》」、すなわち助命嘆願のため、秀家は伏見に上ってきたのである（「旧記」「西笑」）。秀家を送り出した島津忠恒も、遠島《えんとう》あるいは遠国《おんごく》への流罪でも構わないから、何とか秀家の一命を助けられたい、山口や本多正純《ほんだまさずみ》（家康の側近）と協力して尽力してほしいと承兌に依頼している（八月二十日付。「武家手鑑」）。

家康の裁定は九月二日に下された。秀家は助命のうえ、駿河久能《するがくのう》（静岡県静岡市）への配流と決まった（「旧記」）。一般的には、前田利長が秀家助命のために運動したとも語られるが（「政春古兵談」）、少なくとも当時の確たる記録にそうした言及はない。秀家自身をはじめ、島津忠恒や山口直友・本多正純、そして秀家と旧知の禅僧西笑承兌らの活動が功を奏したといえる。

秀家はすぐに駿河に向けて出立したが、万事不便な久能ではなく、駿府《すんぷ》城の二ノ丸（「府中之御城二之丸」）に移送されたらしい（「旧記」）。以後の消息はつかめないが、このあと改めて八丈島《はちじょうじま》（東京都八丈町）への配流のため、二人の息子（孫九郎・小平次《こへいじ》）とともに伊豆下田《しもだ》（静岡県下田市）近辺に滞在していたところ、慶長九年十二月の「慶長地震」に遭遇し、津波によって所持するところの「名物共」を失ったという（「卜」）。

八丈島配流・秀家の最期

慶長十一年（一六〇六）四月、秀家は孫九郎・小平次兄弟、および村田《むらた》助六《すけろく》ら男女十人を同道して配所の八丈島に赴いた（以下、大西二〇一五a・c・二〇一八b）。彼らを八丈島に送り届けた渡辺《わたなべ》織部《おりべ》なる人物は、秀家自筆の和漢朗詠集《わかんろうえいしゅう》を船中で贈られたという（「八丈島記事」「譜牒余録後編」等）。

以後の消息は、断片的な史料や伝承によってうかがうしかない。旧臣や親族などゆかりの人々が、秀家らに物資をおくって援助した事実でさえ、その端緒や頻度は不明である。たとえば、旧臣花房秀成の息子幸次《よしつぐ》が、米五斗入二俵（秀家に一俵、孫九郎・小平次に一俵）を八丈島へ送り、秀家親子は寛永《かんえい》十五年（一六三八）六月二十三日にその受取状を調えたが（「花房家史料」）、以前にもこうした送品があったのか、継続的な支援であったかどうか、その辺りは一切不明である。旧臣進藤三左衛門も米二俵を送ったが、肝心の米は流された。進藤からの米の送付状だけが八丈島に届いたという秀家の書簡が残されている。この場合は、秀家がその前年にも返書を送ったようだから、以前から音信を交わし合う関係にあったらしい（「楓軒文書纂」）。花房・進藤両氏は秀家没落後、家康に拾われて旗本の身分にある。

秀家当人の様子も紹介しておこう。秀家親子が花房幸次に宛てた書状の一節に「爰元《ここもと》弥《いよいよ》難堪為体《たえがたきていたらく》、可有御推量《ごすいりようあるべく》候、出国《しゅつこく》之御《お》詫言《わびごと》御《お》肝煎《きもいり》共之由、大慶《たいけい》此事候」とある。八丈島での苦しい生活を推察されたい、「出国之御詫言」の執り成しは喜ばしい。この「出国之御詫言」は、出島するための弁明であろうから、花房幸次は秀家親子の本土帰還に尽力していたと考えられる。薩摩下向前に難波秀経に伝え、伏見出頭時には西笑承兌に訴えた通り、秀家は大名復帰の道筋を模索していたのではなかろうか。元和《げんな》四年（一六一八）八月十七日、太閤秀吉の命日（八月十八日）に合わせて、「備前浮田殿」が豊国社に灯明料《とうみょうりょう》百疋《ひゃっぴき》を贈っている（「舜旧記」）。「備前浮田殿」が秀家自身であれば、八丈島にあっても秀家はなお、旧知の人々や寺社との音信を交わしていた可能性が出てくる。その意図は、支援を求めるため、そして復権のためとみていい。花房幸次による尽力を喜んだ寛永十五年、秀家は齢六十七であった。

進藤氏に宛てた書状にはこうある。「拙者永々牢居候《ろうきよそうら》へハ、朝夕の烟《けむり》の心ほそさ可有御察《おさつしあるべく》候、増而《まして》近年者《は》被犯老病臥居申《ろうびょうにおかされふしおりもうし》候」。これは「酉《とり》」年の六月一日付の書状であるが、それが慶長十四年（一六〇九）か、元和七年か、寛永十年か、あるいは正保《しょうほう》二年（一六四五）か、具体的な年代は文面からは絞り込めない。ただ、この書状によると、秀家は老病のために永く家屋に引き籠もり、その不遇な境遇をかこっていた。なお、書状の年代が絞れないため、宛先の進藤三左衛門が、関ヶ原の敗戦後、秀家の潜伏を援けた三左衛門正次《まさつぐ》（慶長十七年七月没）か、その息子の三左衛門正成《まさなり》か、いずれであるかの判断もつかない。

図12　宇喜多秀家墓所　中央の五輪塔は秀家子孫による天保年間の建立。それ以前の墓石は五輪塔左脇の塔婆状のものと伝わる。東京都八丈町。著者撮影。

さて、正室樹正院の縁故によって、加賀藩前田家からは継続的な支援があった。通説では、秀家に随行した

「あい」という女性（秀家の息子小平次の乳母）の息子、加賀藩士沢橋兵太夫《さわはしひょうだゆう》なる人物が、主家（加賀藩前田家）を立ち退いて、将軍徳川秀忠に八丈島への渡航を直訴したことが、加賀藩による支援の端緒であったという。実母を慕ってこのような行動を起こした兵太夫の孝心に感じて、加賀藩から八丈島への援助を幕府が認めたという筋書きである（「駿台雑話」等）。大衆が好む美談といえよう。だが、この伝承をもっとも早く叙述した「乙夜之書物」は「シカラバ心安ク通シヲ御サセ可被成《なさるべし》トテ、ソレヨリ秀家公エモ此方（加賀藩）ヨリ御心安ク通シナリタリ」とする。つまり、幕府の処置は八丈島との音信を「心安ク」、遠慮なく行うことを許した、加賀藩も以降は、秀家との連絡を「御心安ク」、とくに隠し立てなく行うようになったという。兵太夫の出来事は、八丈島支援の端緒というよりも、支援が円滑化したきっかけと捉えるのが妥当であろう（大西二〇一八b）。

事実、兵太夫の行動を待つまでもなく、秀家の流罪当初から、樹正院の実母芳春院によって八丈島支援は行われていた。たとえば、慶長十四年四月に、米や帷子《かたびら》・料紙といった支援物資が八丈島へ送付され、同年の十月頃、その便船《びんせん》が戻って島の様子を芳春院に伝えている（「射水市新湊博物館所蔵文書」「村井文書」。大西二〇一五c）。

芳春院が伝え聞いたところでは、秀家らは息災であった。だが、秀家の嫡男孫九郎が精神に異常を来《きた》して散々な状態であったらしい。当時江戸にいた芳春院が、金沢にいた娘の春香院に宛てた書状を引用しよう（後述するが、春香院はこれ以前に長岡忠隆と離縁し、加賀金沢に移住していた）。

八てうしま《（八丈島）》へ四月ニ中もしわた《（渡）》られ候間、此ほとふねふきやう《（舟奉行）》かゑり《（帰）》申《もうし》候、いつれもそくさい《（息災）》にて御入《おいり》候よし申《もうし》候、（中略）まこ九郎《（孫九郎）》ハき《（気）》かちか《（違）》い、さんく《（散々）》のよしにて候、うらめしきいのち《（命）》にて候、

四月に「中もし」が島に渡り、舟奉行もこのほど帰還した。秀家らはいずれも息災だが、孫九郎は「きかちかい」散々である。うらめしいこと限りない。この書状と同じ時期、十月付の芳春院の書状にも、この問題は記されている。「しま《（島）》にハしゝう《（侍従）》殿、き《（気）》かちか《（違）》ひさんく《（散々）》のよし申《もうし》候、京へハかくし《（隠）》申《もうし》候」。かつての従四位下侍従豊臣秀隆《ひでたか》は、絶海の孤島に流されて有望なる前途をまったく塞《ふさ》がれた。そのためであろう、精神に異常を来してしまった。芳春院はこれを「京」には隠したという。「京」はおそらく、当時京都にいた孫九郎の実母樹正院である。

孫九郎が以後、どのような人生を送ったのかは、残念ながらわからない。代官奥山忠久《おくやまただひさ》（縫殿助《ぬいどのすけ》）の娘（「八丈実記」）、ないし「三根《みつね》村彦七《ひこしち》娘」（「浮田中納言家系」）を娶って太郎助《たろうのすけ》

（秀正《ひでまさ》）・くすの一男一女をもうけたが、慶安元年（一六四八）の八月十八日、「食傷《しょくしょう》」のため亡くなったという（「備忘録」等）。享年五十八。その最期の日は太閤秀吉の祥月命日にあたった。奇縁というべきであろう。

　秀家は嫡男を見送ってなお七年を生きた。明暦元年（一六五五）十一月二十日没、享年八十四である（「八丈実記」等）。法名は尊光院《そんこういん》（「尊光院殿秀月久福居士」）。「八丈実記」）。老衰による自然死とみるのが穏当であろう。時はすでに四代将軍徳川家綱《いえつな》の治世に移っていた。

　翌年七月、加賀藩から小平次宛に荷物が送られた際、秀家の死はすでに世人の知るところであったらしく、加賀藩士今枝近義《いまえだちかよし》（民部《みんぶ》）は、八丈島の「浮田道珍《どうちん》」こと村田助六に宛てて「久福（秀家）様去冬御遠去之由、頃（日脱カ）相聞驚《あいききおどろき》入申《いりもうし》候、久々御苦身被遊《あそばされ》、一入《ひとしお》御痛敷《おいたわしき》儀各《おのおの》御心底令察《さっせしめ》候」とこの人物を悼んでいる（「宇喜多家旧記」等）。

　なお、秀家を看取ったであろう末子小平次は、八丈島では「医師」を生業《なりわい》としていたらしい（「備忘録」）。秀家の死から二年、明暦三年三月五日（ないし二月五日）に世を去った。享年六十一（「浮田中納言家系」等）。さきの村田助六は、なお長命して万治《まんじ》元年（一六五八）、あるいは寛文《かんぶん》九年（一六六九）に没したという（「八丈実記」）。

樹正院の後半生

ところで、秀家の没落後、その正室樹正院はどのような後半生を送ったのか（以下、大西二〇一五b）。関ヶ原合戦時、彼女はおそらく大坂屋敷にいた。秀家の武運と無事とを祈る願文も、大坂から長谷寺に送られている。

詳細不明だが、敗戦後の混乱は想像するにあまりある。慶長五年（一六〇〇）の十二月、おそらく彼女のもとにいた息子二人が、江戸へ移送された。彼女と親交があった醍醐寺の義演は、その日記の十二月二十日条に「備前中納言息、今日江戸へ下向云々、不便〳〵」と、運命の変転を嘆いている（「義演」）。

人質として江戸にいた芳春院も、「うきた殿（秀家子息）わもしたちく（下）たりの事」、すなわち二人の送致を「こゝろ（心痛）いたさかきり（限）なく候」と悲しんだ。この孫九郎・小平次兄弟の祖母は、目付（監視役）をつけられた二人の身柄を案じながらも、一命が助かったことには「めでたく思いまいらせ候」と素直に喜んでいる（「村井文書」）。

かたや樹正院は大坂から京都に移住し、太閤秀吉の正室北政所改め、高台院《こうだいいん》の庇護《ひご》をうけた。その事実は、慶長十年の五月、「浮田中納言北方《きたのかた》ノ輿舁《こしかき》」（樹正院の輿を担ぐその従者）と、左大臣近衛《このえ》信尹《のぶただ》の小姓吉田某《よしだなにがし》とが喧嘩を起こし、手傷を負った吉田某が所司代《しょしだい》板倉勝重《いたくらかつしげ》に捕縛される出来事からおおよそ確定できる（「時慶記」「西笑」）。すなわち「輿舁」の存在や、事件の後始末に高台院やその侍女孝蔵主《こうぞうす》が動いたことを考え合わせると、樹正院は高台院の保護下にあって、相応の生活を維持していたのであろう。事件の舞台（京都）や、高台院が京都に住んでいたことからいって、樹正院もまた、京都在住とみるのが穏当である。ちなみに同年十一月に至っても吉田某は釈放されず、しかも牢獄で重病にかかってしまったらしい。そこで樹正院は相国寺の西笑承兌を通じて、吉田某の身柄を預かることはできないかと、板倉勝重に願い出た（「西笑」）。二年前、秀家の助命に動いた承兌が、今度はその正室のために骨を折らされたわけである。以後の顚末はよくわからない。

こうした樹正院の消息はイエズス会宣教師の報告書からも裏づけられる。慶長十一～十二年頃、高台院の庇護下にあって、京都の教会に資金を援助し、さらにキリスト教に入信したという。樹正院の洗礼名はマリアといったらしい（「イエズス会」）。

いずれにせよ、樹正院はおそらく京都にいて、落魄《らくはく》を免れていた。徳川方に味方した実兄前田利長への遠慮もあってか、二人の息子以外の、彼女やその娘には追及の手は及んでいない。慶長九年十一月十四日には養女の寿星院《じゅせいいん》（おなぐ）が伏見宮貞清《ふしみのみやさだきよ》親王（一五九六～一六五四）に、そのあと実の娘理松院《りしょういん》も、加賀藩士山崎長郷《ながさと》（一五八六～一六一一）に嫁いでいる（「慶長日件録」等）。

最近、筆者が見出した史料によれば、寿星院は毛利氏に、理松院は伊達氏に嫁ぐ予定であった（「菅家一類続柄補」。大西二〇一八b）。最晩年の秀吉が、宇喜多・毛利両氏の縁組を指

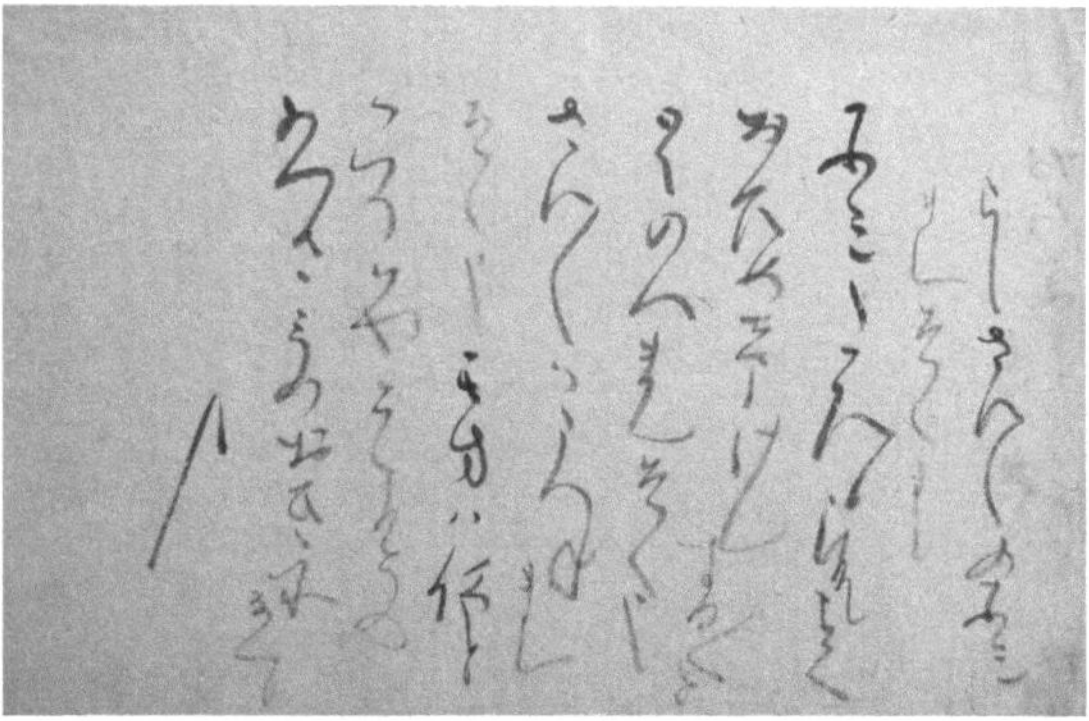

図 13　前田利長書状　著者所蔵

示したことはさきに述べたが、そこで一両年秀吉が引き取ったうえで毛利氏に嫁がせる予定であった秀家の娘こそ、寿星院であったと思われる。また、石田三成が挙兵した時、伊達秀宗《ひでむね》（政宗の長子。のちの伊予宇和島《いようわじま》藩主。一五九一〜一六五八）が宇喜多屋敷に預けられたが（「寛永伝」）、おそらく理松院との縁組がその処置につながったのであろう。いずれも秀家の没落によって破談になったが、それでも伏見宮と加賀藩の有力家臣に嫁いだのだから、彼女たちが父親に連座しなかったことは確実といえる。

　ことに理松院は、伯父前田利長に「おひめ」と呼ばれて可愛がられた。利長は「おひめしうけん（祝言）するく〳〵とゝのい、まんそく（満足）申《もうし》候」と、その実妹春香院に伝えている（図13）。長岡忠隆の正室であった春香院は、関ヶ原合戦後に廃嫡された忠隆と離縁し、加賀金沢に下って加賀藩士村井長次《むらいながつぐ》と再婚していた。彼女は金沢にいて、姪《めい》の祝言を利長に伝えたのであろう。その返書こそ右の利長書状である。利長はまた「こゝもとのあつさ《（暑）》、ミ《（身）》のおき所なく候」ともいうから、金沢の春香院とは離れた場所にいたらしきことが読み取れる。とすれば、この祝言は、利長が隠居して金沢城から富山《とやま》城に移った慶長十年六月以降の、夏のことと考えられよう。

慶長十三年冬〜同十五年八月以前、京都の樹正院は、実兄前田利長を頼って加賀金沢に移住した（大西二〇一五b）。以後、「備前様《びぜんさま》」と呼ばれた彼女は、金沢城下の高岡《たかおか》町（石川県金沢市）の屋敷で余生を送る。化粧料《けしょうりょう》は千五百石である（「前田修理家譜」等）。寂寥《せきりょう》たる晩年というべきであろう。八丈島の秀家や二人の息子とはついに再会を果たせず、加えて近親の相次ぐ死が、彼女の孤独をより深めていったにちがいない。

慶長十九年五月二十日に実兄利長が、元和三年（一六一七）七月十六日に実母芳春院が長逝した。さらに二人の娘にも先立たれた。山崎長郷に死別した娘の理松院は、同じく加賀藩士の富田《とみた》重家《しげいえ》（一五九五〜一六一八）に嫁いだが、元和元年十月八日に世を去った。山崎長郷との間にもうけた息子狗丸《いぬまる》も早世したが、それが理松院の生前か、没後かは不明である（「延宝年中加越能社寺来歴」「山崎家系」等）。また、伏見宮貞清親王に嫁いだ養女の寿星院も、元和二年六月二十四日に没している（「清涼寺書上」等）。

そうした樹正院をなぐさめた出来事もある。寛永七年（一六三〇）七月中旬、備前の難波秀経が金沢を訪れ、秀家旧臣の加賀藩士中村刑部《ぎょうぶ》（次郎兵衛から改称）らの案内で「備前様」こと樹正院と対面した。このとき秀経は、かつて秀家から託されていた花生《はないけ》と脇差《わきざし》（「利休切《りきゅうぎり》の竹の花生」「てほう兼常《かねつね》の包丁《ほうちょう》」）を彼女に進上し、樹正院は「御落涙」したという（「難波経之旧記」）。その翌年には八丈島との音信があって、樹正院は「御三人さま」（秀家親子）の息災を確かめている（「吉備温故秘録」）。

樹正院の死去は、寛永十一年五月二十三日。享年六十一。葬儀は実父前田利家の建立した金沢小立野《こだつの》の宝円寺《ほうえんじ》で執行されたとみられる（「菅君雑録」「前田家御代々法号」等。大西二〇一五b）。

以後の追善供養は、金沢では彼女の家屋敷や化粧料を引き継いだ前田知辰《ともとき》（利家の三男知《とも》好《よし》の息子）の子孫が担当した。筆者が確認した限りだが、五十回忌・二百回忌が宝円寺において営まれている（五十回忌は天徳院との説もあり）。宝円寺の位牌《いはい》も前田知辰の子孫が納めたものである（以上「前田修理家譜」「たもと草」「官私随筆」「御寺等御位牌」）。そのほか江戸の広徳寺《こうとくじ》（十三回忌を執行。東京都台東区）や、嵯峨の清涼寺《せいりょうじ》（京都市右京区）でも彼女の菩提は弔われた（「参勤ニ付被遣物・被下物品々留帳」「清涼寺書上」）。

岡山城の明け渡し・旧臣たちの動向

関ヶ原合戦を「東軍」の勝利に導いたのは、小早川秀秋（のち秀詮《ひであき》）の寝返りであった。家康はその戦功をたたえ、（慶長五年〈一六〇〇〉）九月二十四日付の書状において「向後武蔵守《(徳川秀忠)》同前ニ存《ぞんじ》、不可有疎略候《そりやくあるべからず》」とまで述べている（「木下文書」）。秀秋への恩賞は、秀家旧領のうち備前・美作二か国への転封であった。石高は四十万四千石（黒田二〇〇〇。「藩中古文書」）。

家康はこの処遇を勝利から三日後、九月十八日の時点ではすでに決していたらしく、福島正則・黒田《くろだ》長政《ながまさ》に宛てて「中納言殿《(小早川秀秋)》ハ備前之牢人共添、備前へ遣《つかわし》候《そうろう》而《て》能《よく》候《そうら》ハんと存《ぞんじ》候」と述べている（「普済寺文書」）。文中の「備前之牢人共」は、家康に与した秀家の旧臣戸川達安・浮田左京亮らを指すとみていい。秀家の留守部隊に武装解除を命じ、なるだけ安穏に領主を交代させるには、彼らの下向が最良の方策であった。改易された土佐《とさ》の長宗我部盛親の場合、国許の家臣が十月末まで徹底抗戦の構えをみせている（平井二〇〇八b）。

秀家の家臣も岡山城に立て籠もって抵抗したらしい。関ヶ原合戦直前、九月十日付の秀家書状によれば、岡山城の留守居は宍甘《しじかい》四《し》郎左衛門《ろうざえもん》・宍甘太郎兵衛《たろうびょうえ》である（「沼元家文書」）。ただ、秀家の生死すら定かではない状況下、こうした抵抗が長く続くわけがない。城を取り囲むのが達安・左京亮らであったことも彼らの士気を挫《くじ》いたであろう。結局、「和談」がまとまり、岡山城は達安・左京亮らに引き渡された（「中島本政覚書」等）。

こうして小早川秀秋は、宇喜多氏領国の大半を引き継いだが、その統治は二年後の慶長七年十月、秀秋の早世によって終わる。

さて、家康に従って関ヶ原合戦を迎え、岡山城を受け取った秀家の旧臣たちは、それぞれ大名、あるいは旗本として取り立てられた。戸川達安は備中庭瀬《にわせ》（岡山市北区）二万九千二百石、浮田左京亮は石見津和野《いわみつわの》（島根県津和野町）三万石、花房職之は備中賀陽《かや》・都宇《つう》両郡のうち八千二百二十石、岡越前守は備中川上《かわかみ》郡のうち六千石、花房秀成は備中小田《おだ》・後月《しつき》両郡のうち五千石といった具合である（「花房氏記録」「寛永伝」等）。

紙数は限られているが、こうした秀家旧臣の後半生を幾人かに絞って整理しておこう。まず、家康に取り立てられた人物のなかから、悲劇的な末路をたどった浮田左京亮である（以下、大西二〇一〇）。

左京亮は浮田の名字を捨てて坂崎《さかざき》氏を称して対馬守《つしまのかみ》、次いで出羽守《でわのかみ》を名乗った（「当代記」等）。名乗りは変えてもこの人物の、奇矯《ききょう》というべき性格は直らない。先述した「千姫事件」を思い浮かべればそれは明らかだが、妹婿の富田信高《とみたのぶたか》（伊勢安濃津《あのつ》城主。慶長十三年九月以降、伊予宇和島城主）との紛争も不快というほかない。

出羽守は信高に対し、旧臣坂崎左門《さもん》なる人物の引き渡しを求めていた。左門は出羽守のもとを去ったのち、「安信」すなわち出羽守の父忠家（安津）を頼ったが、忠家は娘婿の信高にこの人物をさらに預けたらしい。出羽守は信高に左門を返すよう求めたが、岳父の依頼という経緯もあり、信高はこれをはねつける。だが、出羽守が度々要求してきたため、信高は忠家と話し合い、左門を自領（「信濃《（信高）》知行所」）から立ち去らせた。ところが、出羽守はそれでも信高が左門を匿っているとみて、「是非返シ候様ニ」と談判してきた。以上は富田信高の息子宗清の覚書による（「富田宗清覚書」）。

播磨《はりま》姫路《ひめじ》城主池田《いけだ》輝政《てるまさ》も、この紛争に何らかの関係があったらしい。両者の調停が破れたことを「富信濃・うきた左京出入《でいり》之儀、あつかいやふれ《（破）》候」（「林原美術館所蔵文書」）と輝政は書き残している（内池二〇〇九）。この紛争は結局、幕府に持ち込まれる。

「当代記」によれば、慶長十年五月下旬に持ち上がったこの紛争は、翌六月に出羽守から大御所徳川家康、次いで将軍秀忠に訴え出られたという。ただし、なぜか決着まで八年の歳月がかかった。引き続き「当代記」によると、慶長十八年十月八日、江戸において出羽守と信高が「御前」すなわち将軍秀忠の立ち会いのもとで対決し、結果、信高が敗訴、伊予宇和島十万石余を召し上げられた。しかも、日向縣《ひゅうがあがた》（延岡《のべおか》）城主高橋元種《たかはしもとたね》も「浪人ヲ隠サレシ罪」、すなわちこの問題に絡んで七万石を改易されている（「高橋家覚書」）。

読者は覚えておられようか。忠家の娘は富田信高のほかに、高橋元種にも嫁いでいた。問題の浪人（「当代記」では坂崎左門。「縣改易覚書」では水間勘兵衛）を最終的に匿ったのがこの元種であって、義兄弟富田信高に連座して処罰されたのである。以上を書き留めた「縣改易覚書」によれば、富田信高・高橋元種両人の改易は十一月五日に申し渡されたという。いずれにせよ、信高・元種の両人は、忠家の娘婿であったがために、義兄弟出羽守との紛争を強いられ、その挙句に所領を失った。

そして坂崎出羽守自身も「千姫事件」を経て不慮の最期を遂げることになる。イギリス商館長リチャード・コックスが仄聞《そくぶん》したところでは、本多忠政《ただまさ》（伊勢桑名《くわな》城主）に嫁ぐ将軍徳川秀忠の娘千姫（もと豊臣秀頼の正室）の輿入れ行列を、出羽守が襲撃する計画を立て、それが発覚した結果、出羽守は家臣による斬殺《ざんさつ》とも自害ともいわれる最期を迎えたという。元和二年（一六一六）九月の出来事である（「リチャルド・コックス日記」等）。事実関係には不明点も多いが、ここでは出羽守らしい事件、とのみ評しておこう。津和野城主坂崎氏はかくして断絶した。なお、出羽守の父忠家の死亡時期は不明である。

次いで秀家と同じく家康と戦って敗れた人物のうち、明石掃部の後日談である（以下、大西二〇一五a）。関ヶ原合戦のさなか、敵方の黒田長政に救出された掃部は、およそ三百人のキリシタンをともなって長政の新領国筑前《ちくぜん》に移ったという。掃部はその妻（秀家の姉妹）も帯同したようだが、ほどなく他界したらしい（「イエズス会」）。残存史料によれば、慶長七年十二月二十三日付で、筑前下座《げざ》郡に「明石道斎（掃部）家来」、すなわち掃部の家臣名義で千二百五十四石の知行が与えられているが（「明石家文書」等）、掃部はこの前後の時期に、長政のもとを去り、慶長十九年十月、大坂城に姿を現すまでその消息を絶っている（「本光国師日記」等）。真田《さなだ》信繁《のぶしげ》らと並ぶ一軍の将として、大坂の陣を戦った掃部は、大坂落城と豊臣秀頼・茶々の自害後、再び行方をくらました。落人狩りを逃れて生きのびた可能性は皆無ではないが、乱戦のなか戦死したとみるのが妥当であろうか。ちなみに、この人物の「全登」（読み方は不明）という呼称は後代の創作である。

最後に、宇喜多騒動によって秀家のもとを退去した中村次郎兵衛（家正）である（以下、大西二〇一〇・二〇一五a・d）。この人物が秀家の没落後、加賀藩前田家に仕官したことはすでに触れた。経緯は定かではないが、慶長七年に越中五箇《えっちゅうごか》山《やま》（富山県南砺市）において前田利長に召し出されたらしい（「先祖由緒并一類附帳」）。のちに新井《あらい》白石《はくせき》（加賀藩に仕えた儒学者木下順庵《きのしたじゅんあん》〈一六二一～九八〉の門人。一六五七～一七二五）が、「見事也し人のよし」とさえ語ったように（「白石先生紳書」）、この人物は利長・利常の二代によく仕え、ひとかどの能臣として加賀藩領に名を残した。知行は二千石、通称は慶長十五年六月以前に次郎兵衛から刑《ぎょう》部《ぶ》と改めている（以下、この人物については刑部と呼ぶ）。

刑部は算用および寺社関連の職務を任されることが多かったらしい。筆者が同時代史料から確認した限りでも、芳春院（前田利家の正室）知行地の「代官」や、年貢諸役の納入事務、藩庫諸品の出入管理、会計実務、寺社の造営や祈禱依頼などに刑部の関与が見出せる。子孫の書上（「先祖由緒并一類附帳」）には「御郡方支配《おこおりかた》」「御内証御用等其外役儀品多《ごないしょうごようしなおお》 相勤《くあいつとめ》」ともあるから、活躍の舞台はこのほかにもあったのかもしれない。命日は寛永十三年（一六三六）七月十三日である（「先祖由緒并一類附帳」）。なお、加賀藩に仕えた秀家旧臣には、刑部のほか、一色昭昌（主膳）や浮田休看《きゅうかん》（休閑）、そして年寄役として五万石を給された本多政重《まさしげ》（本多正信《まさのぶ》の次男。一五八〇～一六四七）がいる。

加賀藩による八丈島支援慣行の形成

加賀藩前田家が、秀家の生前から明治維新に至るまで、一貫して八丈島の宇喜多一類に対して援助を行った逸話は、つとに著名である。だが、いつから、何度、具体的にどのように援助を行ったのか、そういう問題の検討はついぞ加えられてこなかった。日置謙《へきけん》ら在来の史家は、隔年《かくねん》（一年おき）に白米（四斗入七十俵）および金子（三十五両）などの物資を送ったと物語る（日置一九五六・川崎一九六四・立石一九八八等）。だが、そうした通説は、確たる根拠のない、印象批評に過ぎなかった（以下、大西二〇一七b・二〇一八b）。

確実な史料から筆者が集計したところ、表5の通り、両者の音信は七十八回を数える。そ

No	送付年	送品内容等	典拠
1	慶長14(1609)?	米・打撒・帷子・料紙等	「射水市新湊博物館所蔵文書」・「村井文書」*
2	寛永8(1631)	—	「吉備温故秘録」
3	寛永18(1641)	金子(1歩)	「万跡書帳」
4	明暦2(1656)	「御荷物」	「中納言様御在国中御進物帳」*・「宇喜多家旧記」等
5	延宝9(1681)	—	「葛巻昌興日記」
6	天和3(1683)	—	「松雲院様御近習向留帳抜萃」*
7	貞享元(1684)?	「御伝附被成被遣品々」	「葛巻昌興日記」
8	元禄3(1690)	「御伝附之品々」	「葛巻昌興日記」
9	元禄6(1693)	白米20石	「重輯雑談」・「前田貞親手記」*
10	元禄9(1696)	—	「前田貞親手記」*
11	元禄11(1698)	金子(1歩×40)・白米25俵(4斗入)	「前田貞親手記」*
12	元禄13(1700)?	白米50俵(4斗入)	「日記」*
13	元禄14(1701)	白米60俵(4斗入)等	「御留守中日記」*・「前田貞親手記」*
14	元禄16(1703)×	白米70俵(4斗入)	「内藤恥叟蔵文書」
15	宝永元(1704)	白米70俵(4斗入)	「内藤恥叟蔵文書」
16	享保2(1717)	金子(1歩×164)等・白米70俵(4斗入)	「中川長定覚書」*・「浮田家一件」*・「参議公年表」*
17	享保4(1719)	白米70俵(4斗入)	「中川長定覚書」*・「参議公年表」*
18	享保5(1720)×	金子(1歩×168)等	「中川長定覚書」*・「参議公年表」*
19	享保6(1721)	金子等・白米70俵(4斗入)	「浮田一家続書」*・「中川長定覚書」*
20	享保7(1722)	「御荷物」	「中川長定覚書」*
21	享保8(1723)?	白米70俵(4斗入)?	「中川長定覚書」*

表5　加賀藩前田家による八丈島支援事例一覧

No	送付年
60	天保5(1834)
61	天保7(1836)
62	天保8(1837)
63	天保9(1838)
64	天保12(1841)
65	天保13(1842)
66	弘化元(1844)
67	弘化3(1846)
68	嘉永元(1848)
69	嘉永3(1850)
70	安政元(1854)
71	安政3(1856)
72	安政5(1858)
73	万延元(1860)
74	文久2(1862)
75	元治元(1864)
76	慶応2(1866)×
77	慶応3(1867)
78	慶応4(1868)

No	送付年
41	天明元(1781)
42	寛政4(1792)
43	寛政8(1796)①
44	寛政8(1796)②
45	寛政10(1798)
46	寛政12(1800)
47	文化5(1808)
48	文化7(1810)
49	文化9(1812)
50	文化11(1814)
51	文化13(1816)
52	文政5(1822)×
53	文政6(1823)
54	文政7(1824)
55	文政9(1826)
56	文政11(1828)×
57	文政12(1829)×
58	天保元(1830)
59	天保3(1832)

No	送付年
22	享保9(1724)
23	享保12(1727)
24	享保13(1728)
25	享保14(1729)?
26	元文元(1736)×
27	元文4(1739)
28	寛保2(1742)
29	寛保3(1743)
30	延享元(1744)
31	延享3(1746)
32	寛延元(1748)
33	寛延2(1749)
34	宝暦2(1752)
35	宝暦4(1754)
36	宝暦7(1757)
37	宝暦8(1758)
38	明和7(1770)
39	安永3(1774)
40	安永5(1776)

※典拠史料等の詳細は大西2018bを参照。なお、№12・№41は大西2018b公刊後に判明した新出事例
※№1は芳春院による送品、№2は音信事例(送品有無は不明)
※「送付年」:筆者の推定には?、遭難等による不着事例には×を付す
※「送品内容等」:前田綱紀施政期までの事例には送品内容を付す
※「典拠」:前田綱紀施政期までの事例には典拠を付す(筆者の紹介した新出史料には*を付す)

うした事例分析の結果、たとえば以下の諸点が明らかになった。

1．隔年送品の慣例は十八世紀初頭以前の成立であること
2．白米の送付は、宇喜多一類からの願出があった場合に限られること
3．援助物資は、宇喜多一類の各家あてに既定の数量が存在したこと

従来の通説では、とくに時期を特定せず、隔年に援助があったと主張されていたが、一年おきの周期が定着するには百年程度の歳月を要したらしい。事例№6天和《てんな》三年（一六八三）の史料には「毎歳」との文言がみえるし、事例№8～11は二～三年に一度の援助を伝えている。現時点で「隔年」という周期を明示する史料は、事例№16享保《きょうほう》二年（一七一七）が初見であって、ここに「先年より隔年ニ遣《つかわし》申《もうし》候」とあるから、一年おきの援助はおそらく、これ以前の十八世紀初頭に慣例化したと考えるのが穏当であろう。

この周期自体にもおそらく理由がある。事例№14・18のごとき、便船航行の不安定さを補うために編み出された周期と筆者は考えている。すなわち一年おきに送品手続きを行い、荷物が無事到着すれば問題なし、不着（便船の遭難）の場合は翌年改めて送り直す、という運用が、経験則に基づいて形成されたのであろう。たとえば、事例№18享保五年の荷物は、伊

豆沖での便船遭難によって、事例№19＝翌年に（白米とあわせて）再送付された。三宅島で「難風」に遭った事例№52もまた然り（翌年重ねて金穀を送付）。

通説が語る援助物資も不正確である。加賀藩は隔年に金子等の物資を送ったが、白米については出願制であった。具体的にいえば、「合力米《ごうりょくまい》」「助成米《じょせいまい》」などと表現される白米の送付実績は、加賀藩主前田綱紀《つなのり》（利家の曾孫《そうそん》。一六四三～一七二四）施政期に絞ると、事例№9・11～17・19・21であるが、詳細不明の事例№12・14～15を除くと、他はすべて八丈島からの不作や困窮を訴える白米送付願いに基づいている。

しかも、四斗入七十俵（二十八石）に分量が固定するのは、事例№14元禄《げんろく》十六年（一七〇三）以降である。事例№9元禄六年の二十石、事例№11元禄十一年の四斗入二十五俵（十石）、事例№12元禄十三年の四斗入五十俵（二十石）、事例№13元禄十四年の四斗入六十俵（二十四石）と、増減を繰り返した結果たどりついた分量が四斗入七十俵であった。

さらに、金子三十五両という通説も疑問である。白米は右の分量を宇喜多一類で配分するのだが、その他の物資については各家あてに送られ、その多寡にも決まりがあった。たとえば、宇喜多惣領家は、金子（一分金×二十四＝六両）、絹染物《きぬそめもの》二疋、染帷子《そめかたびら》五着、木綿十六反、上帯《うわおび》三筋、染手拭《そめてぬぐい》五筋、布染《ぬのぞめ》たぐり（帯）五筋、中折紙五束、扇子五本、剃刀《かみそり》・小刀・はさみ五本、牛黄円《ごおうえん》（丸薬）一香合、西大寺《さいだいじ》（気付け薬）一包、虫薬一包、腹留薬《はらどめぐすり》一包、すが糸

（絹糸の一種）三百目、綿十把、筆十本、墨三丁、苧（カラムシの糸）三百目、煎茶《せんちゃ》三斤が規定の品目・分量であった。

十七〜十八世紀にかけて秀家の嫡男孫九郎の子孫が二家、末子小平次の子孫が五家に分かれ、孫九郎直系のみが「宇喜多」を称し、他は「浮田」を名字とした。宇喜多一類は、これら七家に村田助六の子孫一家をあわせた八家で構成される。加賀藩はこの八つの家に、右のように品目・分量を定めて隔年に送付したわけだが、例外として各家の孤児にもいくばくかの扶助が行われることがあった。そのため、通説が述べる三十五両のように、送付金額が固定されているわけではなかった。事実表5の事例No.16享保二年には一歩金百六十四枚＝四十一両、事例No.18享保五年には一歩金百六十八枚＝四十二両が送られている（なお、八丈島では金子が通用したのか否かすら定かではないので、その貨幣価値たるや、さらに不明瞭である）。

八丈島支援の具体像

宇喜多一類はしたたかであった（以下、大西二〇一七b・二〇一八b）。白米のみが送られた表5の事例No.9・12〜15・17・21の頻度をみられたい。特例であった白米送付が、支援の慣行化が成立した頃にはすでに常態化していた。天候に左右される便船の発着やその遭難の可能性、そして八丈島の食糧事情を考えた場合、彼らとしては、あらゆる機会を捉えて、支援を願い出ておくのが賢明な判断といえよう。毎年のように繰り返される白米送付願いに対し、加賀藩はときに「又候《またぞろ》」とあきれ、宇喜多一類もあえて「又候」と断って白米を要求することもあった（「浮田家一件」「中川長定覚書」）。

しかも、不作や困窮といった宇喜多一類の主張をすべて実情とみるのも疑問である。そもそも出願制という前提のもと白米は送られた。つまり、飢饉《ききん》や疫病《えきびょう》がなければ、彼らは食物等を自ら調達できた、という理屈が成り立つ。事実、彼らは野良働《のらばたら》きと製織にいそしんでいて、しかも流罪人という立場上、貢租（少なくとも絹織物の上納）を免除されていたらしい。他の島民に比べると、むしろ相対的に裕福であった可能性すらある。宇喜多一類が断絶するどころか、時代が下るにしたがって漸増し、跡継ぎのない場合は親類から養子を迎えた事実から考えれば、平素の彼らは窮乏とは正反対の生活を営んでいたとさえいえるであろう。

加賀藩もまた、宇喜多一類の実態を、ある程度は認識していたにちがいない。十八世紀以降、各家宛の金子や物品の割り当て、特例の白米の分量が固定化するが、それは宇喜多一類の漸増傾向を無視する措置であった。加賀藩が彼らの現実的救済よりも、前例の墨守《ぼくしゅ》を重視した結果ではないかと筆者は考えている。

ここで筆者による事例分析の結果、明らかになった加賀藩による送品手続きを整理しておこう。

1．隔年送品（白米送付）のため加賀藩から月番老中《つきばんろうじゅう》・八丈島代官へ連絡

2．月番老中へ送品目録を提出して許可を得る

3．八丈島代官（手代）に金子等の荷物を引き渡す

以上の手続きは、すべて藩主承認のもと、江戸藩邸の家老役が責任者として行った。幕府（月番老中）や八丈島代官との連絡調整は、同じく江戸藩邸の聞番《ききばん》（江戸留守居役）が担当する。藩主が在国の場合は、江戸藩邸から国許に代官等の書簡が送られ、藩主の許可を取ったが、飛脚《ひきゃく》が江戸・金沢間を往復する間に、八丈島行きの便船を逃してしまうおそれがあるため、1～3は藩主が在府のうちに、江戸で処理されるのが基本であった。

宇喜多一類は荷物が到着すると、その受領証明として、加賀藩が作成した送品目録の裏に、「御表書《おんおもてがき》之通《とおり》、無相違《そういなく》奉請取《うけとりたてまつり》難有《ありがたく》頂戴仕《つかまつり》候、以上」（「八丈島一件」）と記し、惣領以下が連署・印判して送り返した。あわせて一類の増減（死亡や出生）を報告し、ときに続書《つづきがき》（家譜）も提出した。こうした手続きはいずれも加賀藩からの要請であった。

ちなみに、加賀藩による八丈島支援を語った通説が、「白米四斗入七十俵を隔年送付」という事実誤認を犯していることはさきに触れたが、その理由は、おそらく右の送付手続きに

あったと筆者はにらんでいる。すなわち金子や物品の送品目録は加賀藩に返送されたため、八丈島には白米の送付状しか残らなかった。しかも送品目録が散逸《さんいつ》した一方、白米の送付状は宇喜多一類らが大切に保管したようで、複数の事例でその内容が伝わっている。後世の史家が事実を見誤ったのは、こうした史料の残存状況が背景にあったのではなかろうか。

最後に、加賀藩がなぜ近世を通じて八丈島支援を継続したのか、その疑問に関し、加賀藩の視点から筆者が導いた結論を述べておこう。加賀藩にはそもそも、宇喜多一類を流罪人（政治的罪人）ではなく、むしろ「藩祖」前田利家の係累＝藩主前田家の親族として敬意を払っていた形跡がある。支援の根拠は、もとより明らかというべきか、この前田家との血縁関係であったらしい。したがって、一類が途絶えることがなければ、永続的にこれを支援し続けざるをえなかった。また、藩主前田綱紀の時代にととのった支援の仕組みが、幕府を巻込んでいたうえに、以後その当事者（加賀藩前田家・幕府・宇喜多一類）の関係性に特段の変化がなかったため、中断する理由もないまま明治維新を迎えたのではなかろうか。

宇喜多一類は、加賀藩の支援によって、八丈島における、より豊かな生活を営むことができた。加賀藩による八丈島支援は、一般的には美談めいて語られることが多く、加賀藩は確かに見返りを求めなかったが、現実はそう単純ではない。支援継続の背景には、宇喜多・前田両氏の血縁関係のほかに、前例踏襲主義があったことも見落とすべきではないだろう。

おわりに

宇喜多秀家《うきたひでいえ》という人物の魅力は、稠密《ちゅうみつ》な前半生と寂寥《せきりょう》たる後半生との対比にある。若くして栄華を極めた秀家が、関ヶ原《せきがはら》の敗北によって没落を余儀なくされた、その悲劇性が、多くの人々の同情を誘うのであろう。本書に先行して筆者のまとめた評伝『宇喜多秀家』(二〇一七年刊)でも、同様のことを冒頭に述べ、その印象的な生涯を実証的に概説した。

そこで本書ではとくに、右のような明暗の対比よりも、目まぐるしい前半生の輝きに重点をおいて、秀家の生涯をたどってみた。没落後の動向にも興趣《きょうしゅ》が深いが、秀家の本質というか、この人物を論じる意義はやはり、豊臣《とよとみ》大名という政治的属性に求められる。政治的人格としての秀家を考え、その知見をもって時代の相貌《そうぼう》を捉《とら》えてこそ、この人物を検討対象に選んだ意義を積極的に主張できよう。従来から興味を集めてきた反面、さほど学術的に議論されてこなかった秀家は、それ自体が自己完結的に、郷土の偉人として顕彰的に、あるいは好事家的関心によって語られるに過ぎなかった。大名宇喜多氏の滅亡がおそらく主因をなして、関係史料の多くが散逸したことも、そうした事情の背景にある。

その流れを変えたい。もとは筆者にしても理屈抜きに、事実をより詳細に知りたいと、関係史料を集め始めたのが研究の発端である。だが、秀家と向き合う時間が積み重なるにつれ、その検討対象を、やや極端にいえば、学術的に無価値同然の位置に据え続ける現状を転回させたいと考えるようになった。秀家を素材に、豊臣政権や政権下の大名を議論することはできないものか。筆者は過去の論著を通じて、その可能性を訴えてきたともいえる。本書が、政治的人格としての秀家を重視するおよその経緯もまた以上の通り。

とはいえ、そうした理解を読者に強要するつもりもない。ただ秀家がいかに生きたかを、本書を通じて少しでも詳しく知っていただければ充分である。前半生にこそ注力はしたが、限りある残存史料をもって可能な限り精緻《せいち》な評伝を目指した。最新の研究にもなるだけ目配りをして、さらに読者には本書の叙述にいかなる根拠や背景があるのか、原典にさかのぼって確かめることができるよう、史料や先行研究をできるだけ併記した。伏流する筆者の意図は、本書の叙述の、あくまでも副次的な要素でしかない。学術的にとか、もっともらしく議論の意義を強調する筆者にしても、今もって実際にはただ知りたい、とにかくより詳細に知りたいと、もがいているだけではあるまいか。

叙述の多くは既刊の拙著によったが、史料を読み直して考えを改めた箇所もある。本書の叙述をもって現在の理解としたい。また、直家《なおいえ》死後の集団指導体制説の論拠や、樹正院《じゅしょういん》との婚礼時期、大坂《おおさか》屋敷の評価、官位・家格上昇の背景、岡山城改修年代をめぐる実説と通説の形成過程など、新たな仮説を提示した箇所も多い。秀家の性格についても、朝鮮出兵時の言動からは武人としての血気を、没落後の助命決定に至る経過からは周到さを、そして遠島後の消息からは不撓《ふとう》不屈《くつ》の信念を、筆者は読み取った。あくまでも私見だが、誠実な印象も強い。そうした秀家像の是非も含めて、大方のご叱正《しっせい》を俟《ま》ちたいと思う。あわせて、本書では簡単な言及にとどまったが、没落後の秀家とその子孫の動向は、幸いに近年、見出《みいだ》しえた好史料をもって拙著『論集　加賀藩前田家と八丈島宇喜多一類』（二〇一八年刊）にまとめたので、興味ある読者には併読をおすすめする。

最後に、本書の出版を企画され、筆者に存分な執筆を許された平林緑萌氏と、株式会社KADOKAWAにおける編集担当の坂倉基氏ほか、同社の各位のご高配に謝意を表したい。岡山の森俊弘・内池英樹両氏には、原稿段階での下読みをお願いした。本書の内容に関して種々の誤りを正されたほか、筆者の捕捉しえなかった史料をご提示くださるなど、貴重なご助言を惜しまれなかった両氏には感謝の言葉もない。先行研究の数々と、これらの方々のご厚情のうえに本書の上梓《じょうし》がある。秀家の追慕者の一人として、本書をまとめえた幸運をかみしめたい。

令和元年六月末日

大西　泰正

〔附記〕重版にあたって誤字、事実誤認等の一部を訂正した。なお、初版刊行後、筆者は、秀家正室樹正院の呼称「豪」が十九世紀以降に創作された可能性が高いこと（拙著『宇喜多秀家研究序説』）、秀家の八丈島配流時期が通説より一年早い慶長十年（一六〇五）であること（拙稿「宇喜多秀家の八丈島配流年代」）を明らかにしたが、これらについては特段訂正を加えていない。

宇喜多秀家関係年表

年代		事項
1572	元亀3	この年　宇喜多直家の子として秀家誕生。幼名は八郎
1573	元亀4（天正元）	この年以前　直家、備前岡山に居城を移す（乃美文書等） 7月18日　宇治槇島城の足利義昭、織田信長に降伏
1574	天正2	3月13日　直家、浦上宗景と断交（原田文書） この年　前田利家の娘として樹正院（豪・南御方・備前様）誕生
1575	天正3	5月21日　織田信長・徳川家康、武田勝頼を三河長篠に破る 9月　直家、備前天神山城を攻め落とし、浦上宗景を播磨へ追放（萩藩閥閲録）
1579	天正7	5月11日　織田信長、安土城天主へ移徙（信長公記） 10月晦日　この日以前、織田信長、毛利氏から離反した直家の帰順を許可（信長公記）
1582	天正10	正月21日　織田信長、宇喜多直家病死による秀家の家督相続を許可（信長公記） 2月21日　宇喜多氏、備前児島郡において毛利氏と会戦（八浜合戦）。宇喜多元家（与太郎）戦死（萩藩閥閲録） 3月11日　織田信長、武田勝頼を滅ぼす 6月2日　本能寺の変（織田信長死去）。次いで羽柴秀吉、山崎の合戦にて明智光秀を破る

1583	天正11	4月～6月　宇喜多氏、羽柴秀吉に従い備中高松城攻め等に派兵 この年　羽柴秀吉、秀家と養女樹正院との縁組を指示（柴田退治記等） 4月21日　賤ケ岳の合戦。次いで羽柴秀吉、越前北庄城に柴田勝家を滅ぼす 9月1日　羽柴秀吉、大坂城の普請を開始（兼見卿記）
1584	天正12	3月～11月　小牧・長久手の合戦。宇喜多氏、羽柴秀吉に与して派兵（戸川家譜等） 10月14日～15日　羽柴秀吉、大坂城にて茶会を催す。宇喜多忠家らが参加（今井宗久茶湯書抜等）
1585	天正13	2月　「中国国分」完了。羽柴秀吉、備中松山を毛利方に、高梁川以東の備中・備前児島郡を宇喜多方とする（宇喜多氏領国の確定。萩藩閥閲録） 3月～4月　秀家、羽柴秀吉の紀州根来・雑賀攻めに従軍（十六・七世紀イエズス会日本報告集等） 5月～8月　秀家、羽柴秀吉の四国攻めのため讃岐に出兵（太陽コレクション所蔵文書等） 7月11日　羽柴秀吉、関白に任官する 10月6日　秀家、侍従に叙任され、羽柴秀吉に従って参内（兼見卿記） 12月30日　秀家、備中河辺にて小早川隆景・吉川元長を饗応（小早川隆景吉川元長上坂記）
1586	天正14	2月　羽柴秀吉、聚楽第の普請を始める（兼見卿記） 4月6日　羽柴秀吉、大坂城にて大友宗麟を引見。秀家・忠家らが同席（大友家文書録） 夏～秋　宇喜多忠家、安津と号す。また、式部卿法印に叙され、羽柴秀吉の直臣に加わる（言経卿記等）

		12月　豊臣秀吉、太政大臣任官。豊臣姓を賜る この年　秀家、領国内におけるキリスト教の布教を許可（十六・七世紀イエズス会日本報告集） この頃　秀家、京都に屋敷地を与えられる
1587	天正15	正月25日　秀家、豊臣秀吉の九州出兵に先鋒として出陣（6月頃まで）（大阪城天守閣所蔵文書等） 5月8日　豊臣秀吉、島津義久を降伏させる（九州平定） 7月10日～11日　「姫君様」（樹正院カ）、豊臣秀吉を備前岡山に饗応（九州御動座記） 9月13日　豊臣秀吉、聚楽第に移徙（兼見卿記等） 9月17日　諸大名、聚楽第に出仕して同所への豊臣秀吉の移徙を祝う。秀家、黄金十枚を献上（兼見卿記） 10月1日　秀家、北野大茶湯に参加（太閤記） 11月22日　秀家、正四位下・参議に叙任（今出川晴季武家補任勘例）
1588	天正16	正月以前　秀家、樹正院を娶る（十六・七世紀イエズス会日本報告集等） 4月8日　秀家、従三位に昇進（今出川晴季武家補任勘例） 4月14日　秀家、後陽成天皇の聚楽第行幸に供奉（聚楽第行幸記） 4月15日　秀家ら諸大名、秀吉への忠誠などを誓約する（聚楽第行幸記） 4月16日　秀家、聚楽第にて「清華成」勅許（聚楽第行幸記） 閏5月24日　豊臣秀吉、秀家の屋敷（大坂ないし京都）を訪問（高橋清作氏所蔵文書） 7月25日　毛利輝元、秀家の京都屋敷を訪問（輝元公上洛日記）

		7月　豊臣秀吉、刀狩りを命じる 9月10日　豊臣秀吉、秀家の大坂屋敷を訪問（輝元公上洛日記） 10月19日　容光院（秀家の姉）、吉川広家に嫁ぐ（吉川家文書） 10月　秀家、寺社領検地を開始 この頃　岡山城・城下町の大改修を開始（湯浅家文書等）
1589	天正17	5月　秀家、樹正院の安産のため大和長谷寺に金の灯籠を寄進（多聞院日記） 5月22日　織田信雄・徳川家康・豊臣秀長・豊臣秀次・秀家、参内（お湯殿の上の日記） 8月　秀家の男子生まれる（夭折カ。北野社家日記） 9月〜10月　秀家、大仏殿（方広寺）普請のため1万の人足を負担（肥前小城鍋島文書） この頃　秀家、領内の城郭整理（城破り）を行う
1590	天正18	2月30日　秀家、豊臣秀吉の小田原北条氏攻めのため京都を出陣（お湯殿の上の日記等） 7月5日　豊臣秀吉、北条氏政・氏直を降伏させる 8月12日　豊臣秀吉、奥羽仕置のため秀家に白河および同地近辺での検地を命じる（浅野家文書）
1591	天正19	正月12日　豊臣秀吉に従い秀家ら諸大名、参内（お湯殿の上の日記等） 閏正月　長船貞親、死去（虎倉物語） 4月19日　容光院（秀家の姉。吉川広家正室）、病没（吉川家譜） 7月　秀家の嫡男孫九郎（秀隆）生まれる（北野社家日記） 12月28日　豊臣秀次、関白に任官する（以後、秀吉は太閤を称する）

1592	天正20（文禄元）	正月5日　豊臣秀吉、第一次朝鮮出兵（文禄の役）を発令 2月20日　豊臣秀吉、この日の秀家出陣を命令（実際の出陣はこの日以降、3月頃）（浅野家文書） 3月13日　豊臣秀吉、秀家の対馬在陣を命令（小早川家文書） 4月22日　豊臣秀吉、対馬の秀家に朝鮮釜山への渡海を命令（宗家朝鮮陣文書） 5月6日~7日　秀家、朝鮮漢城に入る。次いで秀家、漢城に「天シユ」を造営（吉野甚五左衛門覚書・朝鮮日々記） 5月16日　豊臣秀吉、秀家・九州衆に朝鮮漢城の御座所普請を命令（毛利家文書等） 5月18日　豊臣秀吉、朝鮮・明国平定後の政権構想を豊臣秀次に開陳。秀家には「日本関白」ないし「高麗（朝鮮）」支配者の地位が予定される（前田育徳会所蔵文書等） 6月2日　徳川家康・前田利家の諫止により、豊臣秀吉の渡海延期が決定（文禄中日記紙背文書等） 6月　秀家の使者花房秀成、肥前名護屋にて朝鮮半島での戦況を豊臣秀吉らに報告。秀家、漢城からの出撃希望を秀成を介して秀吉に伝え、許可される（成仏寺文書） 8月　豊臣秀吉、伏見城の普請を開始（兼見卿記） 9月23日　岡家利（豊前守）、朝鮮にて戦死（妙本寺文書）
1593	文禄2	正月頃　樹正院、南御方と改称（賜芦文庫所蔵文書） 正月26日　碧蹄館の戦い。秀家ら日本軍、李如松の明軍を破る（陰徳記等） 2月12日　朝鮮幸州山城の戦いにて、秀家・安津（忠家）ら負傷（山崎文書等）

		2月18日　豊臣秀吉、秀家を在朝鮮日本軍の総大将に任命（鍋島家文書等） 4月19日　秀家ら在朝鮮日本軍、漢城を放棄（伊達家文書等） 5月2日　朝鮮の秀家、岡山城下の整備につき指示（黄薇古簡集） 8月3日　豊臣秀頼誕生 10月初頭　秀家、朝鮮半島から帰国（大阪城天守閣所蔵文書） 10月3日　豊臣秀吉に従い秀家ら諸大名、参内（時慶記） 10月7日　秀家、豊臣秀吉らと御所にて能を演ずる（禁中御能。禁中猿楽御覧記）
1594	文禄3	4月20日（ないし21日）　豊臣秀吉、秀家の大坂屋敷に式正御成（駒井日記） 9月以前　秀家、惣国検地を実施 10月22日（ないし23日）　秀家、権中納言に任官（久我家文書・今出川晴季武家補任勘例） 冬　浮田左京亮、大坂にて受洗（十六・七世紀イエズス会日本報告集）
1595	文禄4	正月1日　秀家、参内して「中納言成」の御礼を行う（お湯殿の上の日記） 7月15日　豊臣秀次、高野山にて自害（関白秀次事件） 7月20日　秀家、関白秀次事件をうけて、豊臣政権への忠誠等を誓約（大阪城天守閣所蔵文書） 8月2日　豊臣秀次の妻子、京都三条河原にて斬首 8月3日　秀家、徳川家康らとともに「御掟」「御掟追加」を制定（浅野家文書） 10月～11月　秀家、樹正院の回復祈禱を吉田社や領国の寺社に依頼（兼見卿記・備中吉備津神社文書・備前西大寺文書） この年　秀家、寺社領検地を実施（安養寺文書等）

1596	文禄5 （慶長元）	この頃　岡山城・城下町の大改修が一通り完了 閏7月13日　畿内で地震、京都・伏見の被害甚大、伏見城などが倒壊 10月以前　明石掃部、大坂にて受洗（十六・七世紀イエズス会日本報告集）
1597	慶長2	正月5日　宇喜多孫九郎（秀隆）、正五位下に叙位（勧修寺家旧蔵記録） 2月21日　豊臣秀吉、第二次朝鮮出兵（慶長の役）の陣立てを発令（島津家文書） 6月～7月　秀家、第二次朝鮮出兵のため軍勢1万を率いて出陣、次いで朝鮮半島南部に着陣（旧記雑録後編・義演准后日記等） 8月6日　富川秀安（肥後守）死去（戸川家譜） 8月15日　秀家ら在朝鮮日本軍、南原城を攻め落とす（面高連長坊高麗日記等） 9月27日　宇喜多孫九郎（秀隆）、侍従に任じられ、翌日、従四位下に昇進（久我文書） この年　秀家の子小平次誕生（義演准后日記）
1598	慶長3	正月　大坂の樹正院、疱瘡にかかる（義演准后日記） 3月13日　豊臣秀吉、秀家らに朝鮮半島からの条件付き帰国を許可（鍋島家文書） 3月15日　醍醐の花見（義演准后日記等） 4月頃　秀家、朝鮮半島から帰国（義演准后日記） 7月15日　秀家、豊臣秀吉の遺品として初花肩衝を拝領（西笑和尚文案） 7月頃　豊臣秀吉、「大老」「奉行」の制を定める 8月1日　豊臣秀吉、秀家に毛利氏との縁組を指示（萩藩閥閲録） 8月8日　秀家、豊臣秀頼への忠誠などを誓約（慶長三年誓紙前書）

		8月9日　豊臣秀吉、秀家に毛利氏との縁組を重ねて指示し、毛利輝元・徳川家康に秀家の後見を命じる（萩藩閥閲録遺漏） 8月18日　豊臣秀吉、伏見城にて死去 9月3日　「大老」「奉行」、豊臣秀頼への忠誠などを誓約（浅野家文書）
1599	慶長4	正月10日　秀家、豊臣秀頼に従って伏見から大坂に移る 2月5日（ないし12日）　徳川家康、他の四「大老」・五「奉行」と和解（武家事紀・毛利家文書） 3月8日　秀家、徳川家康に起請文を提出、豊臣秀頼への忠誠などを誓約（島津家文書） 閏3月3日　前田利家病没。次いで石田三成襲撃事件が発生、三成、近江佐和山城に引退 9月　徳川家康、伏見から大坂に移る。以後、家康と前田利長の関係が悪化する（翌年5月頃まで） 9月　秀家、徳川家康の要求によって大坂から伏見へ移る（長府毛利家所蔵文書） この年　宇喜多騒動が起こる（翌年まで）（慶長年中卜斎記・戸川家譜等）
1600	慶長5	正月5日　中村次郎兵衛（家正）、遭難（鹿苑日録・乙夜之書物等） 正月9日　秀家の伏見屋敷にて磔刑あり（時慶記） 正月　宇喜多騒動、徳川家康の仲裁により落着。秀家に抗した一部の家臣が帰参（戸川家譜・当代記等） 4月19日　徳川家康・秀家ら、参内（時慶記） 5月　宇喜多騒動後、帰参した有力家臣が再退去（武家手鑑・戸川家譜） 6月　秀家、備前岡山に一時帰国（義演准后日記）。上杉攻めに浮田左京亮を従

軍させる（戸川家譜）
6月16日　徳川家康、会津上杉攻めのため大坂を出陣
7月5日　秀家、豊国社にて神馬立を執行（舜旧記）
7月6日　樹正院、北野社に進物（北野社家日記）
7月7日　樹正院、豊国社にて湯立神事を執行（舜旧記）
7月15日　この日以前、秀家、徳川家康討伐を企てる石田三成に同心（旧記雑録後編）
7月17日　上方にて石田三成ら、徳川家康討伐のため挙兵する。秀家、三成らに同心（前田育徳会所蔵文書等）
7月22日　秀家、伏見城攻めに加わる（言経卿記・時慶記）
7月23日　秀家、豊国社に社参（舜旧記）
8月1日　伏見落城。秀家、大坂へ移動する（時慶記）
8月4日　秀家、鉄炮者20人の新規召し抱えを指示（不破氏古文書）
8月（ないし7月）7日　大坂の樹正院、大和長谷寺に秀家の戦勝祈願等を依頼（廊坊篤氏所蔵文書）
8月15日　秀家、軍勢1万を率いて出陣、この日、醍醐を通過（義演准后日記）
8月18日　徳川方の戸川達安、伊勢在陣の明石掃部に書状を送り、秀家の寝返りを誘う。翌日、掃部は達安に返書してこれを謝絶（水原岩太郎氏所蔵文書）
9月10日　秀家、備前岡山城在番の宍甘四郎左衛門らに戦況を報じ、あわせて家臣の人質を岡山城に集めること等を指示（新出沼元家文書）
9月15日　秀家、徳川家康らに関ヶ原合戦で敗北（言経卿記等）。以後、上方に潜伏（翌年5月頃まで。村井文書等）

		12月　上方の宇喜多孫九郎（秀隆）・小平次兄弟、江戸へ送致（義演准后日記・村井文書）
1601	慶長6	5月1日　秀家、泉州堺にて家臣難波秀経に書状を与え、再起の意思を示す（難波文書・難波経之旧記） 6月　秀家、島津忠恒を頼って薩摩山川湊に着船する。この頃、出家して「成元」次いで「休復」と号し、大隅牛根に潜伏（旧記雑録後編）
1603	慶長8	2月12日　徳川家康に将軍宣下 8月6日　秀家、大隅牛根を出立し、上方に向かう（旧記雑録後編） 8月27日　秀家、伏見に到着。翌日、旧知の西笑承兌に自らの助命のための尽力を依頼（旧記雑録後編・西笑和尚文案） 9月2日　伏見の徳川家康、秀家の助命と駿河久能（実際は駿府城）への配流を決定（旧記雑録後編）
1604	慶長9	11月14日　寿星院（秀家の養女）、伏見宮貞清親王に嫁ぐ（慶長日件録） 12月　慶長地震。秀家、伊豆下田にて罹災（慶長年中卜斎記）
1605	慶長10	4月16日　徳川秀忠に将軍宣下 5月　樹正院の従者、近衛信尹の小姓と喧嘩（時慶記・西笑和尚文案） 6月　坂崎出羽守（浮田左京亮）、富田信高（忠家の娘婿）との紛争を幕府に出訴（当代記） この頃、樹正院、キリスト教に入信するという（十六・七世紀イエズス会日本報告集）
1606	慶長11	4月　秀家・孫九郎（秀隆）・小平次ら、八丈島へ流罪（八丈島記事等）。のち秀家は「休福」と改称

1608~09	慶長13~14頃	この頃 芳春院（前田利家正室）、八丈島の秀家らへ物資を送付。また、八丈島の孫九郎（秀隆）、精神に異常を来すという（村井文書）
1610	慶長15	8月以前 樹正院、上方から加賀金沢へ移住
1613	慶長18	10月 坂崎出羽守（浮田左京亮）、富田信高（忠家の娘婿）との紛争に勝訴（当代記）
1614	慶長19	5月20日 前田利長（秀家の義兄）、越中高岡城にて死去 10月6日~7日 大坂城の豊臣秀頼、明石掃部（秀家旧臣）らの浪人を召し抱える（駿府記） 11月~12月 大坂冬の陣
1615	慶長20（元和元）	4月~5月 大坂夏の陣 5月8日 淀殿・豊臣秀頼自害（豊臣氏滅亡） 7月29日 岡越前守（秀家旧臣。旗本）切腹（駿府記） 10月8日 理松院（秀家の娘。富田重家室）死去（妙泰寺由来書等）
1616	元和2	4月17日 徳川家康死去 6月24日 寿星院（秀家の養女。伏見宮貞清親王室）死去（清凉寺書上等） 9月11日？ 坂崎出羽守（浮田左京亮。石見津和野城主）死去
1618	元和4	8月17日 「備前浮田殿」（秀家カ）、豊国社に灯明料を送付（舜旧記）
1623	元和9	2月8日 花房秀成（正成・志摩守。秀家旧臣）死去（寛永諸家系図伝）
1627	寛永4	12月25日 戸川達安（肥後守。秀家旧臣。備中庭瀬城主）死去（寛永諸家系図伝）
1630	寛永7	7月 難波秀経（秀家旧臣）、加賀金沢の樹正院を訪問（難波経之旧記）
1631	寛永8	春 加賀（金沢）藩前田家から八丈島へ音信あり（吉備温故秘録）

1632	寛永9	正月24日 徳川秀忠死去
1634	寛永11	5月23日 樹正院、加賀金沢にて死去（清凉寺書上等）
1636	寛永13	7月13日 中村刑部（次郎兵衛・家正。秀家旧臣。加賀藩士）死去（先祖由緒并一類附帳）
1638	寛永15	6月23日 秀家（休福）親子、「出国之御詫言」をめぐる尽力等を花房幸次（秀成の子）に謝す（花房家史料）
1648	慶安元	8月18日 孫九郎（秀隆）、八丈島にて死去（八丈実記等）
1651	慶安4	4月20日 徳川家光死去
1655	明暦元	11月20日 秀家（休福）、八丈島にて死去（八丈実記等）

主要参考文献

著書・論文　※五十音順に配列

朝尾直弘「秀吉と秀家」（『朝尾直弘著作集』四、岩波書店、二〇〇四年。初出一九八三年）
朝尾直弘「織豊政権と宇喜多氏」（『岡山県史』六・近世一、一九八四年）
跡部信「秀吉独裁制の権力構造」（同『豊臣政権の権力構造と天皇』戎光祥出版、二〇一六年。初出二〇〇九年）
阿部勝則「豊臣政権の権力構造」（『武田氏研究』一〇、一九九三年）
天野文雄『能に憑かれた権力者』（講談社、一九九七年）
新井トシ訳註（R.Galdos 編）「フロイス日本二十六聖人殉教記」四（『日本文化』三五、一九五五年）
板津謙六「松田氏の滅亡と日蓮宗不受不施派の一考察」（『岡山県地方史研究連絡協議会会報』別冊、一九六五年）
岩沢愿彦『前田利家』（吉川弘文館、一九六六年。新装版一九八八年）
岩沢愿彦「浮田の娘」（『朱』一二、一九七一年）
内池英樹「林原美術館所蔵池田輝政自筆消息について」（『岡山地方史研究』一一六、二〇〇九年）
太田秀春『朝鮮の役と日朝城郭史の研究』（清文堂、二〇〇六年）
大西泰正『豊臣期の宇喜多氏と宇喜多秀家』（岩田書院、二〇一〇年）
大西泰正『「大老」宇喜多秀家とその家臣団』（岩田書院、二〇一二年 a）

大西泰正編著『備前宇喜多氏』（論集戦国大名と国衆⑪、岩田書院、二〇一二年b）
大西泰正『宇喜多秀家と明石掃部』（岩田書院、二〇一五年a）
大西泰正「樹正院の後半生」（同『論文集宇喜多秀家の周辺　増補版』宇喜多家史談会、二〇一六年。初出二〇一五年b）
大西泰正「宇喜多孫九郎秀隆の基礎的考察」（既出『論文集宇喜多秀家の周辺　増補版』。初出二〇一五年c）
大西泰正「中村家正関係史料目録稿」（既出『論文集宇喜多秀家の周辺　増補版』。初出二〇一五年d）
大西泰正「直家登場以前の宇喜多氏」（『戦国史研究』七一、二〇一六年a）
大西泰正「織豊期前田氏権力の形成と展開」（同編『前田利家・利長』織豊大名の研究3、戎光祥出版、二〇一六年b）
大西泰正「『乙夜之書物』にみる宇喜多騒動」（既出『論文集宇喜多秀家の周辺　増補版』二〇一六年c）
大西泰正「秀吉死去前後の前田利長と宇喜多秀家」（『戦国史研究』七四、二〇一七年a）
大西泰正『宇喜多秀家』（実像に迫る13、戎光祥出版、二〇一七年b）
大西泰正「前田利長論」（『研究紀要金沢城研究』一六、二〇一八年a）
大西泰正『論集　加賀藩前田家と八丈島宇喜多一類』（桂書房、二〇一八年b）
大西泰正『前田利家・利長　創られた「加賀百万石」伝説』（中世から近世へ、平凡社、二〇一九年）
岡本良一『戦国武将25人の手紙』（朝日新聞社、一九七〇年）
海津一朗編『中世終焉―秀吉の太田城水攻めを考える』（清文堂、二〇〇八年）
葛西重雄・吉田貫三『増補四訂　八丈島流人銘々伝』（第一書房、一九九五年。初版一九六四年）

笠谷和比古『関ヶ原合戦と近世の国制』（思文閣出版、二〇〇〇年）
河内将芳『落日の豊臣政権』（吉川弘文館、二〇一六年）
川崎房五郎『江戸時代の八丈島　孤島苦の究明』（東京都、一九六四年）
岸田裕之「浦上政宗支配下の備前国衆と鳥取荘の遠藤氏」（同『大名領国の政治と意識』吉川弘文館、二〇一一年。初出一九九五年）
北島万次『豊臣政権の対外認識と朝鮮侵略』（校倉書房、一九九〇年）
木畑道夫『岡山城誌　岡山私考』（岡山県、一九〇三年）
久保健一郎「「境目」の領主と「公儀」」（既出『備前宇喜多氏』。初出二〇〇〇年）
京都市『京都の歴史』四・桃山の開花（京都市、一九六九年）
黒田基樹「慶長期大名の氏姓と官位」（同『近世初期大名の身分秩序と文書』戎光祥出版、二〇一七年。初出一九九七年）
黒田基樹「豊臣期公家成大名の政治的性格　豊臣政権構造の一側面」（既出『近世初期大名の身分秩序と文書』。初出一九九九年）
黒田基樹「小早川秀詮の備前・美作支配」（同『戦国期領域権力と地域社会』岩田書院、二〇〇九年。初出二〇〇〇年）
黒田基樹『羽柴を名乗った人々』（角川選書、二〇一六年）
桑田忠親『定本千利休の書簡』（東京堂出版、一九七一年a）
桑田忠親「大西家所蔵狐狩の古文書」（『朱』一一、一九七一年b）

桑田忠親『豊臣秀吉研究』（角川書店、一九七五年）
小林清治『奥羽仕置と豊臣政権』（吉川弘文館、二〇〇三年）
しらが康義「戦国豊臣期大名宇喜多氏の成立と崩壊」（既出『備前宇喜多氏』。初出一九八四年）
しらが康義「宇喜多氏関係史料目録」（深谷克己編『岡山藩の支配方法と社会構造』早稲田大学文学部、一九九六年）
しらが康義「漢城（朝鮮国首都）における宇喜多秀家」（『岡山県立記録資料館紀要』八、二〇一三年）
立石定夫『戦国宇喜多一族』（新人物往来社、一九八八年）
谷徹也「秀吉死後の豊臣政権」（『日本史研究』六一七、二〇一四年）
谷口澄夫『岡山藩政史の研究』（塙書房、一九六四年）
谷口澄夫「岡山城と城下町」（『岡山県史』六・近世一、一九八四年）
寺尾克成「浦上宗景考―宇喜多氏研究の前提―」（『國學院雑誌』九二―三、一九九一年）
寺尾克成「文禄・慶長期における宇喜多氏家臣団の構造」（『國學院雑誌』一一六―三、二〇一五年）
中野等『秀吉の軍令と大陸侵攻』（吉川弘文館、二〇〇六年）
中野等「豊臣政権論」（『岩波講座日本歴史』一〇・近世一、岩波書店、二〇一四年）
中村孝也『徳川家康文書の研究』中巻（日本学術振興会、一九五八年）
布谷陽子「関ヶ原合戦と二大老・四奉行」（『史叢』七七、二〇〇七年）
畑和良「浦上宗景権力の形成過程」（『岡山地方史研究』一〇〇、二〇〇三年）
畑和良「織田・毛利備中戦役と城館群―岡山市下足守の城郭遺構をめぐって―」（『愛城研報告』一二、二〇〇

八年）
畑和良「宇喜多秀家と「鷹」―「千原家家記」所収宇喜多秀家判物写について―」（既出『備前宇喜多氏』。初出二〇〇九年）
平井上総『長宗我部氏の検地と権力構造』（校倉書房、二〇〇八年a）
平井上総「関ヶ原合戦と土佐長宗我部氏の改易」（『日本歴史』七一八、二〇〇八年b）
福田千鶴『豊臣秀頼』（吉川弘文館、二〇一四年）
藤井讓治「近世史への招待」（『岩波講座日本歴史』一〇・近世一、岩波書店、二〇一四年）
藤井讓治編『織豊期主要人物居所集成（第二版）』（思文閣出版、二〇一六年）
藤木久志『戦国大名の権力構造』（吉川弘文館、一九八七年）
二木謙一『武家儀礼格式の研究』（吉川弘文館、二〇〇三年）
堀越祐一「豊臣五大老の実像」（山本博文・堀新・曽根勇二編『豊臣政権の正体』柏書房、二〇一四年）
堀越祐一『豊臣政権の権力構造』（吉川弘文館、二〇一六年）
三鬼清一郎「御掟・御掟追加をめぐって」（同『豊臣政権の法と朝鮮出兵』青史出版、二〇一二年。初出一九八四年）
三鬼清一郎「豊臣秀吉文書に関する基礎的研究（続）」（『名古屋大学文学部研究論集』（史学）三五、一九八八年）
三鬼清一郎「陣立書からみた秀吉家臣団の構成」（藤田達生編『小牧・長久手の戦いの構造』岩田書院、二〇〇六年）

光成準治『関ヶ原前夜　西軍大名たちの戦い』（角川ソフィア文庫、二〇一八年。初版二〇〇九年）
村井康彦・守屋タケシ「利休とお国」（『京都の歴史』四・桃山の開花、京都市、一九六九年）
森俊弘「岡山藩士馬場家の宇喜多氏関連伝承について―「備前軍記」出典史料の再検討」（既出『備前宇喜多氏』。初出二〇〇一年）
森俊弘「年欠三月四日付け羽柴秀吉書状をめぐって―書状とその関係史料を再読して―」（『岡山地方史研究』一〇〇、二〇〇三年）
森俊弘「宇喜多直家の権力形態とその形成過程―浦上氏との関係を中心に―」（既出『備前宇喜多氏』。初出二〇〇六年）
森俊弘「秀家の生母、円融院」（『宇喜多家史談会会報』二四・二五、二〇〇七・二〇〇八年）
森俊弘「岡山城とその城下町の形成過程―地誌「吉備前鑑」の検討を中心に―」（『岡山地方史研究』一一八、二〇〇九年）
森脇崇文「豊臣期宇喜多氏における文禄四年寺社領寄進の基礎的考察」（『年報赤松氏研究』二、二〇〇九年）
森脇崇文「豊臣期大名権力の変革過程―備前宇喜多氏の事例から―」（『ヒストリア』二二五、二〇一一年）
森脇崇文「宇喜多氏備中領の範囲について」（『倉敷の歴史』二二、二〇一二年a）
森脇崇文「豊臣期宇喜多氏の構造的特質」（『待兼山論叢』四六、二〇一二年b）
森脇崇文「豊臣期大名権力の寺社編成―備前宇喜多氏の事例から―」（『史敏』一四、二〇一六年a）
森脇崇文「文禄四年豪姫「狐憑き」騒動の復元と考察」（『岡山地方史研究』一三八、二〇一六年b）
森脇崇文「天正初期の備作地域情勢と毛利・織田氏」（『ヒストリア』二五四、二〇一六年c）

矢部健太郎『豊臣政権の支配秩序と朝廷』（吉川弘文館、二〇一一年）
山本浩樹「天正年間備中忍山合戦について」（既出『備前宇喜多氏』。初出一九九四年）
山本浩樹「織田・毛利戦争の地域的展開と政治動向」（川岡勉・古賀信幸編『西国の権力と戦乱』清文堂、二〇一〇年）
横山定「宇喜多直家発給文書編年化への一試案」（既出『備前宇喜多氏』。初出二〇〇三年）
脇田修「近世権力の構造」（同『近世封建制成立史論　織豊政権の分析Ⅱ』東京大学出版会、一九七七年）
渡辺江美子「甘棠院殿桂林少夫人—豊臣秀吉養女小姫君—」（米原正義先生古稀記念論文集刊行会編『戦国織豊期の政治と文化』続群書類従完成会、一九九三年）
渡邊大門「宇喜多秀家と能楽」（『論集赤松氏・宇喜多氏の研究』歴史と文化の研究所、二〇一七年。初出二〇一二年）

史料・辞典・自治体史等　※原則、刊行年順に配列

『大日本古文書』各巻（東京大学史料編纂所）
『改定史籍集覧』二六（近藤出版部、一九〇二年）
『吉備群書集成』一〜一〇（吉備群書集成刊行会、一九三一〜一九三三年）
『京城府史』一（京城府、一九三四年）
『続群書類従』補遺三・お湯殿の上の日記（九）（続群書類従完成会、一九三四年）
永山卯三郎他編『岡山市史』二（岡山市役所、一九三六年）

『豊太閤真蹟集』上・下・解説（東京帝国大学史料編纂所、一九三八年）
辻善之助他校訂『多聞院日記』四～五（三教書院、一九三八～一九三九年）
ルイス・デ・グスマン（新井トシ訳）『グスマン東方伝道史』下巻（養徳社、一九四五年）
藤井駿・水野恭一郎編『岡山県古文書集』一～四（思文閣出版、一九八一年。一～三の初版は一九五三～一九五六年）
日置謙『改訂増補　加能郷土辞彙』（北国新聞社、一九五六年）
東京大学史料編纂所編『言経卿記』一～一〇（岩波書店、一九五九～一九七七年）
近藤富蔵『八丈実記』一～七（八丈実記刊行会・緑地社、一九六四～一九七六年）
『公卿補任』三（新訂増補国史大系五五、吉川弘文館、一九六五年）
三坂圭治校注『毛利史料集』（人物往来社、一九六六年）
『萩藩閥閲録』一～四（山口県文書館、一九六七～一九七一年）
『萩藩閥閲録遺漏』（山口県文書館、一九七一年）
フーベルト・チースリク編著『芸備キリシタン史料』（吉川弘文館、一九六八年）
奥野高広・岩沢愿彦校注『信長公記』（角川文庫、一九六九年）
『岡山県の中世文書―黄薇古簡集―』（戎光祥出版、二〇一六年。初版一九七一年）
竹内秀雄校訂『北野社家日記』四～六（続群書類従完成会、一九七三年）
法政大学能楽研究所編『能楽資料集成六　下間少進集Ⅲ』（わんや書店、一九七六年）
弥永貞三他校訂『義演准后日記』一～二（続群書類従完成会、一九七六～一九八四年）

松田毅一・川崎桃太訳『フロイス日本史』一（中央公論社、一九七七年）
『国史大辞典』各巻（吉川弘文館、一九七九〜一九九七年）
土井忠生・森田武・長南実編訳『邦訳日葡辞書』（岩波書店、一九八〇年）
『寛永諸家系図伝』一〜一五（続群書類従完成会、一九八〇〜一九九四年）
『鹿児島県史料　旧記雑録後編』二〜三（鹿児島県、一九八二〜一九八三年）
『大田区史』資料編寺社二（大田区、一九八三年）
『岡山県史』二〇・家わけ史料（一九八五年）
『岡山県史』一九・編年史料（一九八八年）
松田毅一監訳『十六・七世紀イエズス会日本報告集』各巻（同朋舎出版、一九八七〜一九九八年）
『白河市史』五・資料編二（白河市、一九九一年）
藤田恒春編校訂『増補　駒井日記』（文献出版、一九九二年）
就実女子大学近世文書解読研究部編『備前記』（備作史料研究会、一九九三年）
『備作之史料（五）金沢の宇喜多家史料』（備作史料研究会、一九九六年）
『兵庫県史』史料編中世九・古代補遺（兵庫県、一九九七年）
『黒田家文書』一（福岡市博物館、一九九九年）
『早島の歴史』三（早島町、一九九九年）
『特別展五大老』（大阪城天守閣、二〇〇三年）
『仙台市史』資料編一一・伊達政宗文書二（仙台市、二〇〇三年）

『上越市史』別編二・上杉氏文書集二（上越市、二〇〇四年）
『久世町史』資料編一・編年資料（久世町教育委員会、二〇〇四年）
『邑久町史』史料編上（瀬戸内市、二〇〇七年）
伊藤真昭他編『相国寺蔵西笑和尚文案 自慶長二年至慶長十二年』（思文閣出版、二〇〇七年）
小林責・西哲生・羽田昶『能楽大事典』（筑摩書房、二〇一二年）
橋本政宣他校訂『兼見卿記』三〜六（八木書店、二〇一四〜二〇一七年）
名古屋市博物館編『豊臣秀吉文書集』一〜五（吉川弘文館、二〇一五〜二〇一九年）
『大信長展』（太陽コレクション、二〇一六年）
『増補改訂　図録芳春院まつの書状』（前田土佐守家資料館、二〇一七年）
北島万次編『豊臣秀吉朝鮮侵略関係史料集成』一〜三（平凡社、二〇一七年）
『姫路市史』二（姫路市、二〇一八年）
『金沢城編年史料』近世一（石川県金沢城調査研究所、二〇一九年）

大西泰正（おおにし・やすまさ）
1982年岡山市生まれ。2007年京都教育大学大学院修了。現在は石川県金沢城調査研究所所員。主な著書に『豊臣期の宇喜多氏と宇喜多秀家』（岩田書院、2010年）、『宇喜多秀家と明石掃部』（同上、2015年）、『宇喜多秀家』（戎光祥出版、2017年）、『論集 加賀藩前田家と八丈島宇喜多一類』（桂書房、2018年）、『前田利家・利長 創られた「加賀百万石」伝説』（平凡社、2019年）、編著に『備前宇喜多氏』（岩田書院、2012年）、『前田利家・利長』（戎光祥出版、2016年）など。

「豊臣《とよとみ》政権《せいけん》の貴公子《きこうし》」宇喜多秀家《うきたひでいえ》

大西泰正《おおにしやすまさ》

2019年 9月 10日　初版発行
2024年 11月 15日　4版発行

◆◇◇

発行者　山下直久
発　行　株式会社KADOKAWA
〒102-8177　東京都千代田区富士見2-13-3
電話　0570-002-301（ナビダイヤル）

編集協力　志学社
装 丁 者　緒方修一（ラーフイン・ワークショップ）
ロゴデザイン　good design company
オビデザイン　Zapp!　白金正之
印 刷 所　株式会社KADOKAWA
製 本 所　株式会社KADOKAWA

角川新書

ISBN978-4-04-082287-7 C0221